世界飲食與文化

World Cuisine and Food Culture 第二版

洪久賢◎主編

李怡君、呂欣怡、林　琳、洪久賢、俞克元
周敦懿、許　軒、陳紫玲、陳意玲、陳愛玲
張雯惠、黃薇莉、楊昭景◎合著

主編序

　　編者對於飲食文化與創意廚藝議題的關心持續多年，不論是為科技部研究或教學，更重要的是個人濃厚的興趣，曾親赴東亞、歐洲、美洲、紐澳、中東等地蒐集文獻、訪談各地專家、體驗當地特色飲食，在各地的風土民情與當地文化中陶養，不僅是味蕾更加敏銳，更令人深受感動的是倘佯於飲食文化之美中，因而策劃編撰《世界飲食與文化》一書之動機油然而生，希望能與更多人分享。　本書旨在增進讀者或學生對具有代表性國家或地區之飲食特色與文化之認識，有別於一般食譜，以知識性為體，輔以情意面，即透過對飲食文化的陶冶與欣賞，提升讀者或學習者之多元文化觀，尊重多元文化。　本書包含十四章，範疇涵蓋歐洲（法國、義大利、英國、德國、西班牙）、中東、美國、亞太地區（紐西蘭、澳大利亞、日本、韓國、中國、東南亞）與我國，各章之建構為：從該國或地區之地理環境與氣候、歷史、文化、習俗、信仰等，理解其飲食文化風貌與特殊性，飲食相關節慶與習俗飲食之特性；其次探討該國／地區食材與飲食特色、特殊偏好、獨特口味，或避諱禁忌，以及其與我國飲食文化之差異。　本書修訂版能順利出版，感謝所有參與撰稿的作者，在此謹申謝忱，並感謝揚智文化事業公司閻富萍總編輯的大力協助。希冀本書修訂版能嘉惠更多讀者，祈對世界各地飲食文化之探討多所助益，促進對世界與本土飲食文化之重視，欣賞多元飲食文化之美，並將其發揚光大。

洪久賢　謹識
2016年寫於景文科技大學

目　錄 Contents

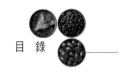

CHAPTER 6

西班牙飲食文化　143
張雯惠

CHAPTER 7

中東飲食文化　177
許軒

CHAPTER 8

美國飲食文化　207
俞克元

CHAPTER 12

東南亞飲食文化　335　　　　　　　陳愛玲

CHAPTER 13

中國飲食文化　361　　　　　　　李怡君

CHAPTER 14

台灣飲食文化　389　　　　　　　呂欣怡、林琳

CHAPTER 1

世界飲食文化概論

洪久賢

第一節　飲食文化的意義

　　「飲食」不僅滿足人類最基本的生理需求，也反映出人們之價值觀、信仰、態度與行為方式。飲食可視為人類最悠久且複雜的文化之一，它包含了感恩、藝術與享樂的概念，也是一種儀式或社會地位的表徵。人們吃什麼、何時吃、如何吃、為何吃、與誰共食、由誰來吃、吃多少等現象皆隱含了文化的意義。至今，各國飲食文化幾乎成為每一個人生活中不可分割的一環，透過媒體之推波助瀾，交通、資訊之發達與美食觀光之風尚，交錯孕育出多元之飲食文化。外來飲食在不同國度內經由在地化之詮釋，豐富了飲食的形式與內涵，異國美食深入在日常飲食中，對於自身飲食文化的滲入性影響，往往也是不自覺的。飲食文化背後有許多影響成因，舉凡地理、氣候環境、歷史背景與脈絡、多元種族之文化、習俗與信仰等，種種因素緊密銜扣下，激盪出不同地域之多樣飲食文化內涵，影響飲食文化之主要因素，值得進一步探索。

第二節　影響飲食文化的因素

一、地理環境與氣候

　　「靠山吃山、靠海吃海」簡單寫實的描述了人類飲食文化的圖像與輪廓。天然之地理、氣候環境，包含地域之溫度、濕度、風勢、地勢、土壤與海域特性等，皆直接影響了物產種類與飲食方式。全世界90%的人口以穀物糧食為主要食物，在東亞、東南亞與環地中海地區形成了米食文化；太平洋地區島國形成以根莖食物為主食之文化；在歐洲、美洲大部分地區則發展出麵食文化。而在高原與放牧、游牧的地區，出現以肉食為主的文化圈。相同的主食文化圈正反映了相似的

地理、氣候圈。

　　各國地理、氣候環境之特性差異，也顯現於各國之特產與美食。日本四面環海，在親潮與黑潮之交會下漁獲量居世界前茅，因此談到日本料理，生魚片、帝王蟹等海鮮美味往往是人們最鮮明的印象。香醇芳郁的葡萄酒之生成取決於大自然，全世界主要之葡萄酒產區位於南、北緯30度到50度之間的區域，即受到自然環境之限制，氣候溫暖、日照充足與溫度適中的環境，是優質葡萄酒的先決條件。又如赤道區盛產香料植物，塑造出以肉桂、八角、豆蔻、茴香等氣味濃郁的綜合香料所烹調出著名的印度咖哩料理；香辣之南洋料理，總也不乏那林林總總的地方香料。而在冬季嚴寒的韓國，為了在冰天雪地中攝取蔬菜，便以辣椒、薑、蒜、魚露等醃製出百餘種的韓國泡菜。雖然，許多國家歷經產業的轉變、科技的發達與貿易的通暢，食物物產已漸突破地理環境之局限，使得食物、料理得以流通於各地，許多食物也四季可見，能夠成功栽種與養殖於異地，但不同地域的人們仍深深習於最初大自然所塑造之飲食文化。

　　國家間因所處之區域位置，亦會彼此影響飲食的內涵，多個鄰近國家、地區或種族組成了相似的飲食區域，例如在美國餐廳普遍可見墨西哥料理；摩洛哥位處於歐洲以及非洲之交界處，因此該國之飲食文化兼具了歐洲與伊斯蘭教之特色；在香港，粵菜餐廳小館林立，長

▲地理環境與氣候的差異影響各國之飲食文化

據香港飲食文化之主流,則因鄰近中國廣東,與廣州廚師於中國解放後大量流入香港有密切關係;紐澳也因地緣之相近,而呈現出相似的飲食風格。

二、歷史因素

歷史的演變展現於飲食文化中,從人類開始知道用火烹煮食物,即開啟了人類飲食活動多彩多姿的序幕。人類生活的演變歷經採集狩獵、農業畜牧、工業社會到今日,隨著時間之流逝與接續,人類飲食有著綿延的傳承,但也在歷經的歲月中不斷地變遷與革新。許多著名的美食佳餚背後有著大家耳熟能詳的有趣故事,有些飲食典故已不可考,或許今日吃進嘴中的那一口經典美饌,可能跟當初的風味也已大相逕庭,但是這些發明,卻為人類帶來味蕾上無限的美好,每一道料理不論是無心插柳的發現,或是烹飪者精心的發明改良,都能在時間的累積下不斷豐富充實人類的飲食文化。

歷史對飲食影響的層面既廣且深,許多歷史事件直接、間接的影響了飲食文化,如戰爭、貿易、殖民、開發、異國聯姻、移民潮等,這些歷史演變顯現出各時代下的政治環境與社會標準。17世紀的美國移民潮便與美國當今飲食之關係密不可分,美國飲食發展則是繽紛的外來飲食所交織而成。而談到日本的「和風洋膳」,則須追溯到明治維新時代,日本較早開放的港口橫濱,成為吸收外來文化之窗口,橫濱隨處可見洋房、洋服與洋人,當然洋食屋也盛行於當地,一些眾所皆知的料理——炸豬排、漢堡排、蛋包飯、焗烤通心粉等,皆是在日本19世紀的時空脈絡下產出。另外,澳門的葡式蛋塔、葡國雞等葡萄牙料理;越南街頭露天小販隨處可見的法國麵包三明治——外形是道地的法國麵包,一口咬下則能品味到越南風味的內餡。以上的例子便是在西方列強殖民時代,將飲食文化滲入到被殖民者的生活中。若不瞭解一個國家的歷史,則無從瞭解其飲食模式之由來,當我們回顧自

身飲食的歷史背景，便能在起起伏伏的脈動中找尋到許多淵源。

孔子於《論語‧鄉黨》中說到「食不厭精，膾不厭細」，人類的飲食文化歷經漫長演進發展，由簡至繁、由粗至精，對於食材的使用與烹飪技術都越趨複雜多變化，許多具有悠久美食歷史的國家發展出奢華的飲食，並昇華為飲食意境或精神享受。然而時至今日，基於現代人注重健康與養生之需求，飲食文化重回返璞歸真、回歸自然的趨向。

▲歷史因素也深深影響著各國的飲食文化

三、文化與習俗

相同的食物在不同的族群中被賦予截然不同的意義，透過文化習俗的傳承，不同種族的人在特定的日子食用特定的食物；不同的年齡有其適合吃的食物；有些甚至發展出因性別而異的飲食，將陽剛與陰柔的性別刻板印象反映在飲食上；飲食的禁忌在不同國家也有很大的歧異性，形成了人類複雜多樣的飲食模式與規範。而「文化」為何？學者認為「文化為人類通過符號能力的運用，而使某類現象成為嚴格意義上的超生物學的存在，文化是通過社會繼承機制而流傳，個體處於文化環境中，且行為受其制約」。在韓國，過去食狗肉被認為是具有消暑解毒補身的效果，但在美國人的眼中卻是一種不人道或噁心的食物，說明了食物對於人類心理上的意義有時遠大於生理的意義。

在文化的影響下構成了成千上萬的風俗、習俗，從出生到死亡，人類行為常常脫離不了習俗之規範。飲食在習俗中常常是別具意義的，具體的食物被賦予抽象的意義，或取其諧音，成為一種特殊的符號。某些食物代表吉祥、長壽、生育或多子多孫、聰穎等，而有些食

物則被認為能驅邪、適於祭祀、適於餽贈……人們透過攝取食物，無形地完成了一種儀式，藉以得到心靈的滿足、心理的慰藉，或是傳達出感恩、敬奉之情。

飲食的方式也受到習俗的影響，如在印度，以左手取食被視為是不潔淨、沒禮貌的；台灣的漁民吃魚不翻面，翻面寓意為翻船。有些飲食習俗最初來自於衛生觀念、道德、禮儀或迷信。雖然我們無法確定各式飲食習俗的由來，但隸屬於同樣文化、習俗氣氛下的族群，透過同樣的飲食行為，維繫住自己的歸屬與認同，在不斷重複的飲食行為中明確的自我定位。當人們在異鄉享用異國食物時，有時或多或少也模仿、遵循著當地的飲食習俗，從其中也能得到一種文化差異的體驗與新鮮感。

四、宗教因素

宗教是維繫人類心靈平靜的寄託，能充實精神生活的內容，是淨化社會與人心的一股力量。目前世界人口主要信仰之宗教包含了天主教、基督教、佛教、伊斯蘭教、猶太教、印度教等，而其他宗教或少數民族的信仰則不勝枚舉。

由於食物是維持生命所需，宗教賦予食物意義，食物受到宗教的規範。人們以飲食供奉獻神，不同的宗教教義也規範了信徒的飲食內容與方式。在宗教故事、經典或書籍中，常可發現飲食上的教誨與戒律。在《古蘭經》中記載：「在我所受的啟示裡，我不能發現任何人不得吃的食物，除非自死物、或流出的血、或豬肉，因為它們卻是不潔的」。或在《楞嚴經》中有言：「食肉之人，死墜惡道，受無量苦」，可見宗教創立之初，飲食就是信仰中鮮明、具體的產物，信徒從飲食中找到了與宗教精神之間的內在關聯與叢結，在宗教準則下的飲食是一種精神的表達。各個宗教的飲食內涵絕非三言兩語能說盡。就耶誕節的飲食來說，來自義大利與法國的家庭所準備的飲食就有所異；而印度或日本的佛教信徒的飲食內容也有差異。若以宗教的不同

門派來區分，其飲食文化也略有不同。以下僅以目前世界三大宗教——佛教、伊斯蘭教、基督教的飲食文化略做簡述。

　　大致上，佛教的飲食概念為素食，強調慈悲不殺生的教義，而具有刺激性氣味的蔬菜食物被歸為葷食，包含蔥類、蒜類、韭類、香菜與茴香稱為五辛。佛教徒亦不飲酒，認為飲酒會亂性、擾亂心智。修行學佛不吃眾生肉、不殺害眾生，是慈悲心的展現。在禁肉的文化中有「三淨肉」之說，三淨肉具備三種條件：(1)眼不見殺；(2)耳不聞殺；(3)不為己所殺，但有部分教徒認為三淨肉是後世對於佛經的誤解，是為慈悲開立的方便。另外，在西藏地區的佛教徒並不嚴格禁肉，係受限於地形與氣候，無法種植大量蔬菜、水果所致。

　　伊斯蘭教的飲食規範較為嚴謹，飲食對於穆斯林來說是很虔誠的一件事，伊斯蘭教禁食不潔之食物，包含了豬肉、以嘴獵食的四肢動物和用爪子捕食動物的鳥類；酒精飲料是被禁止的，具有興奮作用的茶、咖啡與菸也是不被鼓勵的。在肉類方面，僅食反芻之動物或是食穀之家禽，羊是常用的肉類，但屠宰方式要經過適當的過程。回曆9月是伊斯蘭教的齋戒月，在齋戒期間，從黎明到日落是禁食的，穆斯林認為這是一年中最神聖的時期。

▲虔誠的回教徒只吃Halal食物　　圖片來源：張玉欣（2015）

　　而阿拉伯的全羊席是伊斯蘭教飲食文化下的產物，展現出阿拉伯人的熱情好客，主人一面招呼客人飲羊奶，一邊用鋒利的尖刀從烤好的羊羔身上撕下肉請客人享用，將羊眼獻給貴賓，展現出獨特的伊斯蘭風情。

　　基督徒不食祭拜過偶像的食物、不吃活物的血，《舊約聖經》中對於飲食的規範較多。基督教宗教節日都有其特別的飲食，如耶誕節的烤火雞、耶誕水果蛋糕；復活節的彩蛋與兔子形狀的糕點，代表了誕生與新生之意。此外，基督徒在飯前也藉由禱告來感謝上帝的恩典與愛，是基督徒一種重要的飲食儀式。

　　宗教對於飲食除了限制與規範外，也為人們帶來充實的飲食文化，進而成為某些國家飲食的特色。如禪宗在13世紀傳入日本後，產生了素食的「精進料理」，精進料理借重蔬食中天然的味道，呈現出食材簡樸、純真的本質風味。日本人認為料理的呈現反映了烹飪者的精神與心，心緒散亂的人無法製作出美味雅致的精進料理。在京都的寺廟提供精進料理，對於許多觀光客來說，是一種務必一嚐的日本美味。

　　由於上述影響飲食文化的因素，交織激盪出各國或區域性的特殊飲食文化風貌，本書選擇具有代表性的國家——歐洲：法國、義大利、英國、德國、西班牙；中東；美洲：美國；亞太地區：紐西蘭、澳大利亞、日本、韓國、東南亞、中國等闡述之。

第三節　各國飲食文化概述

一、法國飲食文化

　　法國位於歐洲西部，是中歐、西歐及南歐的橋梁。全國共有二十二個行政區域，首都位於巴黎。法國擁有悠久的歷史、燦爛的文

化，具有全世界最著名的葡萄美酒、香水、時裝、皮件以及藝術。法國人是一個浪漫的民族，浪漫氣氛展現在生活各種事物中，法國美食是一門不斷發展的藝術。

法國的美食主要是受到1533年來自於義大利佛羅倫斯梅第奇（Medici）家族中凱薩琳（Catherine）公主的影響。法王亨利二世（Henry II）與凱薩琳公主聯姻後，融合了兩國烹飪上的優點，改變了整個法國的餐飲文化，逐步將其發揚光大，創造出現今最負盛名的法國菜餚。直至今日，法國堪稱世界的美食殿堂。

法國菜整體而言可分為三大主流，分別是：(1)承襲於法式宮廷餐會饗宴的精緻美食，稱之為上等的烹調技術（haute cuisine）；(2)以平民化的烹調為主的布爾喬亞式的烹飪技術（cuisine bourgeois）；(3)由於受到健康取向的影響而生成的新式烹飪技術（nouvelle cuisine），注重裝飾和顏色的配合。

法國菜著名的五個行政區，包含：亞爾薩斯（Alsace）、布列塔尼（Bretagne）、勃根第（Bourguignonne）、諾曼第（Normandy）、普羅旺斯（Provence）。舉世知名的七種法國飲食中不可或缺的食材，包含：松露、魚子醬、鵝肝、乳酪、葡萄酒、香檳、白蘭地。

▲法國香檳及著名甜點馬卡龍廣受大眾喜愛

二、義大利飲食文化

　　義大利位於地中海中央的靴形半島上，為南北延伸的半島地形國家，首都為羅馬。義大利曾是橫跨歐、亞、非三洲的羅馬帝國，也是扭轉歐洲文化的文藝復興發源地，在政治、文化、藝術、建築，甚至宗教上，皆深深影響著歐陸及整個世界。義大利有三多：熱情男女多、雕像遺跡多、天主教堂多。16世紀時義大利公主凱薩琳下嫁法王亨利二世時，把義大利傳統烹飪的方式帶入了法國。

　　義大利人在飲食上講求的是天然、原味，促使義大利飲食文化躍上台面的是義大利披薩與義大利麵。這兩樣食品雖然在義大利是「吃」文化的強勢主流，但其實義大利的美食文化絕不止於此。各地的料理枝繁葉茂地各自發展出自己的風味，光是義大利麵的種類即高達二百餘種，乳酪有五百多種，最平常的飲料——葡萄酒，就有一千多種。地理環境的差異性是造成各地風味不盡相同的主因，例如靠海的威尼斯有海鮮湯、醃鱈魚等鮮美的海產料理；畜牧農產為主的托斯卡尼地區，則有肥嫩多汁的牛排與獨特的青豆義大利麵，山丘起伏的烏布瑞亞則大量使用野生動物的肉烹調，炙烤乳豬、炭烤野兔，加上山野間培植的香料，刻畫出義大利美食。

▲義大利麵與披薩幾乎成為義大利美食的代表

三、英國飲食文化

　　世人稱為「日不落帝國」的英國，聳立於歐洲大陸的西北部，由英倫三島群聚而成。提起對英國的印象，令人最深刻的應當就是「日不落帝國」那股凌人的氣勢，以及那一襲黑色禮帽、黑色燕尾服的紳士氣質。英國確實給人一種重視傳統與拘謹保守的印象。從英國人對於女王的崇拜，可以窺見英國人對於傳統的迷戀。

　　至於英國的飲食文化，浮出腦海令人印象最深刻的應當就是「英式下午茶」、「英式酒吧」景象。英國的飲食文化中，絕對少不了茶與酒。英國紅茶享譽全球，自從16世紀茶葉進入英國國土後，歷經貴族專有，到平民的每日不可或缺的飲料，英國紅茶史儼然就是英國近代史的一部分，透過品茶過程享受一種時尚高雅的尊貴氣息。英國的另一寶——蘇格蘭的威士忌（Whisky），更有一股陳年的優質，深得人心。英國飲食生活中，絕對離不開紅茶及酒。

▲優雅自在的英式下午茶營造出一種美好生活的幸福感

四、德國飲食文化

德國地處中歐，西與荷蘭及比利時相鄰，南與法國、奧地利、瑞士接壤，東有捷克、波蘭，北部則有少部分土地與丹麥毗連，為歐洲大陸交通之樞紐，亦是產業運輸的必經之地。

德國只有北方濱臨北海，其餘皆內陸地區，是以德國人喜愛的肉類以豬、牛、羊等為主，魚類較少食用。德國的精緻養豬業，是其引以為豪的，而豬肉製品也聞名於全世界，各式的德國香腸行銷全球。

說起德國的飲食文化，是以「大塊吃肉，大口喝酒」的民族特性為表徵。德國人確實愛吃肉，而且偏愛豬肉，各式各樣的豬肉加工製品更是德國菜的一大特色，著名的德國豬腳，更是許多人對德國菜的第一印象。

德國餐飲以馬鈴薯為主食，因其經歷多次大飢荒，馬鈴薯耐活好長的特性，使其成為人民主要的食物。而德國人應該算是世界上最愛喝啤酒的民族，雖然德國也產葡萄酒，但由於德國啤酒盛名遠超過葡萄酒，讓人忘記德國也是全世界十大葡萄酒產國之一。

▲德國豬腳是許多人對德國菜的第一印象

與中國一樣，德國也是麵食類的愛好者，德式小麵球、麵疙瘩等令人難以忘懷，而我國「麵食文化」也不遑多讓。因應社會的變遷，烹調技術的簡化，現代的德國菜受西方「新式烹調」（nouvelle cuisine）的影響，主張烹調技術的簡化，以因應忙碌快速的工商社會。近年由於健康意識抬頭，強調「有機飲食」，以及養生花草茶的推行，使得德國的飲食文化更走在時代的尖端。

五、西班牙餐飲文化

提到西班牙，文化、藝術、建築、美食一連串美麗的影像立刻映入腦海中。地處南歐的西班牙得天獨厚受到地理位置的影響，餐飲業與文化一樣豐富多彩，古老的傳統與民間烹調藝術加上高級的職業烹飪大師的努力不懈，讓西班牙的美食征服了每個到訪的旅客，並且融化了他們的心。

西班牙可以分為四個烹調地區：西班牙北部、馬德里與西班牙中部、東部的加泰隆尼亞與瓦倫西亞、南方的安達盧西亞。不同的地區

▲西班牙海鮮燉飯滿足了許多饕客的味蕾

受到氣候、種族、文化與烹調方式不同的影響,展現出迥然不同的美食風貌。

西班牙人是非常注重吃喝玩樂的民族,天生快樂,熱情好客,喜愛與朋友聚會兼愛夜生活,故酒吧、餐廳林立。大部分的西班牙人會願意花費收入的20%以上在飲食和娛樂方面,甚至發明一個字彙來形容午夜到清晨之間的時光,他們稱這段時間為「馬德魯加達」(La madrugada)。

六、中東飲食文化

帶有神秘面紗的中東地區,隨著整體經濟提升以及國際間頻繁的交流,慢慢地揭開其神秘面貌;其廣大的商業市場,也逐漸成為各國必爭之地,因此瞭解中東地區文化與飲食,勢必成為我們未來接觸此一市場時,必備之基礎知識。

▲知名的中東料理沙威瑪

中東地區悠久的歷史文化、重要的樞紐位置、乾燥的氣候、多元的地形、為數眾多的國家與民族,以及作為一切事物遵循準則的宗教信仰等,對其生活與飲食形成影響,並因此延伸造就許多文化禮儀上的差別。像是伊斯蘭教每天五次禮拜,其中一次約莫為正午十二時,因此造就穆斯林教徒的午餐時間為下午二至三時;餐飲須遵循所有Halal認證規範,例如不得食用豬肉、其他規範中禁止的動物及酒精飲料等;另外,特殊的地形氣候形成當地以穀類為主食、著重辛香料的使用、喜歡鹹、甜、酸的口感等飲食特性,許多知名的中東料理或食品包括:赫姆斯、沙威瑪、烤

肉串、椰棗及酸奶等，都具有濃厚的中東環境元素；再者因為中東地區男女地位的差異，在餐廳的布局與規劃設計上，也因此有所差別。

七、美國餐飲文化

且不論吾人把美國的餐飲文化比喻為「大熔爐」或是「沙拉碗」，它都是全世界規模最大也最具代表性的「移民料理」。從16世紀起，北歐、西歐、南歐、非洲、亞洲、拉丁美洲的移民陸續將家鄉的食材與佐料，烹調方式與技巧，烹飪器皿與工具，乃至於對食物傳統概念與習俗都帶到了新大陸，然後因應新環境的自然條件與社會情境發展加以調整改良，或就地取材，或師法其他民族之長，調適（adaptation）與融合（fusion），傳承（inheritance）與創新（innovation）的過程周而復始不斷進行著，而發展出獨特的「移民料理」文化。由於美國人種眾多，地大物博，「多元文化主義」及「地區主義」乃是掌握美國餐飲文化的兩大主軸概念；正如同中國傳統上有所謂的八大菜系，美國飲食也可細分出各具特色的區域性料理。

美國長久以來由於各國移民融入的關係，一直是最大的飲食文化輸入國，但同時由於其強大的政經與文化力量，透過全球媒體與跨國連鎖餐飲業的拓展，業已成為最具影響力的飲食文化輸出國，故其

▲肯德基與麥當勞是美國速食文化的代表

飲食與餐飲演變之軌跡與趨勢，或可作為預測台灣餐飲未來發展之參考。

八、澳紐飲食文化

澳洲與紐西蘭，同為南太平洋中世人所矚目的旅遊勝地，紐澳的背景與發展模式極為相似，甚至環境、資源、物產也都非常類似，尤其紐西蘭自然、潔淨、安適的環境，更是世人心目中的世外桃源。澳洲曾是英國的殖民地，因此傳統的澳洲菜和英國菜雷同，本身並沒有非常特別的菜餚。但在英國移民登陸澳洲前，澳洲本土上就已存在原住居民，因此原住民的飲食習俗，成為澳洲飲食文化的特色之一，再加上後來不同的移民族群接踵而至，今日的澳洲飲食已呈現多元風貌。紐西蘭也被英國長期殖民，且因地緣關係，與澳洲有深刻的連結，因此飲食方式保有英國風格，且與澳洲飲食特色相似。

本書從地理、氣候、自然環境探索澳紐的天然農產與豐饒的食材，並試圖從澳紐變遷的歷史與文化的塑造過程瞭解其飲食文化的面向。澳洲的飲食文化特色可分為兩大部分，一為原住民飲食，一為多元化的民族飲食。澳洲飲食文化歷經移民潮的變遷，除了傳統的原住民叢林飲食外，今日的澳洲菜餚已是融合各民族風味後的重新詮釋，

▲肉品和海鮮是澳洲與紐西蘭典型的代表產品

展現澳洲人的主體意識。紐澳環境的最大優勢是極少受到汙染,尤其肉品和海鮮,更是典型的代表產品。紐澳憑藉本地豐富多元的食物,融合不同國家的飲食調味或烹調方式,創造出多元融合的創新菜餚。

九、日本飲食文化

　　日本料理善於吸取各國文化精髓,加以革新,同時又不遺餘力的維護自身傳統料理文化,此一傳統與創新並存的特點,正是日本料理之所以能成為全球著名飲食的最大原因。在大自然中尋求合乎季節時令美味的日本料理,極其講究形與色,極工盛器,每一道菜都猶如中國的工筆畫,細緻入微,美不勝收。飲食文化總是能反映一個民族的特點,日本料理展現溫柔雅致,在秀色可餐和可餐秀色之間,讓人們對日本的文化有一種爽朗卻又朦朧的感覺,但在我們一味地想瞭解日本料理的同時,日本料理界卻也急於向外伸出觸角,吸收他國料理的專長,融入在日本料理之中。

　　再者,食材的全球化,口味的普及化,使得日本料理不斷地進

▲精緻典雅的日本料理,讓每一道菜都宛如一幅畫

步，舉例來說，我們很難說咖哩不是日本味；就連在超商，也可以買到日式甜口味的麻婆豆腐；更令人讚嘆的是，源自於法國的可麗餅，經日本人改良，再遠渡重洋，傳到了台灣，竟成了夜市中須排隊購買的美食之一。青出於藍，更勝於藍，這便是日本料理界所有達人的目標及唯一的想法，追求完美性格的日本人，使得日本料理在世界飲食文化中，永遠占有一席之地。

十、韓國飲食文化

提起韓國美食，大家腦中想起的可能是著名戲劇「大長今」中的華麗宮廷飲食，或是偶像劇的約會好場所「咖啡廳」，也可能是一般下班後喝兩杯的「路邊攤」，更可能是好朋友相聚大快朵頤的「烤肉店」。因為從庶民飲食到上班族飲食，到宮廷料理，韓國飲食文化，散布在社會各階層。而藉其娛樂戲劇節目流行到鄰近國家，如日本、台灣、中國、香港、東南亞等地，哈韓風也吹入了韓食熱潮。使得原本只知道韓國人參、人參雞、韓國泡菜與烤肉，到現在網路上也在熱

▲韓國著名的養身湯品人參雞

賣的各種食材做成的加工食品與飲品。就連韓式泡麵也是當今台灣人到韓國旅遊必買之物。

　　韓國飲食與大陸東北地區飲食特色較為接近，而在主食的取用、醬料的運用是很類似的。只是韓國因地處較冷的地區，辣椒成為許多醬料中缺一不可的調配食材。同時有運用養生藥膳入菜的觀念。韓國料理展現著韓民族一路走來始終如一的文化與歷史特性，菜餚味道強烈，擁有自己民族風格。

十一、東南亞飲食文化

　　東南亞共分為兩大區塊，分別為大陸東南亞（"mainland" Southeast Asia）與島嶼東南亞（"insular" Southeast Asia），共計有十一個國家，其中大陸東南亞國家多為小乘佛教，其飲食包羅萬象，如因結合雲南料理，食物調味側重辛辣，喜以糯米作為食材運用，對嗜蟲以增加蛋白質的習慣蔚為風氣。反觀島嶼東南亞國家因篤信回教，有不食豬肉的禁忌，但因族裔多元、信仰自由，發展出多面向之飲食樣貌：華裔、馬來裔、印度裔、其他歐洲人後裔、加上為數不少的南島族人，從相互容忍、接受，期間也經歷許多隔離時期到跨越藩籬邁入另一個高階段之文化適應，進入認同與融合，發展成今日混搭、多味覺層次、創新的飲食代表。當然，不可忽略島嶼東南亞國家因位於辛香料產地，盛產許多昂貴的肉桂、香草莢、丁香、肉豆蔻、胡椒等，許多菜餚的調味、增色、香氣來源仍以辛香料為主要，也因此滋養了人們的舌尖。

　　東南亞受大陸及印度的文化結構影響頗深，至今許多國家仍保留以手抓飯進食的習慣，另一方面在飲食的烹作上亦融入傳統中華的手法，諸如：大火快炒、燉煮、熬製、爆香、炊煮、油煎、酥炸等等。

　　在飲食的另一板塊上，不該遺漏從16世紀始西方強權入侵東南亞國家帶來的影響，他們大量培育咖啡種植、引進麵包烘焙技術、把歐

▲東南亞美食牛肉河粉及沙嗲

洲飲食意象結合東南亞在地元素成為國食的例子也不在少數,成為特色之新東南亞飲食。

十二、中國飲食文化

中華人民共和國位於歐亞大陸的東北,首都位於北京,是世界上人口最多的國家,主要使用的語言為國語(普通話)。中華文明被公認為是世界四大古文明之一。根據考古資料,在一百萬年前已有人類居住的痕跡。

中國因為歷史悠久、幅員廣闊,包含茶文化、酒文化以及烹飪文化,在內涵上豐富多彩,博大精深,因此在世界的飲食文化中是最具特色及代表性的飲食文化之一,有舉足輕重的地位。

中國人是世界上最能吃的民族,吃得最寬廣、最大膽,也最細緻。中國菜的選料多元廣泛、重視醫食同源、烹飪的技藝高超、刀工精細講究、烹調方法繁多、調味多變和諧。

中國領土範圍包括中國大陸的二十二個省份、五個少數民族自治區、四個直轄市及兩個特別行政區。各省份及地區都有其特色料理,無法一一列舉,中國菜著名的分類方式如「八大菜系」——蘇、粵、

▲中國菜著名的八大菜系

川、魯、閩、浙、皖、湘菜;以及近代最具代表性的北京、上海菜等。

十三、台灣飲食文化

　　台灣因其特有之地理位置與歷史,促使飲食內涵的多樣性與百花齊放。早期閩南等沿海省份人民遷居台灣,接著在19世紀末經歷了日據時代,而後國民政府遷台,融合了更多大陸省份飲食特色於島內;近年來,大陸與東南亞等國之新移民更在台灣快速成長。透過以上歷史因素可窺視出台灣獨特飲食風貌的起源;另由於台灣位處亞熱帶氣候區,四面環海的地理環境亦兼具高山、平原、丘陵、盆地等豐富地貌,故台灣擁有得天獨厚的豐沛物產與食材。遠近馳名的台灣美食與台灣茶早已成為來台觀光客的重要焦點之一。

在討論台灣飲食文化時,則不得不談台灣小吃。台灣小吃係源於過去農業時代,工作繁重的勞務者在正餐間補充體力的點心,透過廟宇與市集塑造出以小吃為主軸的夜市文化。直至今日,小吃仍是大多男女老少的最愛,台灣小吃除了精巧美味與不勝枚舉的選擇種類,許多台灣人對小吃更是懷有一份特殊情感。另外,以閩菜為主的台灣菜,發展於過去北投、鹿港與台南等地的酒家菜,講究海味之鮮甜,延伸至今日則為常見的辦桌菜與筵席菜。鹹香下飯的客家料理亦普遍於台灣,舉凡客家小炒、客家封肉、薑絲大腸等料理皆是廣受青睞的佳餚,客家人善於製作米粄、菜包等米食,也是客家飲食的代表之一。當然,台灣飲食也不可缺漏原住民飲食,不同族群依其依山或傍海,飲食內涵大相逕庭,藉由原住民飲食也讓我們瞭解其宗教、祭祀與生活等文化。

▲九孔與佛跳牆是台灣常見且受歡迎的辦桌菜

參考書目

全中好譯（2004）。《世界飲食文化：傳統與趨勢》。台北：桂魯。

林慶弧（2004）。《飲食文化與鑑賞》。台北：新文京開發。

俞智敏、陳光達、王淑燕譯（1998）。Chris Jenks著。《文化》。台北：巨流。

張玉欣（2015）。《飲食文化概論》（第三版）。新北：揚智。

鄧景衡（2002）。《符號、意象、奇觀：台灣飲食文化系譜》。台北：田園城市文化。

Ashkenazi, M. & Facob, F. (2000). *The Essence of Japanese Cuisine: An Essay of Food Culture*. Philadelphia: University of Pennsylvania Press.

Civitello, L. (2004). *Cuisine and Culture: A History of Food & People*. Hoboken, NJ: Wiley.

Hall, C. M., Sharples, L., Mitchell, R., Macionis, N., & Cambourne, B. (2003). *Food Tourism Around the World: Development, Management and Markets*. Elsevier Butterworth-Heinemann.

Hegarty, J. A. & O'Mahony, G. B. (2001). Gastronomy: A phenomenon of cultural expressionism and an aesthetic for living. *Hospitality Management, 20*, 3-13.

Kittler, P. G., & Sucher, K. P. (2004). *Food and Culture* (4th ed). CA: Thomson Learning.

McWilliams, M. & Heller, H. (2003). *Food Around the World: A Cultural Perspective*. NJ: Prentice Hall.

Notes

....

....

....

....

....

....

....

....

....

....

....

....

....

....

....

....

CHAPTER

2

法國飲食文化

李怡君

26

第一節　法國簡介

　　法國是個多元浪漫民族的國家，法國人的浪漫展現在對生活的熱愛。法國人很熱愛生活，世界上沒有幾個國家能像法國一樣，視美食與美酒為生活中最大的享受與愉悅。吃在法國是豐富而多樣化的。法國人對吃的執著和藝術，使他們的菜餚更精緻。長久以來，法國人以愛吃、能吃、會吃而著稱，用餐非常注重品質。法國近百年來集結而成的美食文化，使得法國美食一直是西方烹調藝術之龍頭，居世界之冠。

　　法國料理是美味、享受、奢華的代名詞。法國擁有全世界最權威的美食指南，法國有著最多的全世界著名的美食餐廳及卓越優秀的主廚。法國美食得以如此大放異彩的最主要原因，在於法國舉國上下，從古至今，將美食視作一門絕高的藝術，對美食藝術懷抱高度熱愛與投入，以及對於廚藝專業人士的尊重與信賴。法國主廚除了本身的才華與技藝之外，不斷追求完美的執著與堅持以及自我尊重，是使法國美食延續且發揚光大的原因，因此成就其今日世界美食之地位。

　　對於法國人而言，美食與美酒是生活的一切，也是藝術的呈現。法國的美食美酒文化代表著一個悠遠的歷史、一種典雅的禮儀、一份高雅的品味、一種浪漫的情調及一場精緻的享受。法國的廚師及民眾們對食材的極度重視，對於食材選取與製作上要求完美，從產地、品種到年份，講究血統身世，尊重每一道料理裡的每一材料、每一元素。

一、地理位置與氣候

　　法國為法蘭西共和國（The Republic of France, La République Française）的簡稱。位在歐洲大陸的西端，是中歐、西歐及南歐的橋梁。全國面積達551,100平方公里，是台灣的15.3倍。在歐洲僅次於俄羅斯（Russia），為第二大國家，以法語為主要語言。大多數居民信奉

天主教，其他少數則信奉伊斯蘭教、基督教新教、猶太教、佛教等其他宗教。

　　法國國土略呈等邊六角形，平原與山地分配平均，平原占總面積的三分之二。三面臨海，西臨大西洋的比斯開灣、東南臨地中海、西北隔著英吉利海峽與英國遙相對望。三面連接陸地與六個重要歐洲大國接壤，分別為南隔著庇里牛斯山（Pyrenees）和西班牙及安道爾相連，東以阿爾卑斯山（Alpes）和瑞士及義大利為界，北方接盧森堡和比利時，東北方與德國以萊因河為界。其中歐洲第一高峰白朗峰（Mont-Blanc）位於阿爾卑斯山上，海拔高達4,811公尺。

　　法國因東南地勢較高，境內的河流多是向西流入大西洋。主要的河流有：塞納河（Seine River）、羅亞爾河（Loire River）、加倫河（Garonne River）、隆河（Rhone River）等，其中羅亞爾河長約1,020公里，是法國最長的河。法國瀕臨四大海域：北海、英吉利海峽、大西洋和地中海，海岸線總長度約5,500公里。

　　法國現共有二十六個行政區域，其中四個位於海外，二十二個位於法國本土。其國內之行政區域包括布列塔尼（Bretagne）、瑪黑－伯韋丹（Marais Poitvetin）、波爾德烈（Bordelais）、巴斯克（Pays）、諾曼第（Normandy）、羅亞爾河谷地（Val de Loire）、普瓦圖－夏朗德（Poitou-Charentes）、利穆桑（Limousin）、佩里戈爾（Perigord）、朗格多克－魯西永（Languedoc-Roussillon）、普羅旺斯（Provence）、隆河谷地（Rhone）、中央高地（Massif Central）、奧弗涅（Auvergne）、勃根地（Bourgogne）、貝里（Berry）、巴黎（Paris）、法蘭西島（Ile de France）、洛林（Lorraine）、亞爾薩斯（Alsace）、香檳（Champagne）、科西嘉（Corsica）等，共分為九十五個行政省，人口最多的為巴黎。

　　法國地處歐洲大陸邊緣，位居北緯42度2分到51度5分之間，緯度很高，四季分明。4月復活節時期，開始春天的來臨；到了7、8月夏季期，日間氣溫可達30℃左右。9月開始踏入秋季，下雨的日子比較多，

▲法國地圖

氣溫較低，約在12～13℃左右。11月開始感受冬季的溫度及晝短夜長。由於受到墨西哥灣暖流和大西洋和風的影響，兼具海洋性氣候、大陸性氣候和地中海型氣候，加上其幅員廣大，因此氣候在不同地區仍有所差異。法國中部和東部屬大陸性氣候，夏季炎熱而冬季寒冷。法國西部屬海洋性溫帶闊葉林氣候，位在大西洋沿岸地區的氣候相對來說溫和而有變化，除了山區和東北地區以外，冬天堪稱相當溫暖。南部的蔚藍海岸是陽光普照、氣候乾燥的地中海型氣候。東部為阿爾卑斯山的高山型氣候，終年積雪。

二、歷史與法國飲食

　　法國的美食文化主要受到五個因素的影響：高盧人、修道院、佛羅倫斯的凱薩琳公主、法王路易十四及十六、法國大革命。

　　法國具有非常悠久的歷史，西元前1500年，法國東部是塞爾特人（Celts）聚居地，古羅馬人稱他們為高盧人（Gauls），之後逐漸由萊因河谷遷至現在的法國及義大利南部。西元前2世紀，羅馬人二度侵入，一直到西元前51年凱撒大帝（Julius Caesar）才完成征服，占領全高盧，並且在此設省，之後高盧就在羅馬的統治下，安定繁榮地發展，當時的遺址大都分布在今日的普羅旺斯。一直到476年，西羅馬帝國滅亡造成西歐各國的分裂，5世紀時法蘭克人（Franks）移居到這裡，鞏固了勢力，法國國名就是由此衍生而來的。

　　法國的拉丁名稱為「高盧」，是法國的古老民族。體型強壯的高盧人，主要是以農、獵為業，將種植的大麥、小麥等作物製成乾糧，打獵而來的動物肉以鹽醃漬或煙燻，將豬肉的脂肪炸出油，作為烹調時使用。一直到現在，麵包、肉類、動物油脂仍是法國人正統飲食中重要的元素。

　　中古世紀時，教會是影響當時社會及文化最深遠的力量。當時教會的齋戒文化規範齋戒日，規定民眾在一年的數日中不能使用動物油脂及肉品，此舉鼓勵了捕魚及在池塘養魚的行為。因此改變了完全以肉為主的飲食習慣，也影響到後來的養殖漁業。同此時期，貿易開始興盛，也是在中古世紀時開始引進葡萄至波爾多、隆河流域、勃根第、馬賽等地區，也發明了以橡木桶儲存葡萄酒的方式，從此興盛了法國的飲酒文化。

　　法國菜在16世紀之前都不是歐洲最好的菜餚，直到1533年來自義大利佛羅倫斯梅第奇家族的凱薩琳公主與亨利二世聯姻，才改變了整個法國的餐飲文化。由於凱薩琳公主本身愛好美食，因此有一團三十名精於廚藝的廚師組成的隊伍一同陪嫁。同時凱薩琳公主也帶入了華麗的餐桌裝置藝術，開始逐漸地改變了當時宮廷的餐桌文化。

　　自稱為「太陽王」的法王路易十四，興建凡爾賽宮，其奢華性格也影響了法國的餐飲文化，由當時開始，在每餐時大量的菜餚呈現在餐桌上，同時建立了一道一道上菜且有專人解釋的文化。曾經有位公

主（The Palatine Princess）形容當時國王的一餐，包含：四盤不同的湯、整隻野雉、一大盤沙拉、羊肉、火腿、一大盤蛋糕、水果及果醬等，由此可見其對美食的喜好。之後接續到了法王路易十六，被視為法國美食的黃金年代。路易十六時期的法國菜開始重視質與量，不僅要求精緻美味，更重視排場，因此造成當時主廚們相互競爭，許多美食應運而生。主廚們為增添食物的美味時，發現以肉汁製作高湯及以高湯增添醬汁的風味，也是在當時開始以松露裝飾於鵝肝醬上。除了菜餚的創新與精緻外，在此一時期，開始建立的第一家餐館，當時的菜單包含：十二道湯、二十四道前菜、十五至二十道以牛肉為主的主菜、二十道羊肉、三十道禽類及野味、十二至二十道小牛肉、二十四道魚、五十道蔬菜、十二道甜點、五十道甜點等。

之後法國受到大革命的影響，美食的發展開始減緩，但是餐館開始風行，讓曾經是保留給少數人享用的美食可以讓更多數人分享。

第二節　法國飲食文化與特色

一、整體飲食文化

法國堪稱世界的美食殿堂，法國美食是一門不斷發展的藝術。法國料理是世界上等級最高的美食之一，而對於法國人而言，美食美酒是一種生活的文化，法國人對於食物的認真重視與熱情，完全表現在日常生活之中。法國菜整體而言可分為三大主流，分別是：(1)上等的烹調技術（haute cuisine）；(2)布爾喬亞式的烹飪技術（cuisine bourgeois）；(3)新式烹飪（nouvelle cuisine）。

上等的烹調技術又稱為精緻美食，承襲於法式宮廷的餐會饗宴。最早的起源是文藝復興時期的義大利，在1533年凱薩琳公主嫁給法王亨利二世時由義大利帶入法國，一直到奢華的路易十六常常在凡

爾賽宮內舉行盛宴，法國宮廷對飲食的態度奠定了法國精緻美食烹調的基礎，也從此改變了整個法國的餐飲文化。上等的烹調技術的主要代表人物為出生於1864年的奧古斯特‧埃斯科菲耶（Auguste Escoffier），被尊稱為「廚師中的國王」，因為他曾經為德皇威廉二世皇帝（Emperor William II）的御廚。他曾是19世紀時法國麗緻大飯店（César Ritz）的主廚，在1920年時被推選為有史以來最受國際歡迎的廚師，且留下許多經典食譜。自埃斯科菲耶起，上等的烹調技術不如從前耗時而豐盛，但依然稱得上是世界上最優雅而精緻的烹飪術。它需要由廚藝精湛的廚師使用最好的食材，憑藉豐富的經驗，做出精緻的菜餚，是高級法國料理菜及法式餐廳代名詞。

　　布爾喬亞式的烹飪技術，又稱為中產階級烹飪，其實就是一種平民化的烹調。以日常生活的烹調方式為主，食物的分量較多，雖然無法如同上等的烹調技術一般華麗精緻，但色香味俱全，一般家庭裡做的法國菜多屬此類。在一般法國人的生活中，葡萄酒、乳酪及麵包等是每餐必備的飲食。具有代表性的麵包有牛角麵包（croissant）及法國麵包（baguette）。

▲牛角麵包加上一杯咖啡是法國人典型的早餐

　　新式烹飪是流行於近代法國的新料理，新式烹飪運動開始於1972年，受到兩位美食評論家──H.Gault及C. Millau的鼓勵與影響，將食物以更簡單及天然的方式呈現。有別於法式料理（classical cuisine），料理以健康取向為原則，講究簡單清淡少油膩，食物在原汁中烹調以保持原味，講究風味、天然性。雖然不需要傳統的豐富知識，但是注重裝飾和顏色的配合，因此須擁有美學概念及豐富的想像力。在1970年代末，法國有四分之三的高級餐廳採取此種烹飪技術，然而鼎盛時期一過，現在的法國料理又逐漸回復法國鄉村烹調法。

二、法國各地區的飲食與重要食材

　　法國是歐洲第二大的國家，地理景觀豐富且多樣，共有二十二個行政區，每一區都有不同的風土民情、地理環境以及食材。也因此法國菜會因地理位置的不同，在其風味及烹調技巧上有相當的差異，因而產生許多地域性菜餚的特色。在這二十二個行政區中，將介紹其中五個行政區的料理特色：亞爾薩斯、布列塔尼、勃根第、諾曼第和普羅旺斯。

酸菜什錦燻肉

【做法】

關於如何醃製好吃的酸菜，每家都能說出一長串的故事。基本做法是將甘藍菜切得極細，以一層甘藍菜、一層鹽巴鋪設在專用的陶鍋內，加杜松子調味，使其慢慢發酵。

【吃法】

當地人喜歡將醃酸菜配上大量的醃燻豬肉，如培根、燻肉、豬腳及知名的各種香腸，煮上一大鍋，以馬鈴薯為底，再灌上一杯冰涼的啤酒，什麼煩惱全都不見了。

(一)亞爾薩斯

位於德法邊境，在路易十四時成為法國的一部分，1820年時被德國占領，一直至第一次世界大戰結束時歸還。因此在美食上具德法混合之特色，較著名的菜餚為酸菜什錦燻肉，這就是一道典型具有德國風味的料理。除此以外，亞爾薩斯種植有啤酒花，是法國唯一生產啤酒的地區，因此，在此地葡萄酒與啤酒同時扮演重要的角色。

亞爾薩斯首府史特拉斯堡（Strasbourg）是法國第六大城，以鵝肝派聞名於世，是將麵餅的外殼包裹鵝肝的新吃法。這是路易十六時代（1780年），名叫克勞斯（Jean-Pierre Clause）的廚師在史特拉斯堡研發出來的。直到今日，已經有超過四十種不同的鵝肝醬調味，在市面上銷售。

(二)布列塔尼

位於法國西北部，因為瀕臨大西洋，因此以海產為主。當地所產的生蠔、龍蝦、干貝品質都相當優良且極為新鮮。在布列塔尼的小鎮貝隆（Belon），即是以生產法國最好的生蠔而聞名，而最佳的享受方法就是生食，稍微淋上一點檸檬汁就很鮮美。

布列塔尼最著名的法國美食為可麗餅（Crêpe）。由於當地所生長

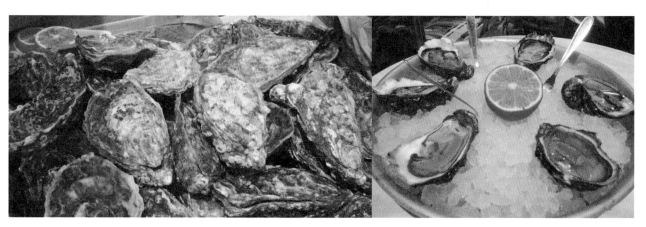

▲布列塔尼的美味生蠔　圖片來源：李怡君

的穀物不適合做麵包，因此可麗餅成為當地的主要食物。可麗餅在歐洲已經有上百年的歷史，據說是布列塔尼居民的救命糧食，布列塔尼是個石頭城鎮，幾乎是寸草不生、貧瘠荒蕪，有一年遇到飢荒，鎮上沒有任何食物，布列塔尼人只好將收藏在地窖的麵粉拿出來烤成薄薄的煎餅，解決了那年的飢荒困頓。傳統可麗餅的製作方式，早期是先用柴火在陶土製的大圓盤上烤熱，倒入麵粉糊於盤上烤出薄薄起司味濃郁的可麗餅，後來烹調器具進步，改採鐵製的平瓦板，到現代，只要平底鍋都可以製作出好吃的可麗餅，比較平民式的可麗餅吃法，就是把甜、鹹餡料放到餅皮之內，摺疊成甜筒型樣式。在法國，由主菜到甜點都可見到可麗餅的身影，其中又以桌邊烹調的火焰煎餅（Crepes Suzette）最為出名。

(三)勃根第

勃根第與波爾多同為法國紅酒主要產區，是法國的美食美酒天堂，當地產有大量的黑皮諾紅酒（Pinot Noir）、夏多內白酒（Chardonnay），物產豐富的勃根第除了生產豐富的葡萄酒以外，還有許多美食的特產食材：田螺、春雞及第戎芥末醬。較知名的菜餚有：紅酒燴雞、紅酒燴牛肉、勃根第烤田螺。

勃根第的首府為第戎（Dijon），自古以來便是勃根第公國的統御中心及主要政治舞台，更是勃根第地區文化資源與生活藝術的重鎮。芥末在西元4世紀就被傳到勃根第，一直到14世紀起第戎芥末醬（Dijon mustard）開始成為勃根第名產，之後逐漸成為成為代表法國，馳名國際的重要調味品。據說當時勃根第公爵Philippe le Bon喜歡宴客，需要大量的調味料，因此在他的領地勃根第的第戎生產芥末醬。直至1752年，Jean Naigeon在製造芥末醬時，以未成熟的葡萄汁液——verjus，取代原有的醋，由於勃根第地區的芥末子及葡萄品質特優，調配出來的芥末醬特別美味，因此開始成就第戎芥末醬的地位。第戎芥末醬古老的製作方法沿襲至今，成為第戎的特色。

勃根第烤田螺

【做法】

品嚐蝸牛其實是有季節性的，當它們踡縮起外殼，準備過冬，就是肉質最甜美的時候。勃根第蝸牛的準備工夫很是磨人，光是清洗就要好幾次，然後用鹽、醋、麵粉，逼出蝸牛特有的土味。烹調前得先下水煮過一次，挑出蝸牛肉，再加入白酒、高湯、紅蘿蔔、洋蔥、香草慢煮數個鐘頭。當然，蝸牛殼也得小心處理，必須先煮再洗然後擦乾。準備好的蝸牛肉放回殼裡，塞入奶油、義大利香菜、大蒜、紅蔥頭的奶油醬，以大火烘烤。

【吃法】

請小心用特製的夾子趁熱享受美味，冷了，味道便差了。

▲勃根第田螺　圖片來源：李怡君

(四)諾曼第

　　1944年6月，盟軍部隊在艾森豪將軍（Dwight D. Eisenhower）的帶領下，成功地於諾曼第登陸，將西歐從德國的占領下解放，也替第二次世界大戰畫下句號，從此，諾曼第在歷史上的意義已經不同於往昔。當地種植大量蘋果樹，因此出產大量蘋果，製造出法國有名的蘋果酒（Cider）及以蘋果為主的甜點，成為當地的主要特色。à la Normande在菜餚的名稱中指的就是使用當地特產所烹調出的菜餚，多數會加入鮮奶油、蘋果或蘋果酒一起烹調，代表美食為卡恩牛肚鍋。除了蘋果外，諾曼第有個著名小鎮──卡門貝爾（Camembert），為全世界出產知名白黴乳酪「卡門貝爾乳酪」的發源及生產地。

卡恩牛肚鍋

卡恩牛肚鍋只是尋常老百姓不經意的創作。這道菜餚可追溯至16世紀，每天早上，街頭的小販把沒有經濟價值的內臟丟入鍋裡，煮上一整天，成為既方便又營養的大鍋菜。

牛肚鍋好吃的關鍵就在小火慢煮，另一項重點則是內臟的品質與多樣性。傳統上，牛肚鍋採用的是各色各樣的牛內臟，甚至還包括牛腳。因為保溫的考量，一種圓形的砂鍋專門用來燉煮，得先在底層鋪上洋蔥、紅蘿蔔，然後是牛腳、牛骨、內臟，再用大蒜、百里香、月桂葉和青蒜（leek）去除腥味，接著加上一點肥油和綜合香料，最後放入諾曼第最出名的蘋果以及蘋果酒，這兩樣東西帶給牛肚鍋很不一樣的風味，經過數小時的小火慢燉，入口即化的內臟飄著蘋果的酸甜和蔬菜的香甜。

(五)普羅旺斯

普羅旺斯，位於法國南端。因鄰近地中海及義大利，故其菜餚較偏向義大利口味。在菜餚烹調製造過程中常用多量的橄欖油、大蒜、番茄、魚及各式香料，例如：薰衣草、迷迭香、百里香等。為了強調是普羅旺斯的菜餚，一般在菜餚名稱上都會加上à la Provençale。普羅旺斯生產的蔬菜種類及產量皆豐富，是全法最大的生產地，以當地生產的蔬菜所烹調的知名菜餚為普羅旺斯燜菜。

在普羅旺斯有兩個著名的城市與美食有密切的關係，即馬賽

普羅旺斯著名的蘸醬

·黑橄欖泥醬：橄欖醬塗抹在稍微烘烤的麵包上，就是最道地的開胃菜。

·大蒜美乃滋：大蒜美乃滋常被人稱為普羅旺斯的奶油。

·大蒜辣椒醬：蒜、辣椒、橄欖油、麵包屑與魚高湯。

（Marseille）和尼斯（Nice）。

馬賽位於普羅旺斯地區南端，二千七百年前就是地中海邊的一個聚落。著名的馬賽港是弗加亞人在西元前600年所建設。在西元前600年，有了第一批人類在此登陸，那是來自愛琴海右側、近亞洲大陸的愛奧尼亞（Ionian）人。這些人在這座形勢完整的海灣旁，建立了希臘人在今天法蘭西和西歐土地上的第一個殖民地，這個後來被稱為馬賽的港市就成為法國境內最古老的城市。馬賽的知名菜餚為馬賽魚湯（bouillabaisse），最早是漁夫將沒有市場經濟價值的魚（如rockfish）用大鍋（cauldron）在木材上生火烹調成為湯品，現在則還會加入甲殼類海鮮且以橄欖油及香料調味。

馬賽魚湯

馬賽魚湯的歷史已超過二千五百年，據傳是希臘人帶進法國的。馬賽魚湯的重點就在各式各樣精彩的魚種，但不限定得放入哪些魚。傳統的馬賽魚湯是沒有貝類的，尤其是淡菜絕對不能出現，但是螃蟹和龍蝦並不禁止。

【做法與吃法】
橄欖油炒香洋蔥、番茄、大蒜、茴香，加入百里香、義大利香菜及月桂葉，並以乾橙皮調味，最後放入番紅花增加色澤，然後再加入魚肉。食用時湯與魚肉是分開盛放的，在碗裡擺上一片麵包，直接將湯汁舀入。

尼斯位於地中海著名的蔚藍海岸，面對著美麗的海灣，目前是法國第五大城市。西元前350年，居住在馬賽的希臘人首先在此建立聚落。4世紀基督教初期，尼斯已成為主教中心，到1860年，拿破崙三世和義大利薩丁尼亞王國的國王維克多‧艾曼紐二世（Victor Emmanuel II）簽訂合約，尼斯成為法國的領地，至此主權不再更迭。尼斯擁有絕佳的天然條件，物產豐碩，著名的有海鮮、葡萄酒、新鮮蔬菜與水

果，構成一個美食天堂。較知名的菜餚有尼斯沙拉。

尼斯沙拉是一道風味獨具的法式沙拉，充分展現出「法國人眼中的美食，就是天然的原味」，它主要的五種食材是：鯷魚、鮪魚、法國豆、黑橄欖和橄欖油，再依各地方的物產就地取材，加入蛋、番茄、馬鈴薯與油醋調味。

三、餐廳種類

法國餐廳的種類主要有四大類型，其中包括：(1)高級餐廳（restaurant）；(2)餐酒館（brasserie）；(3)法式小酒館（bistro）；(4)咖啡屋（cafe）。一般所謂的法國餐廳多是指高級餐廳，以提供單點菜單為主，是品嚐高級美食的地方，對法國人而言是奢侈的享受，無論是菜色、服務及氣氛都有一定的要求，一般須事先訂位，有些還須著正式服裝。而法國人日常生活較常光臨的餐廳是指餐酒館或是小酒館。餐酒館的等級次於高級餐廳，食物及酒類較小酒館高級。咖啡屋一般而言只提供咖啡及簡餐。法國餐廳午餐供應時間是由中午十二點至下午二點，晚餐是由晚上七點至十點半或更晚。

在法國的餐飲業有兩本具有權威的評鑑指南，《米其林美食指南》（Le Guide Rouge）以及《高特與米羅》（Gaut & Millau）。《米其林指南》（Le Guide Michelin）出版於1900年。最早是由法國米其林輪胎公司致贈給車主，以方便這些車主旅遊。《米其林美食指南》主要是評鑑餐廳與旅館，因書皮為紅色，又被稱為紅色指南。《米其林美食指南》在評鑑餐廳時以往較偏重傳統的菜餚。將高級餐廳以「星」為分級單位，最高為三星，代表餐廳已達到「美食與藝術的絕對完美之境」，所有的法國廚師都以達到米其林三星為最終目標。評鑑專家平均年齡約五、六十歲，資格必須要從事相關行業達三十年以上，被稱為是靠嘴巴吃飯的職業。《米其林美食指南》目前已在全世界發行與評鑑歐洲以外的國家，如美國、日本、香港及澳門、新加坡等地。

《高特與米羅》則是由兩位美食記者高特（Henry Gault）、米羅（Christian Millau）於1969年代所創辦的月刊，評鑑專家為一群專業及愛好美食的記者，文章的呈現方式較活潑，較呼應市場的潮流與趨勢。主要的目標是以鼓勵新生代廚師為主，例如各區「明日之星」。《高特與米羅》是以高帽子為餐廳的評鑑指標，五頂高帽子是象徵最高榮譽，以下遞減。

四、閱讀菜單（食譜）

在法國餐廳的入口處一般都會有標示價格的菜單，菜單的主要種類有兩種，一種為單點菜單，另一種為套餐。除此以外，有的餐廳還會有列出主廚推薦、當日推薦。一般的菜單構成順序如下：

1.前菜。
2.海鮮類：魚、貝、蝦蟹類。
3.肉類。
4.蔬菜類。
5.乳酪。
6.甜點。

在這套菜單之中，有的餐廳會另外將湯由前菜中另外獨立出來。顧客在點餐時，一般是由前菜中選一種，海鮮、肉類中選一道（或各選一道）作為主菜，由於主菜會跟隨蔬菜作為配菜，所以不需要另外做選擇。用完主菜之後再選擇乳酪及甜點。

法國是一個非常講究以酒搭配美食的文化，因此餐廳通常還會供應一本酒單。一般而言，法國人會由前菜開始搭配葡萄酒，之後一直到甜點也都有不同的酒搭配。

第三節　法國重要的特殊食材

　　法國地大物博，各類食材質多量好。有舉世聞名的四大美食三大美酒，分別為松露（truffle）、魚子醬（caviar）、鵝肝（goose liver）、乳酪（cheese）、葡萄酒（wine）、香檳（champagne）、白蘭地（brandy），茲介紹如下：

一、松露

　　「松露」，又名「黑菌」。由於松露帶有濃厚的香氣，加上松露的生長不易、尋找困難又無法人工栽培，因此在物以稀為貴的前提下，松露的價格昂貴，因此在法國有「黑鑽石」美名。松露生長於法國南部普羅旺斯和義大利，西藏和中國也有一些。法國西南部的佩里戈爾（Périgord）所產的松露品質被公認是最佳的。每年從12月到3月間是松露的採收期，是最好的品味季節。好的松露品質是當年的夏季夠潮濕，冬季夠寒冷。

　　松露通常寄生在樹齡超過十年以上的橡樹根部，深藏在3～12吋泥土的地底，因此不易被察覺。松露有著非常強烈的香氣，松露的取得，早期是由豬尋找，因為豬非常喜歡這種濃烈的香味蘑菇。不過豬一找到松露時，會把好不容易找到的松露吃掉。現在則多半靠訓練有素具靈敏嗅覺的狗尋找松露，因為狗不愛吃松露。

二、魚子醬

　　魚子醬具有「黑金」的美譽，由此可以瞭解魚子醬的珍貴。所謂魚子醬，其實指的就是在成熟的雌性鱘魚（sturgeon）魚腹中，直徑僅約0.2公分的鹽漬黑灰色鱘魚卵。早於13世紀，魚子醬就被喻為人間的極品，至1920年左右才帶入法國，至今成為法國高級料理中不可或缺的美食之一。全世界約有超過二十種的鱘魚，只有產自中亞俄國與

伊朗之間的裏海海域中的三種鱘魚：培羅加（Beluga）、奧薩屈羅芙（Ossetra）、斯夫羅加（Sevruga）的魚卵品質極佳，才能用以製成我們所熟知的珍貴魚子醬，亦即正統的魚子醬。魚子醬在一年中只有春天的3～5月及秋天的10～11月兩個收穫季節。

魚種不同，魚子醬的等級也有分別。級別越高，魚子醬裡的魚脂含量亦會相對增加。品級最高的是培羅加，是市面上最貴的魚子醬，呈深灰色，口感硬而滑潤。培羅加一年產量不到一百尾，且只有超過六十歲的成熟魚，才有資格用以製作培羅加魚子醬；其次是以超過四十歲的奧薩屈羅芙所產的卵製成的魚子醬，奧薩屈羅芙魚子醬比培羅加稍微小，呈黑褐色到金黃色不同色澤，口感較芬芳；然後是以超過二十歲的斯夫羅加所產的卵製成的斯夫羅加魚子醬，風味口感嚐起來較像特別精挑過的魚子。

三、鵝肝

大約遠在四千年前，愛吃鵝肉的古埃及人便已懂得吃鵝肝（foie gras d'oie）。然而真正懂得享受煎鵝肝這項美食的，卻是兩千多年前的羅馬人。到了法國路易十六時期，鵝肝被進貢到宮廷，法皇路易十五（Louis XV）嚐過之後，就深深地愛上這個美味，從此鵝肝成為法國重要的美食之一。

法國製作鵝肝的方式是鵝在孵化後十四週開始，每天三頓強迫填餵玉米漿長達四星期之久。為了避免鵝在強迫餵食的過程中，容易造成緊張甚至死亡，所以整個過程所有的鵝都是由人工一對一方式餵食，其間並會不斷地撫拍牠們，以及讓牠們聆聽音樂以幫助吞食及安撫情緒，這樣高昂的人工成本是鵝肝價格昂貴的主要原因。由於成本考量，目前多數的鵝肝已改為鴨肝（foie gras de canard）。

正確而言，鵝肝是指新鮮的鵝肝，以鵝肝製成的其他著名產品還有鵝肝醬、鵝肝派。鵝肝醬可分純鵝肝醬或混合其他肝臟（如豬、

鴨及雞）的肝醬。這種肝醬價格的高低就視其中純鵝肝醬的比例而定，鵝肝比例越高就越貴。鵝肝派是把鵝肝與小牛肉、豬油、豬肉混合，外圍再裹以麵皮後加以烤焙。由於製作鵝肝或鴨肝這類肥肝（foie gras）的餵養方式具有爭議，因此部分國家目前禁售以強制餵養所生產的肥肝。

四、乳酪

法國人是食用乳酪最多的民族，被譽為「乳酪王國」的法國，乳酪消耗量居世界之冠。法國也是歐洲大陸乳酪產量最多的國家，擁有逾五百種的乳酪產量，幾乎每一城鎮每一村莊都擁有自家風味的乳酪。法國的乳酪為確保道地的地區風貌與傳統手工製作精神，還設有一套嚴格的AOC產地認證制度。乳酪的AOC法令源自於15世紀，1955年正式立法，1990年由法國法定產區管理局（Institut National des Appelations d'Origines, INAO）正式接管，目前約有三十五種乳酪獲得認證。

較有名的法國乳酪有：

(一)白黴乳酪

表面上覆蓋著一層白黴為其主要特徵，最具代表性的是法國諾曼第所生產的卡門貝爾乳酪最有名。白黴最大的作用就是使乳酪的口感變得滑順。這類乳酪的質地十分柔軟，可在中間部分輕壓一下，感覺內裡柔軟者表示已進入成熟期，散發著濃郁的牛乳與奶油香氣。香味適中，口感滑潤，就算是沒有食用乳酪習慣的人也能輕易接受。有白黴覆蓋於表皮上，黏稠味道中等的軟乾酪就是「白黴乳酪」。

(二)藍紋乳酪

是所有乳酪中風味最有個性及特別的一種，具有相當濃烈的獨特風味，味道也很濃，對舌頭有刺激感。製作上主要是將藍黴與凝乳

▲乳酪是法國人三餐不可或缺的美食

均勻混合後，一起填裝於模型中進行熟成，形成美麗的藍綠色大理石花紋或點狀圖案。法國最具代表性的是歷史最久的羅克福爾乳酪（Roquefort）。藍紋乳酪以藍黴紋路勻稱、藍白顏色對比清晰者為最佳選擇。

(三)硬質乳酪

質地堅硬、體積碩大沉重的硬質乳酪，是法國傳統農莊與高山水草孕育出的絕佳風味，經過至少半年到兩年以上長期熟成的乳酪，可耐長時間的運送與保存。

(四)山羊乳酪

以山羊乳為原料製成的乳酪，屬於小尺寸的乳酪。由於多半採乾燥熟成，故質地結實。山羊乳酪會隨產地與熟成程度的不同而有各種形狀、風味與外觀，香味與牛奶乳酪截然不同。

五、葡萄酒

葡萄酒與美食對於法國人來說是生活中不可或缺的要素。法國被

稱之為「葡萄酒王國」，由於法國人擁有超過兩千年的釀酒經驗，不但是全世界釀造最多種葡萄酒的國家，也生產了無數聞名於世的高級葡萄酒。

法國對所出產的葡萄酒有嚴格的品質控制，葡萄酒被劃分為四個等級：

1. 法定產區餐酒（Appellation d'origine contrôlée, AOC），是指定優良產區酒為名之葡萄酒的通稱，這種酒對於原產地（地區、村、葡萄園等）有很詳細的限定。

2. 特定產區檢驗合格餐酒（Vins Délimités de Qualité Supérieure, VDQS），這個等級的葡萄酒在法國數量逐漸減少，原因是受到AOC級葡萄酒日益增加所致。

3. 地區餐酒（Vin de Pays），來自於限定產區內種植的葡萄，其限制較AOC所規定的少，多屬中低價位，價格也比較合理。

4. 日常餐酒（Vin de Table），是等級最低的一種葡萄酒，這種酒對於葡萄酒的產地、品種與耕種方式及生產方式等並沒有限制。

▲法國生產的葡萄酒舉世聞名且種類繁多

　　法國共有六大著名釀酒區，各區所出產的酒類都各具特色。其中有五個是與紅白葡萄酒有關，一個與香檳有關。五個與紅白葡萄酒相關的產區為：

(一)亞爾薩斯

　　亞爾薩斯位在法國東北部，以萊因河和德國交界，是法國最東部的省份。由於位置較北，較寒冷的氣候使然，全區以生產白酒為主，帶有水果和鮮花的清新香味，99%都屬於不甜的口味。亞爾薩斯葡萄酒的特色在以單一葡萄品種釀酒，較優質品種有Riesling、Pinot Gris、Muscat和Gewurztraminer四種。亞爾薩斯葡萄酒品種以及瘦長的瓶身，都與德國相似。

(二)波爾多

　　波爾多位於法國西南面，為亞吉丹省（Aquitaine）的首都，亞吉丹早在羅馬時期即以生產純酒而著稱。波爾多享有聞名世界的葡萄酒鄉之美譽。由於當地對葡萄酒的要求相當嚴格，葡萄酒必須是法定產區管制下的產品，因此所出產的紅酒、白酒均屬世界頂級，紅酒與白酒的生產比例則各為80%與20%。波爾多葡萄酒最大的特色是以至少二至三種葡萄品種混合釀造，其豐潤的口感有別於其他葡萄酒產區以單一葡萄品種釀造後的產品。著名的釀酒區有梅多克（Médoc）、利布赫（Libourne）、波爾多（Bordeaux）、格拉夫（Graves）等。

(三)勃根第

　　距離巴黎以南只有兩小時車程的省份，也是一處與葡萄美酒齊名之地，其葡萄園是世界首屈一指的，面積達126,021畝，勃根第的葡萄酒紅白酒並重，當地的紅酒全部採用種植於侏羅紀山坡的黑皮諾（Pinot）葡萄釀造；白酒則是以原產於勃根第的夏多內（Chardonnay）葡萄作為釀製的原料。共有夏布利（Chablis）、伯恩

丘區（Côte de Beaune）、夜丘區（Côte de Nuits）、夏隆內丘區（Côte Chalonnaise）以及馬貢區（Macon）等五個產區。

(四)羅亞爾河谷

位於法國中部的古堡區，以盛產白酒馳名。其中較為著名的葡萄酒為以Chenin Blanc葡萄釀造的白酒，如Muscadet、Pouilly Fume等，此外，紅酒（如索米爾）、香檳等也一樣出色。

(五)隆河河谷

位於法國東南面，整個隆河河谷明顯區分為南北兩區，南北之間，從地形、氣候、風土，從而衍生的葡萄園面貌、品種、葡萄酒氣味與質地，有著不小的差異。隆河區的葡萄種類極多，法定品種高達十七種，因此隆河河谷的葡萄酒擁有極多變的面貌。最主要常見的有Syrah、Grenache、Mourvèdre等紅葡萄品種，以及Viognier、Marsanne、Roussanne、Clairette Blanche、Bourboulenc等白葡萄品種。

六、香檳

香檳相傳是17世紀時由天主教僧侶佩里尼翁（Dom Pérignon）無意中所發明的氣泡酒。法國政府嚴格規定只有產自法國香檳區內的氣泡葡萄酒才能使用「香檳」之名。香檳區位於法國北部，距離巴黎東北方約兩百公里，是法國位置最北方的葡萄酒產區。香檳區嚴寒的氣候以及較短的生長季節，加上香檳區分布廣泛的優良白堊土質，造就出香檳細膩的香味與酸度。

香檳區共有三種法定葡萄品種，主要常以白色葡萄的夏多內與紅色葡萄的皮諾特努瓦爾等兩種釀酒葡萄混合釀製調配而成，以及通常只作為搭配調和之用的紅色葡萄皮諾莫尼耶（Pinot Meunier）等。香檳區有很多夙負盛名的酒窖如Pommery、佩里尼翁、Veuve Clicquot、Moët et Chandon，出產世上獨一無二的香檳。香檳口味分五個等

▲法國的香檳氣泡酒舉世聞名

級：不甜（Brut）、略甜（Extra Dry），之後甜度依等級遞增，淡甜（Sec）、半甜（DemiSec）到最甜（Doux）。

七、白蘭地

白蘭地是以葡萄所製成的蒸餾酒的稱呼，世界各國只要有生產葡萄的地方，就有生產葡萄酒及白蘭地。其中被公認為最好的白蘭地生產地，就是法國的干邑白蘭地（Cognac Brandy）。法國政府規定，葡萄樹齡須在十年以上方可釀造干邑白蘭地，故法國干邑地區的葡萄樹齡在十年到三十年之間相當普遍。

自17世紀以來，「干邑」就成為上等白蘭地的代名詞了。干邑是法國西南部夏朗德省之一小鎮名，法國政府於1909年明文規定，在法國干邑地區釀製蒸餾而成的白蘭地葡萄酒，才能使用干邑白蘭地之名。

依據法國政府規定，干邑有不同的等級是依放在木桶裡熟成的時間而定。V.S.代表Very Superior，酒齡為兩年以上；V.S.O.P.代表Very Superior Old Pale、V.O.Reserve酒齡為四年以上；Napoleon、X.O.酒齡為六年以上。

第四節　法國與中華飲食文化之比較

　　法國人與華人飲食同為世界上最懂得享受美食的民族，此二者不僅喜好享受而且也精心加以研究，無論是文化層面或是美食層面。然而華人飲食與法國人在美食文化中有其共同性也有其差異性，無論是吃在法國或是吃在台灣都是豐富而多樣化的。

一、共同性

1. 豐富而多樣化食材：和我們一樣，法國人也吃天上飛的、地上爬的，所以法國菜單裡不只有紅肉（牛、羊）、白肉（雞肉和海鮮），也食用田蛙、田螺、雉雞、野兔等野味，即使是多數西方人不敢嘗試的動物內臟，法國菜裡也使用，例如鵝肝、牛肚等食材。

2. 以酒佐餐：法國人喜好酒，葡萄酒、香檳、白蘭地在法國的餐飲上有一定的地位，且用餐時通常會佐酒；我們在佐餐時也會選擇不同的酒類，尤以白酒為多。

3. 以酒調味：法式菜餚重視調味，調味品種類多樣，用酒來調味，什麼樣的菜選用什麼樣的酒都有嚴格的規定，如清湯用葡萄酒，海味品用白蘭地酒，甜品用各式甜酒或白蘭地等。

4. 注重餐飲禮儀：法國和我國因同具深遠的文化，因此對於餐具及餐桌禮儀都有一定的要求。地位尊卑、主人客人在餐桌座位的安排上、餐具的使用都有一定的規範。不過，不同的是我們使用筷子，法國使用刀叉。

5. 逐臭之夫：法國人和我們一樣都喜好其他人無法接受的臭味食物，而且覺得越臭越香，法國人喜好的是乳酪，我們則喜好臭豆腐乳及臭豆腐。

6. 區域菜餚區隔性高：和中華料理一樣，法國亦因幅員遼闊，菜

餡會因地理位置的不同，在其食材、風味及烹調技巧上有相當的差異。

7.澱粉為主食之一：法國人和我們一樣，在用餐時一定有澱粉類食物作為主食。法國人喜好麵包，我們則有飯或饅頭。

8.講究調料，香料使用多：烹調時都喜歡使用許多香料，甚至許多香料的味道相同，例如月桂（香葉）、九層塔、香菜、茴香等。法國常用香料（包括香草）有百里香、迷迭香等十多種，我們會用八角、五香、肉桂等。

9.豬肉的加工品多：法國與我們都有許多燻火腿及香腸。

10.革命與戰爭成就民間美食：隨著皇家、貴族的沒落，廚藝高超的廚師流落民間，於是有較多的美食進入了一般尋常人家的生活中。

11.用油方式相似：傳統的法式與中式古典菜餚都是以動物油脂為主，不過在健康的取向下多改用植物油。

二、差異性

1.廚師的地位：法國人到餐廳用餐時講究「名廚」，重視廚師的手藝，一旦換了廚師，菜餚也就失去了可信度。然而對於台灣的消費者而言，到餐廳用餐常常不知道廚師為何，廚師的地位較低。不過，近幾年來受到法國的影響，廚師逐漸走出廚房，開始重視「名廚」，廚師的地位也日漸提升。

2.氣派與氣氛：法國人用餐注重氣氛，用餐人數一般而言較會是親朋好友且人數少，喜歡溫馨安靜的用餐氣氛，我們則喜歡氣派，用餐時呼朋喚友，用餐的環境熱鬧。

3.蔬菜生熟不同：法國人的蔬菜是以生食為主，我們的蔬菜則須烹調至熟。

4.飲酒文化不同：法國人強調品酒文化，佐餐時會選擇不同的

酒,也會因不同的酒選擇不同的酒杯,我們則多以乾杯文化為
主,強調喝酒要盡興,不醉不歸。

5.主要食用肉類不同:法國主要的食用肉是以牛、羊為主,豬肉
多是以燻肉的方式呈現,我們主要的食用肉則為豬肉。

6.咖啡與茶的文化:法國人最喜歡非酒精的休閒飲料為咖啡,我
們則是以茶為主,各有不同的飲料文化。

7.食用的生熟度不同:法式料理比較講究吃半熟或生食,如牛
排、羊腿以半熟鮮嫩為特點,烤野鴨一般六分熟即可食用,中
式菜餚大多數是強調食物要熟。

8.調味方式:法式料理多是輕煎慢燉,醬料分明,著重表現食材
的本質,中式菜餚則多強調味香濃且重,熱炸快炒,著重各式
調味醬料的使用。

9.餐館氣質迴異:法國餐館小巧精緻,菜色減少而創意日新,我
們的餐館則是華麗大器,菜式繁多但較為固定。

10.用餐方式不同:法國是強調個人化的餐飲,每人食用自己的盤
中食物,我們則強調圓桌大盤,以分食為主。

參考書目

巴黎，檢索日期2004年3月17日，http://www.yy.com.tw/Choosecity.asp

巴黎美食，檢索日期2004年4月2日，http://old.c-r-n.com/content.asp?id=20215

世界烹飪史上的皇冠——法國菜，檢索日期2004年3月16日，http://old.c-r-n.com/content.asp?id=30733

在法國的生活，檢索日期2004年3月17日，http://www.edufrance-hongkong.com/vivre_c.htm

江孟蓉譯（2003）。彼得・梅爾著。《法國盛宴》。台北：皇冠文化。

林裕森（1998）。《美饌巴黎》。台北：大地地理。

法國的麵包，檢索日期2004年3月12日，http://www.studyfr.net/

品味天下——法國，檢索日期2004年3月12日，http://www.kitchens.com.tw/world/chefs-2.htm

張志成譯（2004）。顧恩特・希旭菲爾德著。《歐洲飲食文化》。台北：左岸文化。

曾桂美編譯（1993）。《歐洲餐飲指南》。台北：精英。

程安琪編（1998）。《ORDER浪漫有味法國菜》。台北：橘子。

辜振豐（2002）。〈法國美食系譜〉。《中國時報》，2002年12月8日。

黃仲正編（1995）。《法國》。台北：台灣英文雜誌社。

楊正儀（2004）。「杜爾」與「勃根第」的法國美食公開賽，檢索日期2004年3月21日，http://travel .mook.com.tw/author/yang/yang_20001128_39.html

楊正儀（2004）。法國三道美食入門：醃酸菜、鵝肝派、松露，檢索日期2004年4月2日，http://travel.mook.com.tw/author/yang/yang_20001017_32.html

楊正儀（2004）。普羅旺斯三大美味要角：橄欖油、大蒜與番茄，檢索日期2004年4月2日，http://travel.mook.com.tw/author/yang/yang_20001031_33.htm

劉必權（1997）。《世界列國誌——法國》。台北：川流。

劉永毅譯（2002）。墨特・羅森布郎著。《週日的午宴》。台北：新新聞文化。

魏之鳴（2003）。〈法國美食〉。《自由時報》，2003年3月17日。

蘇秋華譯（2003）。海麗葉・霍栩佛著。《油炸法國》。台北：知書房。

Flandrin, J. & Montanari (eds.) (1999). *Food: A Culinary History from Antiquity to the*

Present. NY: Columbia University Press.

Garnsey, P. (1999). *Food and Society in Classical Antiquity*. Cambridge University Press.

McWilliam, M. & Heller, H. (2003). *Food Around the World: A Cultural Perspective*. NJ: Prentice Hall.

Wong May (2001)。法式烹飪術，2004年3月15日，http://old.c-r-n.com/content. asp?id=20215

CHAPTER
3

義大利飲食文化

陳紫玲

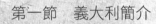

第一節　義大利簡介

一、地理環境及氣候

(一)地理環境

位於歐洲大陸南端，瀕地中海。除了本島外，尚包括西西里、薩丁尼亞兩大島及其他大小島嶼約七十座。北隔阿爾卑斯山脈與瑞士、奧地利相望；東北與南斯拉夫接鄰；西以白朗峰和法國交界；南面以西西里島為踏板與非洲聯絡。而義大利本島和它最大的離島「西西里島」在外貌上剛好形成一個踢足球的畫面，鞋尖將西西里踢進了突尼西亞與薩丁尼亞之間的海峽，相當有趣，在地圖上，是最容易讓人辨認的國家。

(二)氣候

因地形狹長，跨越緯度大，表現多樣的氣候類型。但大致上可分為三個不同的地理區。靠近阿爾卑斯山的西北地區冬季寒冷，夏季潮溼；北部波河平原較顯冬季溼冷、夏季乾燥，是大陸性氣候；臨近地中海地區則多屬地中海型氣候，陽光溫暖、迷人。全義大利大致上來說四季分明，日照也差異甚大，夏天炎熱，到晚上九點天都還亮著，冬天是不到下午五點天就黑了。一般來說，氣溫上比中西歐各國來得溫暖。

(三)人文

義大利有三多：熱情男女多、雕像遺跡多、天主教堂多；不管你身在繁榮現代化的都市或人煙稀疏的窮鄉僻野，都可以感受到這些特質。除此之外，義大利人的愛鄉心也說明了，義大利人雖認同目前的政治體，對外國人宣稱自己為義大利人，但對內則以自己的出身地

自居，例如：一個翡冷翠人對外國人稱自己為義大利人，但在義大利本國則說自己為托斯卡尼人，但在托斯卡尼本省則會說自己為翡冷翠人。

二、歷史發展

對西方歷史來說，義大利曾是橫跨歐、亞、非三洲的羅馬帝國，也是扭轉歐洲文化的文藝復興發源地，在政治、文化、藝術、建築，甚至宗教上皆深深影響著歐陸及整個世界。義大利的歷史有著豐富的一頁，以各個歷史階段來分，可羅列如下表。

義大利的歷史階段

歷史階段	說明
伊魯斯坎文明（西元前1700～西元前200年）	居住在義大利中部，懂得建造下水溝抽取沼澤地的水。其語言即是羅馬文字的基礎。
羅馬和羅馬帝國（西元前509～西元476年）	在西元前27年，由奧古斯都（即屋大維）統一天下，同時積極向外擴張版圖，為橫跨歐三洲的羅馬帝國建立基礎。
蠻族入侵及東羅馬帝國（西元200～600年）	西元286年，羅馬帝國分成東、西兩半，東羅馬帝國在君士坦丁大帝的統治下，政經皆發展迅速；但群龍無首的西羅馬帝國在西元476年，被北方日耳曼軍隊征服。
教皇國（西元756～1870年）	西元313年君士坦丁大帝明文承認基督教後，由於信徒的捐獻，教會成為當時的大地主。
文藝復興（西元1400～1527年）	新商人階級挑戰諸侯的全權力。從神權轉到現實人世，義大利人開始轉向崇尚古希臘羅馬人的知識，導引出新的人文主義。
知識啟蒙（西元1700～1800年）	拿破崙越過阿爾卑斯山，占領義大利，並封自己為義大利國王。拿破崙為義大利這個政治實體帶來了一個名稱：Italy。這是Italy第一次用來指稱義大利半島。
統一（西元1815～1929年）	1848年民族主義席捲歐洲，義大利人受到鼓舞，努力從奧地利及波旁王朝奪回自治權。義大利直到一百五十多年前，都還是像邦聯一樣，由各個主權獨立的城鎮組成，到1860年代，各方才形成共識，成為一個一統的國家。

三、美食簡史

　　義大利菜的烹調技術是世界飲食文化中最古老的技術之一，時間可以上溯到古希臘，甚至更早以前。西方最早的烹飪書《烹飪藝術》（西元前5世紀）如今已失傳，作者便是夕拉古沙（Siracusa，位於西西里島）的希臘人米陶庫斯。羅馬人性好食，而且經常不知節制的暴飲暴食；不過他們也是奠下義大利及歐洲菜基礎的鼻祖。

　　早期的羅馬人多為農民，食用的食物也是以他們可以生產的東西為主，既簡單而粗糙，像是燕麥、起司和橄欖。對他們而言，肉類是前所未聞的奢侈品，動物是田裡耕作的重要工具，相當珍貴，因此不可能食用。隨著羅馬帝國勢力的增強，與外地的交易漸多，農民們嘗試栽種新品種的蔬果、水果，當然最少不了的是葡萄。當他們與外地人交易了鹽和異國香料回來，讓他們可以將肉類、野味和魚防腐及醃漬起來。各種奢華精緻的菜餚，在羅馬帝國全盛時，一道道地端上慶典桌上；但帝國的傾軋導致烹調品質的退化，再回復到原本簡單的基本食物。

　　到文藝復興時期，由於經濟活動的興盛，人們再度開始講求食物的品質與多樣性。富有的大家族們爭相舉辦華麗的宴會，菜色豐盛，且極盡所能的追求新奇——像松露、鳥禽、野味、滴著蜂蜜和香草的甜點——所有的食物都配著葡萄美酒一起進入口中。貧窮的農民們依然吃著簡單粗糙的食物，逐漸興起的中產階級則創造發展了他們自己品味的精緻美食。

　　16世紀時義大利公主凱薩琳下嫁法皇亨利二世時，把義大利傳統烹飪的方式帶入了法國，而法國人將兩國烹飪上的優點加以融合，而逐步地將其發揚光大，創造出了現今最負盛名的法國菜餚。一般而言，義大利不喜歡以醬汁調味的菜餚，而偏好展現食物的天然風味。現在的義大利菜講究的是簡樸主義，烹調的原則以展現食材本身的原味為最高宗旨，就連盤飾，也都只採用烹飪用的香料草來點綴，不似

法國菜或中國菜的精緻及講究，過度的精緻對義大利而言，反而是矯情及做作，那可不是義大利人的作風。

第二節　義大利飲食文化與特色

一、各地飲食文化

　　義大利是共和國制，地方行政方面實行單一制，分為二十個區。因為政治的因素，各地區的飲食文化相當歧異，除非戰爭，否則在歷史上，不同的地方行政區是不相往來的，除此之外，氣候的因素使得義大利的飲食文化有相當大的差異，由於國土的狹長性，最北邊在奧地利之鄰，而最南邊的西西里島與非洲是同一個緯度，造成了氣候極大的差異，所以什麼樣的氣候長出什麼樣的生物，而靠山吃山，靠海吃海，這是不變的定律。

　　另一個差異便是地形，地形的差異造成南北飲食文化的差異，北部擁有平原，因此可種植牧草，有了牧草便可以飼養牛，有了牛便有牛乳，因此可製作出起司，而烹調時便可用牛油，飲用牛奶，至於往南，則因高山的起伏，而有所不同。在義大利的南部，亞平寧山的周圍，因為地形的關係，所飼養的牲畜為羊，而非牛，因此也造成了南部的飲食文化大部分與羊有關，例如：pecorino cheese，便來自於羊，自馬凱區往南，便找不到牛肉的菜餚，就算有，也是進口自別處的。

　　義大利人在飲食上要求的是天然、原味，唯一受到影響的是季節性，若想要精緻，會帶來許多困擾，因為家鄉味更被看重。義大利人習慣到市場去購買最新鮮的食材，烹調時也講求顯現食物本身的原味，拿著購物單到超級市場去購物，不是義大利人的作風。義大利飲食文化之所以被推崇，並非其有多獨特，而是它的簡單自然，在餐廳，廚師等到點菜完畢才開始烹調，一切都是以新鮮為最高原則，就

連吃麵包，也是吃原味，而非像美式的義大利餐廳，放一碟橄欖油任你沾，雖然橄欖油已比牛油健康，但這還是非義大利人的作風。

二、北義特色食物

北義的食物較油膩，常吃多脂多肉的醬汁、雞蛋麵，且多用奶油（butter）而少用橄欖油，原因無他，只因為此處畜牧業興盛，牛隻多，所以就充分利用牛隻身上的油脂來烹飪。北義人多吃米飯（risotto）和玉米糕（polenta），較少吃麵類製品，若想吃道地的披薩，就得到較南部的地方，此地所賣的披薩是皮薄料多類似薄餅的東西。

(一)皮埃蒙特

靠近法國的皮埃蒙特區（Piedmont）著名的美食，便是重口味的醬汁，常見的醬汁材料是大蒜、番紅花、羅勒和酒；這區的菜色受法國影響很深，大部分用的是平底鍋，而非爐子。特殊的食材是一種甘美（但很貴）的白松露還有各式的堅果；所以皮埃蒙特的料理中大都少不了白松露；因為靠近法國，所以烹調方法都比較精緻，就連麵條的做法都不一樣，例如：在麵中以加入蛋黃來取代全蛋。至於每家餐廳都可看到的脆麵包條（Grissini），則源自於此區的杜林（Turin）。此區有名的菜色有蔬菜牛肉雜燴（Bollito Misto）——水煮牛肉、雞肉、小牛肉與火腿加包心菜或洋蔥，配上一種綠色調味醬（salsa verde）與一點果醬；其他還有巴羅洛燉菜（Brasato al Barolo），以及以白酒燉煮的牛肚。

(二)威尼托

如同米蘭，米飯的食用十分常見；在威尼托（Veneto）也食用許多玉米糕，連早餐也不例外，小孩的早餐常以玉米糕來取代麵包，而玉米糕不但可拿來製作餅乾、蛋糕、麵條等，還可以用各種方法如

蒸、煮、烤、炸來烹調。威尼斯一帶的威尼托區的料理常見朝鮮薊、米類與各式野味，海鮮也是上天對水都威尼斯的恩澤，因此到了威尼斯別忘了點一盤墨魚飯及一大盤海鮮佐玉米糕，除了米飯對東方人而言稍硬之外，一切還都頗搭調。有名燴飯Risi e bisi是以米飯加新鮮青豆，歷久不衰。這一區的燉菜飯中常以牛肚、雞肝、青蛙腿和鵪鶉來搭配。而用各種內臟及雜碎所烹調出來的燉菜飯risotto di secoli，在當地也深受歡迎。威尼斯人還發明了一道不可思議的名菜fegato alla Veneziana，其中的材料竟然只有肝和洋蔥，道盡了當地人對內臟的喜好。

▲玉米糕製造機　圖片來源：陳紫玲

(三)倫巴底

倫巴底（Lombardy）的南部界線有著波河，使得區內平原因為有良好的灌溉系統，而刺激了農業的發展；此區也以興盛的酪農業自豪，倫巴底還以工業著稱，由於利用了最現代的食品製造法，因此當地每公頃所生產的小麥與玉米，要比義大利其他地區來得多，飼

料的產量也較多。大量的豬牛羊及其乳類提供了材料來生產多種著名乳酪，其中以古岡左拉（Gorgonzola）、馬斯卡彭（Mascarpone）與貝爾佩斯乳酪（Bel Paese）最具代表性。而就連帕瑪乾酪都比帕瑪（Parma）當地還多。在米蘭就有一家百年乳酪店La Casa Del Formaggio，號稱世界上最大的乳酪店，除了乳酪外，還販售如乳酪蛋糕之類的附屬產品。至於典型的菜色大概是米蘭炸牛排（costoletta alla Milanese，將小牛肉裹了麵衣之後下油鍋炸），還有一道燉小牛膝（osso buco），雖然每家餐廳的做法都不太一樣，但大家都同意最好以米飯而非馬鈴薯泥或麵類來搭配。另外有一道菜是以紅酒燜燒牛肉，名為倫巴底燜燒牛肉（manzo alla Lombarda）；而cazzoeula則是燉豬肉，無論是排骨、豬腳、豬油渣、豬耳朵等豬的各部位加入香腸、包心菜、香芹及洋蔥與番茄一起燉煮，在冬夜裡配著熱熱的玉米糕，是當地人的最愛。倫巴底以乳酪、米飯、燉肉（如骨髓）聞名。

(四)利古里亞區

熱那亞（Genova）所在的利古里亞區（Liguria），靠近海岸所以名產為海鮮，熱那亞人最懂得利用群集在長長的海岸線附近的魚類，不但可以做沙拉、煮湯，也可以與其他材料一起燉煮，或者拿來做通心麵的調味汁也不錯。當地的名菜cappon magro，即是一大盤海鮮與蔬菜加上魚蝦膏製的醬汁，所堆積而成的沙拉金字塔。利古里亞區因為溫暖的氣候，使得香草的生長特別好，因此使用香草的情況特別多，就連麵條中都加入了香草。此區居民非常熱愛香蒜醬（pesto），即羅勒青醬，是以蒜泥、九層塔和松仁，加入橄欖油和起司攪拌而成的調味醬。又由於此區的優良橄欖油多，所以大部分的肉都是用炸的。

(五)其他區域

在深受德國與奧地利影響的特倫提諾—上阿迪傑區（Trentino-Alto Adige），麵粉或馬鈴薯做的餃子非常普遍，現在已風靡整個義大利。

弗留利—威尼斯朱利亞區（Friuli-Venezia Giulia）的料理口味重，添加小茴香、辣根與辣椒粉，有著中歐風味。

三、中部特色食物

中部義大利包含了艾米利亞—羅馬涅（Emilia-Romagna）、托斯卡尼（Tuscany）、溫布利亞（Umria）、馬爾凱（Marche）、拉吉歐（Lazio）、阿布魯佐（Abruzzo）及莫利塞（Molise）。以波隆那（Bologna）為最大城市的艾米利亞—羅馬涅區是義大利的美食源頭，乾酪、葡萄甜醋、帕瑪火腿都發源於此。

(一)艾米利亞—羅馬涅

這個地區有人煙稀少的丘陵地，也有擁擠的平原區。Emilia Romagna以手工義大利麵聞名，而波河平原上有帕馬森起司（Parmigiano Reggiano），另外豬肉產品也很發達且肉質優良，因為餵豬的飼料中有很多是製作起司剩下的殘渣，因此豬肉的品質特佳，再加上空氣乾燥，因此所製作出來的火腿（prosciutto）也很棒。波隆那本身是個美食城及大學城，吸引了許多外國學人在此遊學，也趁機在此品嚐各式的美食，本地的三大特產是雞蛋麵（tagliatelle）、餃形通心麵（tortellini）與千層麵（laganum）。中部山區提供農村式的食物，大量使用臘腸與蒜味香腸，又是典型就地取材的例子之一。著名的菜色如波隆那煎肉片（scaloppine alla Bolognese），是用肉片加燻火腿與番茄一層交疊一層地烹煮；而肉捲及砂鍋小牛肉也同樣受歡迎。

(二)托斯卡尼

往北一點的托斯卡尼，由於其畜牧業的發達，特別是養了一種白色的牛，在古代是用來作為祭祠用的聖牛，因其色白形壯之故，但現今則為有名的托斯卡尼的翡冷翠大牛排（Bistecca Fiorentina）最好的材料，除了材料好，翡冷翠牛排好吃的原因在於白牛宰殺之後，經過

八到十四天放軟，切成五公分厚的丁骨牛排，然後以葡萄枝或栗子樹為燃料加以碳烤而成，做法簡單，但可吃出牛肉的原汁原味；另外，橄欖油在托斯卡尼的使用量也很大，因為居民們大部分種植並食用此種樹的果實——橄欖所榨出的油，為了使日常生活不缺此油，居民的常見購物活動便是拿著大大的油桶到磨坊去打油，而到了橄欖盛產的季節，拿著自家的橄欖到磨坊去加工製油，也是季節性的活動之一。托斯卡尼因為美國作家法蘭西絲‧梅耶思寫了一本名為《托斯卡尼豔陽下》，而成為著名的觀光地，作者在書中描寫其移民至此地的生活概況，其中最引人入勝的便是托斯卡尼隨地可栽種的特色，似乎只要埋下種子，便可等待收成，而且一年到頭都有不同的農穫，說明了托斯卡尼不同於南部的貧脊，擁有富庶的農產。野味和鳥禽都是當地料理的特色，其中包含有野豬、雉雞、燉兔肉（salmi di lepre）、填山鶉（riempire perniche）、畫眉（tordi）、雲雀（allodola）和山鷸（beccaccia）。麵食方面有pappardelle alla lepre，是一種以燉兔肉做成的千層麵，還有一道是在筒狀通心麵中加入肉、雞肝、松露和乳酪。托斯卡尼區的橄欖油、含麵包屑的湯與豆類佳餚，相當可口。以佩魯賈（Perugia）為最大城市的溫布利亞區出產黑松露，可與皮埃蒙特的白松露相抗衡。而有名的比薩有一道令人咋舌的料理——青蛙湯。

至於酒類，在托斯卡尼便以奇揚地酒（Chianti）為代表，著名的標誌為一隻黑公雞，在中古世紀翡冷翠及西恩那土地之爭，便是黑公雞標誌的來源，話說兩地為了爭土地，訂定了一個由兩地騎士在雞啼之後騎馬，直到兩地騎士相遇之處便是邊界所在的約束。翡冷翠讓負責啼叫的黑公雞餓肚子，而西恩那則餵飽了負責啼叫的白公雞，好讓牠叫聲響亮，隔天，耐不住餓的黑公雞，在天剛亮就不停的啼叫，而白公雞則因吃得很飽，所以睡得飽飽。結果，當然是翡冷翠大獲全勝，因此，幸運的黑公雞便成了這一區的標誌。Chianti是位於托斯卡尼的中央丘陵地，種植相當多的葡萄，有名的奇揚地酒主要是以Sangioveto，再混合一點Canaiolo、白色Malvasia與Trebbiano等品種，

再依據一百五十年前里卡索利男爵（Bettino Ricasoli）所發明的方法釀製而成的。1716年大公爵頒布釀酒規則，劃定葡萄酒區的界線，此為最早的傳統奇揚地酒（Chianti Classico），1984更訂定新標準——DOCG（以原產地控管及保證來命名）來規範酒的品質。而除了酒精濃度高的傳統奇揚地之外，這裡也生產一種白酒，是非常適合用來搭配點心的酒，名為Vin Santo（中文譯為聖酒），此種酒深獲維多利亞女皇的喜愛。要再說明的是，奇揚地酒有兩種，如果是蓋著樹葉纖維的瓶子，只是當地的普通餐酒；至於聞名的奇揚地酒，指的是在特定區域、每年只生產一千萬公升的DOC酒——其中又以傳統奇揚地酒最為重要，其指存放在木桶至少兩年，裝瓶至少三個月，用矮胖型的玻璃瓶盛裝，並以稻葉包裹，造型相當特別。

▲傳統的奇揚地酒包裝相當特別
圖片來源：陳紫玲

(三)溫布利亞

　　溫布利亞的烹飪方式相較於托斯卡尼，稍不精緻，但也一樣講究平實自然，比較有名的特產有porchetta——乳豬以大量胡椒與香料調味，然後串在鐵扦上烘烤；另外一道名為「憤怒的羔羊」（agnello all'arrabiata），因為烹製這道菜需要高漲旺盛的火焰。

(四)馬爾凱

　　山丘及海岸兩種不同的地形，也使馬爾凱的烹飪有很大的差異，主要是食材的不同所造成的，例如山丘中的居民吃禽類，有名的菜為烤乳豬（porchetta），而海岸最具特色的則為魚湯（brodetto），不但用番紅花調味，且滿滿是魚肉，是公認的美食。

(五)拉吉歐

　　拉吉歐最大的代表城市為羅馬。美食專家評論羅馬料理就等於伊特魯利亞料理，料理的特色與托斯卡尼類似，但內容比較豐富。有名的食物多得數不清，「吃」在羅馬是不會令人失望的，因為身為首都，所以各省的名菜也在此尋找舞台，展現它們的特長。羅馬式的飲食，是簡單自然的；很多人認為食物與談話是羅馬人的兩大元素，無論是在市集廣場或者是古蹟旁，都可發現人們愉快的用餐。其實羅馬人的烹調方式，比較趨向於簡單與鄉野味，在羅馬，道地又清淡的前菜，當屬橄欖油醃漬的朝鮮薊（carciofi sott' olio），以朝鮮薊中心白嫩的部分，用熱水汆燙過，再以橄欖油醃至少兩個月，食用時，最好能有一盤香腸或火腿切片來搭配。普切塔（Bruschetta）是義大利中部非常普遍的前菜，羅馬人卻宣稱此為他們的發明，其實這道菜做來簡單，只要把麵包烤到金黃變硬，加片大蒜、鹽與胡椒即可，最重要的是加上特級的橄欖油。在麵食的部分，變化不大，最常見的為Spaghetti，不同的只是在醬料上作變化而已。輕淡的「橄欖油香蒜義大利麵」（Spaghetti aglio e olio），不再用香濃的奶油，而以橄欖油來烹調，既簡單又健康。至於旁菜方面，最常見的便是朝鮮薊，每年的十月到隔年五月的盛產季節，每家餐廳都有此道菜，各種煮法都有，尤其以油炸成金黃色比較有味道。在主菜方面，小羊肉是羅馬人的最佳選擇，做法很多種，可以炙烤、燉煮或油炸，而且會搭配馬鈴薯一起食用。最普遍的是「烤小羊肉」（Abbacchio al forno），是以小羊肉的肩肉去烘烤的；至於「羅馬式的小羊肉」（Abbacchio alla Romana）也是取小羊帶骨的肩膀肉，因為比較鮮嫩，然後加上大蒜、香料草爆香，再以麵粉勾芡燉煮一小時，快完成時再加鯷魚來調味。至於海鮮，羅馬雖不是海岸城市，但離海港不遠，而且又是大都會，要品嚐海鮮並不困難。常見的是「淡菜湯」（Zuppa di cozze），這道菜雖為湯，但其實是用油和香草去炒的，最重要的是要有新鮮的淡菜。

四、南義特色食物

　　南義包含了坎帕尼亞（Campania）、阿普利亞（Apulia）、巴西利卡塔（Basilicata）及卡拉布里亞（Calabria）；另外還有兩個離島——西西里島（Sicily）及薩丁尼亞島（Sardinia）。南方的食物通常較北方辣，多採用蒜頭、番茄、橄欖油為基調，堪稱歐洲最健康的烹調。

(一)坎帕尼亞區

　　番茄醬汁與乾酪在坎帕尼亞區很受歡迎，而該地正是道地披薩的老家。此區最具代表性的就是拿坡里料理，而其中最具代表性則為番茄。從羅馬時代開始，拿坡里人吃的麵食就以圓條義大利麵和披薩為主。披薩就是在拿坡里發明出來的，這也可能是全世界最早的速食。最初的配料十分簡單，只有番茄和大蒜，完全是最單純的元素。有名的拿坡里披薩（Pizza Napoletana），其是種簡單的薄餅，鋪上番茄、大蒜、羅勒和鯷魚。而由於靠海，魚湯也是當然的料理，還有一道湯名為拿坡里湯（Zuppa Napoletana），主要的材料有剁碎的豬心與豬肺，還有番茄與洋蔥。

(二)薩丁尼亞島

　　薩丁尼亞島的羊比人多，大部分的薩丁尼亞人都是牧羊人，他們以這個島嶼為傲，但卻懼怕海洋，與一般的島嶼人民不同的是，當地的烹飪食材與海洋是沾不上邊的。南部地區由於土地貧瘠，所以沒有太多的物產，因此南部人大部分很貧窮，這也就是為什麼美國有如此多的義大利移民。但南部人有陽光，因此產了許多的番茄，在食材中，番茄便扮演了重要的角色。義大利南方因為貧窮，所以就連製作麵條的時候都只能以水取代蛋，來節省成本，因此麵條特別的硬，如此不精緻的麵條當然得以濃厚的醬汁來搭配，以便入口。香烤羊肉（Agnello Arrosto）是一道薩丁尼亞招牌菜，用的是羊肉配上迷迭香和

百里香調味，用鐵叉串烤或放在砂鍋內烘烤。而牛軋糖（nougat），是此地特產的甜食，有的純粹用堅果製成，有的則為巧克力口味。

(三)西西里島

受到希臘、西班牙及阿拉伯的影響，西西里島的飲食文化差異更大，連海產也是一樣，因其離島地形，所以食材有很大的不同，因而形成了當地特色食物，不過，這可是大自然所造成的。名菜如沙丁魚通心粉（Maccheroncini con le sarde），內有沙丁魚、茴香、葡萄乾、松子、麵包粉和番紅花。還有旗魚排（Pesce Spada），也是一道受西西里島人喜愛的菜餚，做法是將旗魚加檸檬和奧勒岡香料去燒烤或煎的一道料理。西西里島人的最愛是一種名為cassata的甜點（香濃的冰淇淋），島上大部分地區都會配上糖煮水果，但在巴勒摩（Palermo）則配上軟酪夾心蛋糕。在西西里還有許多捲心餅，有油炸的、浸過蜂蜜的、加上杏仁的或是加上乳酪的，多是為慶祝宗教或聖人節日而做的，也成為當地的特色。

(四)其他區域

巴西利卡塔區和卡拉布里亞區善於辛辣料理，例如以紅番辣椒調味的磨菇茄子。阿普利亞區最著名的便是健康麵包，以像台飛雅特跑車般大的麵糰去烘烤；另外，海鮮與肉類義大利麵也為人稱道。

五、食飲文化三大特色

世界上可以與中國餐館在數量與歡迎度上並駕齊驅的只有義大利餐館，義大利是「吃文化」的強勢主流，因為背後有豐富的食材與高超的廚藝支撐這個令人垂涎的美食帝國。義大利人是很有省籍情節的，一個威尼斯人若到翡冷翠去旅行，他會因為吃不到威尼斯口味的麵條而抓狂，但是各地的飲食就是如此的不同，而且沒有一省會為外地人特別作改變。雖然各地區的民情與新鮮材料或有差異，但義大利

料理仍有一項共同的特色，就是烹調者與享用者的品味，對義大利人來說，「吃」不僅為了求飽足，更是生活中的重要構成元素與內容，因為尊重與講究美食的態度，造就了義大利料理的卓絕魅力，更進而成為義大利的文化內涵之一，其豐富處不下於繽紛的文藝復興成就。

(一)複雜而多樣的食物種類

　　義大利這個「國家」，其實是一百五十年前才統一的，長久以來，這隻深入地中海的長靴是由二十個不同的行政區組成，各有其獨特的文化。因為這種各自為政的歷史背景，義大利各地的料理也枝繁葉茂地發展出自己的風味。光是義大利麵的種類即高達兩百餘種、乳酪有五百多種，而義大利最平常的飲料——葡萄酒，竟然有一千多種。地理環境的差異性也是造成各地風味不盡相同的主因，例如靠海的威尼斯有海鮮湯、醃鱈魚等鮮美的海產料理；畜牧農產為主的托斯卡尼地區，則有肥嫩多汁的牛排與獨特的青豆義大利麵；山丘起伏的溫布利亞則大量使用野生動物的肉烹調，炙烤乳豬、碳烤野兔，加上山野間培養的香料，絕對會讓你饞涎欲滴。

(二)舒適自在的用餐氣氛

　　如果就世界上最受歡迎的三大菜系——中國料理、法國料理、義大利料理做個比較，口味可說各擅勝場，難分高下；而就餐館用餐的氣氛與禮儀上，中國人隨遇而安，口味好最重要，裝潢、陳設、規矩則隨意；法國人喜愛排場，處處考究，長短刀叉、大小杯盤林林總總，讓人頭昏；義大利剛好取其中，因為吃飯這件事情如此重要，加上義大利人天生的熱情豪放，融洽而自在的用餐氣氛讓你可以敞開胸懷大吃大喝，小小的失禮是可以被原諒的，而義大利人的許多重大決定是在餐桌上完成的！據說義大利人吃飯時也是最容易建立友好關係的時刻，洽談生意之後，他們喜歡一起用餐，因為用餐時，義大利人喜歡談自己、談家庭、談出生地，同時他們也對你的背景有濃厚的興

趣，如果你們雙方有小孩，那這頓飯可能要吃不完了。

(三)無法抗拒的豐富佳餚

在義大利作客時，會被強迫吃下大量的食物，直到你幾乎無法走動！聽來也許有些可怕，不過，義大利人的確是出了名的好客。事實上，一頓完整的義大利餐也確實份量驚人，通常服務生一定會先送上一盆熱呼呼的麵包，還會有火腿片、香腸片放在桌上供你取用，這只是餐前點心喔！

義大利人的正餐包括下列幾個步驟：

餐前酒（Aperitivo）→開胃菜（Antipasto）→前菜（Primo Piatto）→主菜（Second Piatto）→沙拉（Insalata）或水果（Frutta）或甜點（Dolce/Dolci）或乳酪（Formagio）→咖啡（Espresso）飯後酒（Grappa）

義大利人用餐也可因食量而調整菜餚的份量，可減少其中幾道菜，但絕對不可亂了順序。義大利人也有一個潛規則，在一套正餐中，不混合肉類，如前菜有牛肉，則主菜也會以牛肉為主。至於麵包則是用餐中隨時可搭配的副食，但義大利人吃麵包習慣不沾醬，吃麵包的原味。

六、餐廳的種類

義大利餐廳大約可分為四種等級：

(一)高級餐廳（Ristorante）

有正式的菜單，大部分是單點的，但也有套餐或專為遊客設計的觀光客套餐，用餐時講究穿著，一般而言，收費較高，一個人約30～40歐元以上（約2,000台幣上下），餐廳除了收取服務費外，給些小費也是合宜的。服務生的穿著也相當正式。

▲高級餐館裡服務生的穿著都非常正式　圖片來源：邱家豪

(二)大眾餐廳（Trattoria & Osteria）

　　賣的是一般家常菜及義大麵等，屬中價位的收費，每人的消費約為15～30歐元，不過要當心的是，有些收費較高的Osteria，因為謙虛，名為此，但其實可算是Ristorante，要如何判斷是否真的為大眾餐廳，不妨看看店門口的價位表及當日特色菜單，在真正的大眾餐廳用餐，可以穿著隨興些，用餐氣氛比較沒那麼拘謹，顧客邊吃邊聊，一頓餐可以吃個三小時是沒問題的。服務人員講究服務的快速，穿著也以方便工作為原則。

▲大眾餐廳裡大家穿著隨興，服務生的穿著也以能快速服務為原則
圖片來源：邱家豪

(三)披薩店（Pizzeria）與小酒館（Cantinetta）

專賣披薩及酒類，當然也提供咖啡、麵包等食品，內部的陳設主要以櫃檯為主，內陳設販賣的主要食品，座位通常比較少，桌子也小，有些披薩店及三明治店只提供外賣的服務，大家買了之後在廣場附近的座椅坐下來享用。

▲各式的三明治店常是義大利人外帶解決一餐的好選擇
圖片來源：邱家豪

▲在遊客聚集的廣場周圍常見的麵包及披薩小販，遊客買了可到廣場附近坐下來享用　圖片來源：邱家豪

(四)鄉村小餐廳（Cucina）

　　鄉下地方常見的私人小餐館，Cucina是廚房的意思，在鄉村常看到此種由老媽媽掌廚的餐廳，賣的菜也很有家鄉口味，收費很合理，只是菜色的選擇較少，但份量是絕對足夠的。

▲小餐館在各城鎮中隨處各見　圖片來源：邱家豪

(五)小咖啡館（Café）

　　在義大利的城市及鄉村都可找到這種小咖啡館，不但早晨可看到居民進入咖啡館迅速的喝一杯濃縮咖啡（Espresso）提神，就連下班後也會集中在咖啡館喝杯咖啡，吃吃小點心，因為義大利人的晚餐時間比較晚，最早也在晚上七、八點過後才用餐；而這種店站著喝比戶外的座位便宜，戶外的座位又比室內的座位便宜，因為大部分的餐館都會收翻檯費（cover charge），在許多遊客聚集的廣場，戶外咖啡座更是吸引遊客一坐小憩的好選擇，如威尼斯廣場的咖啡座還有戶外樂團的現場演奏，但收費不便宜。

▲在夏季中戶外的咖啡館受到遊客的
　喜愛　圖片來源：邱家豪

▲威尼斯廣場旁的咖啡廳，一到夏季便有樂團伴隨著戶
　外咖啡座，供遊客小憩並品嚐咖啡　圖片來源：邱家豪

(六)食品專賣店

　　如冰淇淋（gelateria）專賣店、三明治（panini）專賣店、乳酪
（cheese）及火腿（prosciutto）專賣店與麵包店等；大部分的店都不提
供座位，所有專賣店都提供外帶的服務居多，有的自助商店甚至提供
部分料理好的熟食，以方便客人直接帶回家享用。

▲常見的熟食及火腿、起司專賣店，是義大利日常生活
　中的好夥伴　圖片來源：邱家豪

七、餐廳的用餐習慣

在餐廳用餐時，可依自己的食量來決定點菜的方式，你可以只點前菜與甜點，或是點一道主菜加咖啡。由於現在義大利的年輕人也越來越重視身材的保持，所以不點全套的餐飲是可被接受的，而針對觀光客，有一種觀光客套餐，免除觀光客點菜時面對密密麻麻義大利文菜單的恐懼及麻煩。

如果到好一點的餐廳用餐，服裝還是需要注意整齊，避免牛仔褲與球鞋；一邊嚼食一邊說話仍然是不禮貌的，不會因為義大利的隨興而改變；如果盤裡尚有剩餘的湯汁，不妨學義大利人用麵包沾湯汁吃，不但充分吸收菜餚的美味，對於廚師的手藝也是一種讚美的方式！

第三節　義大利常見的食材

一、義大利麵的種類

1. 細長條形義大利麵（Spaghetti）：是最普通、最受歡迎的義大利麵，適合各種醬汁，寬約1.99mm。
2. 寬麵（Fettuccine、Pappardelle）：搭配寬麵的最佳醬料是起司、肉醬等濃稠醬汁，寬約1cm及2～3cm。
3. 管麵（Penne、Linguine）：通心粉最具代表性的，適合搭配如奶油等口味較重的醬汁；前者為斜管麵，後者為扁細條的管麵。
4. 特殊形狀的義大利麵：常見的形狀如蝴蝶麵（Farfalle）、貝殼麵（Conchiglie）、螺旋麵（Fusilli）。螺旋麵適合搭配肉醬醬汁一起食用，因在其扭曲的部分也可以捲住其他的配料，所以可以同時享受到許多風味的配料。

▲各式各樣的義大利麵

▲各種形狀的義大利麵

5.麵餃（Ravioli）：是一種含餡的義式麵類，不但有份量，即使搭配任何一種簡單的義大利麵醬汁均具口感。

6.片狀：以千層麵（Lasagna）為代表，形狀有波浪狀及薄紙片狀等，最常見的調理方法是將肉醬及奶油醬汁分別平鋪於千層麵上，或是各式各樣的蔬菜、起司和醬汁，都可拿來創造出屬於自己獨門的千層麵配方。

二、其他常見的材料

1.常用的香料：百里香、奧勒岡、九層塔、迷迭香、蒔蘿鬚、蝦夷蔥、洋芫荽。

2.具代表性的材料：義大利培根、生火腿、小龍蝦、牛肝菌、白松露、鯷魚。

3.調味料：特級原汁橄欖油、義大利白酒醋、義大利紅酒醋

（Basiminco）、義大利酒醋。

4.蔬菜：茴香、彩色甜椒、紅菊苣、苦苣、辣椒菜、櫛瓜、皺葉橄欖、番茄、番茄乾、洋蔥、洋菇、朝鮮薊、辣椒、大蒜。

5.乳酪：義大利乳酪多元，常見的乳酪如下：

(1)帕馬森（Parmigiano Reggiano）全硬起司，起司之王。

(2)莫札瑞拉（mozzarella）鮮起司，用於披薩。

(3)羅馬羊奶（Pecorino Romano）全硬起司，鹹味很重當調味料。

(4)芳提娜（Fontina）中硬起司，濃濃的核桃味。

(5)馬斯卡彭（Mascarpone）鮮起司，西恩納提拉米蘇的材料。

(6)波羅伏洛（Provolone）中硬起司，用於披薩或通心麵醬汁。

第四節　中義飲食文化之比較

中國飲食文化是以色、香、味為烹調的原則，對於營養更為注重，為使食物色美，通常是在青、綠、紅、黃、白、黑醬等三至五色調配，也就是選用適當的葷素菜料，包括一種主料和兩三種不同顏色的配料，使用適當的烹調與調味，讓菜色看起來美觀。欲使食物香噴可以加入適當的香料加以調配，如蔥、薑、蒜、辣、酒、八角、桂皮、胡椒、麻油、香菇等，使烹煮的食物氣味芬芳必須注重原味的保留，適量去除腥膻味；譬如烹調海鮮時，西方人喜用檸檬去除其腥味，而中國人用蔥、薑。因此適量的使用如油、糖、醋、香料等各種調味品，可以使得嗜味者不覺其淡，嗜淡味者不嫌其重，好辣味者感覺辣，好甜味者感覺甜，這樣才能使烹製的菜餚合乎大家的口味，人吃人愛。

義大利飲食文化特色世界上可以與中國餐館在數量與歡迎度上並駕齊驅的只有義大利餐館，義大利披薩、義大利通心粉在義大利是

「吃文化」的強勢主流，因為背後有豐富的食材與高超的廚藝支撐這個令人垂涎的美食帝國，非用味覺你無法體會。義大利各地的料理也枝繁葉茂地各自發展出自己的風味，光是義大利麵的種類即高達兩百餘種、乳酪有五百種，更不要提義大利最平常飲料——葡萄酒，竟然有一千多種。當然，地理環境的差異性也是造成各地風味不盡相同的主因，例如靠海的威尼斯有海鮮湯、醃雪魚等鮮美的海產料理；畜牧農產為主的托斯卡尼地區，則有肥嫩多汁的牛排與獨特的青豆義大利麵，山丘起伏的烏布瑞亞則大量使用野生動物的肉烹調，炙烤乳豬、碳烤野兔，加上山野間培養的香料，絕對會讓你饞涎一路滴。

一、中義美食相異之處

(一)調味及使用的油脂不同

中國以米酒來調味美食，而義大利是以葡萄酒來作為美食的調味，能夠明顯區分兩地不同的調味方式。世界上生產橄欖油的國家很多，其中首推西班牙和義大利，義大利人所吃的食物比較油膩，多脂多肉且多用奶油、乳酪和橄欖油，中國則是用沙拉油或豬油來增加味道，一樣油膩，但是橄欖油是植物油較健康；西方許多營養學家研究結果表明，若想對抗肥胖，防止疾病，增進健康，用橄欖油取代黃油烹調食物，將可達到良好效果，而豬油是動物油因此吃多有害健康。西餐中的開胃冷菜如「四色蔬菜沙拉」等少不了橄欖油，很多醬料中也有它的成分；義大利的比薩餅也有它的香味。目前，中餐裡似乎使用不多，比較好的用法有些像國內的麻油，炒菜時加一點，涼拌菜時加一點，做餡餅時加一點，吃麵條時拌一點，保證風味特別，令人回味。

▲餐桌上的好友──橄欖油，此為2000年
千禧年特別款　圖片來源：陳紫玲

▲披薩專用的香草橄欖油
圖片來源：陳紫玲

(二)路邊攤文化不同

　　義大利的路邊攤雖不如台灣有
許多令人垂涎的小吃，台灣的小吃
就好像便利商店般那樣的方便。義
大利的路邊攤大致可分為幾種：廣
場旁的小吃車、傳統街市、觀光區
的紀念品攤、黑人的仿冒皮包、大
陸人的絲巾及定時的跳蚤市場、花
市、水果攤等。不過卻有另一番義
式的路邊攤風情及其專業性，相較
起來也比較有規劃。

▲標示清楚的水果攤，方便遊客選購　圖片來源：邱家豪

(三)傳統市場的收據及收據文化

　　義大利人還是相當習慣在傳統菜市場中採購當日最新鮮的食材及生活用品，所以這裡的貨色應有盡有。而逛傳統市場也是最熱鬧，人未到就先聽到此起彼落的叫賣聲，好像各家小販們都有用不完的精力似的，又好像在看一場生動有趣的義大利喜劇！這跟我們一樣，但是和其他國家菜市場不同的是，義大利的菜市場交易都要開收據，所以就沒有殺價這件事了。有時步行在小小山城中，也常見當地農產品的販售，例如：自家蜂蜜產品，完全純天然，保證百分之百的當地自產自銷。

▲當地自產自銷的蜂蜜產品　圖片來源：邱家豪

(四)乳製品的大量使用

　　義大利人在烹調上多用乳製品，例如起司；如果披薩少了美味黏稠的馬芝拉起司，或是一盤沒加上帕馬森起司粉的義大利麵就不算是義大利美食，就好像我們的菜餚沒加蒜、薑、蔥來提味，就不算是一道可口美味的佳餚是一樣的意思。在許多鄉間市集中，常見義大利居民販售自製起司。

▲自製自銷的各式起司　圖片來源：邱家豪

(五)豆類製品

　　不似中國人大量使用豆製品，義大利人的日常生活除了新鮮的白豆等，幾乎不太用到豆製品。中國則不同，不但吃新鮮的豆子，還將之醃製成醬油，醬料或者磨其汁，煮熟做成豆漿成為蛋白質的主要來源，而豆腐更是中國先人的智慧結晶，可涼拌可入菜，而豆乾則是豆腐的變革，如此多的豆類使用量是義大利人望塵莫及的，但因為其乳製品多，光是牛乳就用不完要做成起司來加以保存，所以自然不會想到去利用豆類中的蛋白質了。

二、中義美食相似之處

(一)擅長利用香料來調味

　　中國飲食文化食物激發美食的方法是加入適當的香料來調配，如蔥、薑、蒜、辣椒、酒、八角、桂皮、胡椒、麻油、香菇等，使烹煮

的食物氣味芬芳必須注重原味的保留，適量去除腥羶味。義大利人在烹調上也同樣利用了許多的香草類來增加食物風味，如羅勒及鼠尾草等，不只在餐點中會使用，在酒類也同樣可發現其蹤影，如有名的茴香酒即是一例。

(二)善用食材，不浪費任何部分

靠山吃山，靠海吃海，義大利飲食文化特色可以與中國飲食文化並駕齊驅的是，對於食材的使用非常儉約，不浪費任何一部分可食用的食材，例如很多國家望之卻步的內臟，在義大利不僅是主菜的好材料，連路邊攤的方便三明治也用其來作為主材料，例如：在羅馬及翡冷翠的路邊或熟食專賣店你可以買到的牛肚（trippa）三明治便是一例；而在威尼斯你還可以吃到以墨魚汁這種一般人丟棄不用的材料煮出的美味燴飯或義大利麵；另外威尼斯式小牛肝（Fegato alla Veneziana）也是一道名菜。至於中國人對於食材的不浪費是出了名的，不僅內臟，就連一般人不用的部位，中國人一樣視之如珍寶，稍施以烹飪的技法，便變成了可口的菜餚，例如雞腳變鳳爪，魚下巴也可上桌變主角，而連豬大腸都可上桌變名菜（九轉肥腸）；以上皆是兩個民族善用食材的實例。

(三)飲食文化在本國之中有很大的差異

義大利狹長且多樣化的地形造成了南北的差異，不同的地形及氣候造成了飲食文化本身的差異相當大，這點與中國飲食文化有很大的類似之處，不同的地方有不同的飲食特色，而靠山吃山，靠海吃海，只要是可以入菜的動植物，都不會浪費，例如在義大利的中部及南部，因為多丘陵，所以連兔子都成為桌上的佳餚。而在中國的西南部，也是一樣的地形，如廣西，便將狸貓當成了上等的佳餚。義大利人對義大利的飲食與中國一樣分成不同的區域菜系，例如威尼斯、翡冷翠、米蘭、拿坡里等料理，就如同中國也有廣東菜、四川菜、福建

菜及江浙菜等。

(四)以米為主食

義大利是歐洲的魚米之鄉，米的產量和種類都是歐盟之冠，大部分產米的地區都位在皮埃蒙特的波河河谷，相對的米飯或玉米粥就成為義大利人的主食，在米中飯加入湯汁，吃起來和中國人的泡飯有些相似；而我們則有清粥和麵食，相較之下都是以米食為主要的食物來源。

(五)擅長麵粉類食品

麵粉或馬鈴薯做的餃子非常普遍，現在已風靡整個義大利。麵食類對我們來說是常吃的，水餃亦是山東代表，最近幾年馬鈴薯也已經深入我們的餐飲市場，國人也漸漸當成主餐來食用。而全義大利有兩百多種的義大利麵，亦與中國人的麵食文化類似。

(六)對豬肉的利用相似

基本上義大利是個農業國家，所以幾乎所有的農家都有養豬，並且會將部分的豬──從豬鼻子到尾巴都可以，風乾儲藏以供家裡長期食用。這些乾肉類食物大部分都作為主菜前的開胃菜食用、夾三明治吃或是配合其他菜餚一起吃，因此這樣的飲食習慣和我們各地都會在年節前將豬肉做成臘腸或火腿的習慣很相似；義大利最有名的火腿是帕瑪火腿，中國最有名的則為金華火腿。

參考書目

黃芳田、陳靜文譯（2002）。《義大利》。台北：遠流。

顏湘如譯（2000）。《Culture Shock!義大利》。台北：精英。

林裕森（2003）。《歐陸傳奇食材》。台北：積木文化。

林玉緒、崔憶雲（2003）。《翡冷翠、羅馬美食旅行》。台北：墨刻出版。

許經方、王芳進（1998）。《ORDER義大利菜熱情加溫：出國點菜嘛也通！》。
　　台北：橘子。

徐梓寧譯（1999）。《義大利廚房》。台北：橘子。

朱利安諾・格薩里（2000）。《朱利安諾的廚房01，義大利總匯即興演出》。台
　　北：積木文化。

許碧珊譯（1998）。谷本英雄、石崎幸雄著。《在家做義大利美食》。台北：台
　　灣東販股份有限公司。

My Anyway旅遊網，http://www.anyway.com.tw

富泰旅行社有限公司電子商務部，http://home.kimo.com.tw

Claudia Piras, Eugenio Medagliani (2000). *Culinaria Italy: Pasta, Pesto, Passion*.
　　France: Konemann Verlagsgesellschaft mbh.

CHAPTER 4

英國飲食文化

周敦懿

第一節　英國簡介

　　聳立於歐洲大陸西北部的英國，全名為「大不列顛與北愛爾蘭聯合王國」（The United Kingdom of Great Britain and Northern Ireland）所構成。其中大不列顛島是由英倫三島——英格蘭、蘇格蘭以及威爾斯所組成，位於英國西南方的愛爾蘭，除了北部部分領土屬英國之外，其餘的領土則獨立為愛爾蘭共和國（The Republic of Ireland）。

　　英國的英文簡稱為UK，採行君主立憲內閣制的政體，首都為倫敦。世人稱「日不落帝國」的英國，整個島國被劃分成八個地理區域，地形極富特色，半島、岬角以及深水海灣為地形特色。受大西洋暖流影響，英國氣候冬暖夏涼，全年濕氣重，濃霧為英國聞名的氣候特色（戴月芳編，1992）。

　　英國人的清高、沉默寡言、紳士風度、淑女風範，為民族特質的最佳寫照，但拘謹的民族性之下，英國人選擇體育作為其表達情感的方式，從風靡全球的英式足球運動中可看出。而形形色色的英國慶典，英國人的「下午茶文化」，顯示出英國濃郁的人文氣質與涵養。

　　以下分別就地理位置、歷史演進、地形與氣候、人文以及美食簡史，深入探討，以勾勒出英國之全貌。

一、地理位置

　　英國位於歐洲大陸的西北方，主要是由大不列顛島、愛爾蘭北部以及許多零星小島所組成。其地理位置，東臨北海、西瀕大西洋、東南瀕臨多佛海峽、南以英吉利海峽與法國相望。整個英國國土並未與歐洲大陸相連接。全國面積為244,100平方公里，相當於台灣的7倍大左右。

　　大不列顛島是由位於島中央的英格蘭、位於北邊的蘇格蘭以及位居西部的威爾斯所構成，地理上稱之為「英倫三島」。英倫三島主

體為英格蘭，首都倫敦也位於英格蘭境內。三島中，英格蘭的面積最大，蘇格蘭面積次大，威爾斯面積最小。三島及北愛爾蘭人口數分布也和面積成正比。

至於愛爾蘭共和國的面積約為84,421平方公里，人口數為三百九十多萬，大多數人口集中在首都都伯林。愛爾蘭外移人數眾多，知名人士如美國前總統雷根（R. Reagan）、柯林頓（B. Clinton）、甘迺迪（J. Kennedy），都是屬於愛爾蘭後裔。

語言方面，英格蘭當地主要語言為英語，蘇格蘭當地的主要語言亦為英語，但蘇格蘭人所說的英語發音短促，口音較重，與英格蘭英語有所差異。至於愛爾蘭當地說的是愛爾蘭語以及英語，但因為英格蘭統治愛爾蘭八百年，英語已成為國內常用語言，至於愛爾蘭語雖為官方語言，但使用率並不普及，許多官方文件、交通標誌是以英語、愛爾蘭語並存（駐英台北代表處，2005）。

二、歷史發展

英國人為盎格魯撒克遜的後裔。從5世紀以來，經過不斷地融合、戰爭、分裂與統一，形成目前君主立憲的內閣體制。英國歷史的演進有以下幾個重要階段，詳述如下：

(一)王位爭奪戰（5～15世紀）

5世紀中葉，日耳曼人（德國人的祖先）所組成的凱薩羅馬大軍，與朱特人（Jute）進入英國國土，揭開盎格魯撒克遜時代的序幕。當時的不列顛人（塞爾特人的一支），為抵抗羅馬人的入侵，不斷地與盎格魯撒克遜人融合，因而形成了所謂的英格蘭人（Englander）。

1066年，法國的諾曼第公爵威廉（William）受加冕為英格蘭國王，並封為威廉一世。威廉一世任內重用說法語的貴族，並組成「大會議」與國王共商國事。直到約翰王（King John）在位時，許多貴族因為不滿約翰王與法國征戰中敗北，導致貴族特權受到減損，乃於

1215年發起「大憲章」（Magna Carta），要求恢復固有的特權，並要求國王也要遵從法律的規定，因而成為史上有名的大憲章制度。

14～15世紀，英格蘭爆發「百年戰爭」。起因由於愛德華三世與法國斷交，因而引發兩國王室間的紛擾長達一百二十年，戰爭期間又逢傳染病蔓延，造成民生凋敝，最後因英格蘭宣告戰敗而結束。

百年戰爭後的兩年內，英格蘭又爆發所謂的「薔薇戰爭」，此為蘭開斯特（Lancaster）以及約克（York）兩家族爭奪王位之戰。死傷慘重。1485年蘭開斯特家族的亨利·都鐸（Henry Tudor）擊敗理查三世（Richard III），以亨利七世（Henry VII）的名號登上英國國王的寶座。兩家的戰爭終於在亨利七世與約克家族的伊莉莎白（Elizabeth）結婚，以喜劇收場，結束紛爭。一場政治婚姻使都鐸王朝在英國歷史上開創一新紀元。

(二)海上霸權時期（15～18世紀）

英國海權霸主的地位建立於15世紀，當時的國王亨利七世，十分鼓勵人民從事海上活動，而到伊莉莎白一世（Elizabeth I）的時候，海上探險的活動達到顛峰，伊莉莎白一世於1584年在美國建立維吉尼亞殖民地，而在1588年英國的艦隊擊敗了當時海上霸主——西班牙無敵艦隊，而使英國成為海權的新霸主。

英國的海上霸權不斷向外擴展與延伸，英國17世紀的航海條例（Navigation Acts），導致英國與西班牙之間再度爆發海上紛爭，最後英國大占上風，節節逼退西班牙。18世紀的西班牙王位繼承戰爭，使得英國趁勢掌握直布羅陀以及美諾卡島的航權，因而壟斷了地中海的海權。

除了歐洲之外，英國海上的觸角更擴及到美洲，從法國手中拿下新英格蘭以及紐芬蘭、哈德遜灣和加拿大與印度等地，堪稱海上霸權國，世稱「日不落帝國」。

(三)君主立憲制度（18世紀）

英國的君主立憲制度產生於18世紀，當時亨利八世（Henry VIII）脫離教皇控制，創立英國國教，之後的斯圖亞特王朝（Stuart）內戰以及憲政體制建立，查理一世（Charles I）國王被送上斷頭台一事，亦是英國人民推翻君主制度的表徵，也使得英國的君主立憲政體萌發新芽。1689年，史上著名的「光榮革命」（Glorious Revolution），使得英國真正踏上君主立憲制度的腳步，光榮革命之後，1707年，英國與蘇格蘭合併成為大不列顛王國，並實施君主立憲。

(四)英國盛世（18～20世紀）

18世紀英國的工業革命，使得英國的聲勢更往前邁進一大步。工業革命的改革下，機器取代人工，使得大量化生產數量驚人，也使英國的物產更能向國際化推進，也因著工業的強盛與發達，以及英國過去海上霸權的凌人盛氣，英國打敗當時最為強盛的法國拿破崙軍隊，奠基當時歐洲政治的寶座。

日不落國的盛世一直持續發展中，1837年，芳齡十八的維多利亞登上英國王位，開始她長達六十年的統治時代。在這六十年當中，英國長久以來的宗教問題得以解決，天主教信徒不再受到迫害，人民選舉權擴大，海外版圖擴展至印度、埃及與南非，國家一片祥和。世人稱譽維多利亞女王的時代為「大不列顛的盛世」。

(五)由盛轉衰的時期（20世紀）

1914年爆發第一次世界大戰，強國英國亦是參戰國家之一，但由於戰爭的耗損，間接使得英國喪失海上的霸權優勢，此時經濟也開始停滯不前，產生嚴重的經濟大蕭條危機。英國政治經濟開始走下坡，直至第二次世界大戰爆發時，為了阻止德國希特勒（A. Hitler）的野心攻擊，英國空軍一舉擊敗德國軍隊，卻也因為耗費過多人力、物力與財力，而使英國經濟大受打擊，日不落國的光輝自此受到折損。

　　一場戰役使得英國的龍頭角色退居在後，加上海外殖民地不斷積極爭取獨立的情況下，海上霸權的盛世，也不符合世界潮流之所趨，英國的帝國主義已漸漸在褪色當中。

三、地理環境與氣候

　　整體而言，大不列顛島的地形大都為半島與岬角，海岸線十分曲折，因而造就許多峽灣。而受大西洋暖流影響，西風吹拂之下，冬暖夏涼但濕氣重，終年濃霧籠罩，首都倫敦有「霧都」之稱。

　　拜溫暖潮濕的氣候所賜，英國主要是以發展栽種飼料以及牧草為主。但由於英倫三島及愛爾蘭的地形差異很大，也形成不同的氣候與發展重點。以下分別敘述英倫三島與愛爾蘭的地形與氣候如下：

(一)英格蘭的地形與氣候

　　屬北高南低的地形，北部為高地地區，此區內有本寧山貫穿整個英格蘭，可說是英格蘭的屋脊。而由於本寧山的山底受冰河所侵蝕，造成許多湖泊，成為優美的天然風景。

　　英格蘭南部的地形屬於低地地形，有一連串的丘陵與山谷，其間有泰晤士河以及沃什灣穿梭，此區可說是英格蘭的農業精華區。英格蘭西南部為康沃爾半島，屬於荒漠地區，為英格蘭重要的牧區。

　　英國氣候四季頗為分明，大致溫和。倫敦平均溫度大致為：1月4℃；4月9.5℃；7月18℃；10月11℃。

(二)蘇格蘭的地形與氣候

　　蘇格蘭位於英倫三島的北方，地理位置在英格蘭之北。三面環海，北、西部與大西洋交界，東臨北海，南以索爾威灣（Solway Firth）、切維厄特丘陵以及特威德河與英格蘭為界。蘇格蘭的北部可說是高聳的地勢，以畜牧業為主。全國的最高峰——尼維斯峰，也在此區。此地區的氣候嚴寒，人煙稀少，最有名的要算是著名的尼斯湖

了，相傳該湖有水怪出沒，因而也增添其知名度以及神秘感。由於此區的荒涼地形，居民以牧牛以及漁業為生。

蘇格蘭的地形分為高地及低地地形，蘇格蘭第二大城市，也是蘇格蘭首邑的愛丁堡（位於蘇格蘭東部，濱臨北海），與第一大城市格拉斯哥（位於蘇格蘭西部，瀕臨大西洋）為界，以北是冰河時期所形成的高地地形，以南則為河谷平原及丘陵地。

蘇格蘭由於緯度較高，年均溫只有9.3℃，12月最冷，平均溫度2.3℃，8月最熱，平均溫度16.7℃。降雨量而言，西部較東部多雨。

(三)威爾斯的地形與氣候

威爾斯位於英格蘭的西南方，境內多山，康布連山脈貫穿境內，造就威爾斯北高南低的地形特色，北部山麓高聳，南部為低窪的河谷。威爾斯境內有不少的國家公園以及自然保護區，世人稱威爾斯為「英國的伊甸園」（戴月芳編，1992）。

(四)北愛爾蘭的地形與氣候

愛爾蘭位於英格蘭西方，以愛爾蘭海與英格蘭遙遙相望。北愛爾蘭屬於大不列顛島領土的一部分，地勢越往中央就越低，越近海岸就越高，瀕海的海岸線產生許多斷崖地形，也為世界著名的奇景之一。北愛爾蘭的產業以農業為主，牧業為副（戴月芳編，1992）。

(五)愛爾蘭的地形與氣候

愛爾蘭共和國位於英格蘭西方，島北部之北愛爾蘭歸英國統治，西臨大西洋。愛爾蘭西部海岸多海灣，東部海岸線較平坦。境內主要為丘陵與平原，森林與湖泊遍布，全島最長的河流為夏隆河（戴月芳編，1992）。氣候屬多雨型之溫帶氣候，四季氣溫變化大。年均溫15～16℃，2月最冷，平均溫3～6℃，冬季偶爾會下雪。主要產業為畜牧業。

四、英國宗教、人文與風俗

英國民族的紳士淑女風範深植世人腦海。一襲黑色禮帽、黑色燕尾服，或是蘇格蘭特有的服裝，都可見英國人傳統與拘謹保守的民族特質。英國人喜好音樂與舞蹈，形成「愉悅的英國」（Merry England）的生活形態（McWilliams & Heller, 2003）。

以下分別就宗教信仰、服飾、休閒活動、民俗慶典等向度，深入瞭解英國人文與風俗。

(一)宗教信仰

英國及愛爾蘭為天主教國家，90%之人民信奉天主教，少數人則信奉基督教。天主教對於英格蘭與愛爾蘭的政治社會具有深厚的影響力。

(二)服飾

英國白金漢宮自維多利亞女王時期開始，一直都是英國女王的官邸。白金漢宮前的皇家禁衛軍，為英國維多利亞時代的傳統表徵。身穿筆挺的紅色上衣、黑呢褲以及白色腰帶，頭戴貂皮帽，可說是英國人服飾人文氣息的最佳寫照。

重視傳統的英國人，每年都要舉辦國際標準舞比賽，參賽者需著正式的服裝，男士西裝筆挺，女士則穿長裙，淑女味十足，展現英國人特有的氣質。

(三)休閒活動

英國人雖然嚴肅保守，但卻又酷愛運動，尤其激烈的足球與橄欖球，可說是英國人的最愛，舉世聞名的應是足球大賽以及橄欖球賽事，成為英國人最大的休閒娛樂來源。英國人酷愛在休閒時，到小酒館小酌一番，全國各地大小酒館林立，且由於國人喜愛運動之故，酒館的設立也多與民眾的各種運動喜好結合，以滿足民眾之需求。

愛爾蘭民族亦是熱中運動者，尤其熱中愛爾蘭足球（Gaelic football）、愛爾蘭式曲棍球（Hurling）、英式足球、橄欖球以及海上活動如帆船競技等。此外，賭馬以及賭狗的活動，也是愛爾蘭人的休閒特色之一。

(四)民俗慶典

英國人極為重視其民族之傳統，並積極保留其傳統。一年當中，全國的節慶多達上百個，足見其是一個人文氣息濃厚的國家。以下介紹英國較知名與具代表性的節慶活動。

◆5月1日五朔節（May Day）

根據英國古代塞爾特曆法記載，5月1日為夏天的第一天，此時人們應聚集在一起，以歡慶上帝把陽光賜給大地的一種感恩節慶。五朔節慶當中有許多花車遊行、5月皇后的競選以及特殊的土風舞表演。

◆女王閱兵日

英國並沒有特定哪一天是國慶日，基於對女王的敬重，英國人多把女王的誕辰當作國慶日來慶祝，而這段期間最精彩的慶典，莫過於女王閱兵的儀式了。每年6月的第二個星期六，官方會舉行盛大的慶典活動，此時觀禮者會聚集在倫敦的白廳，觀看女王檢閱禁衛軍，典禮莊嚴而隆重。

◆愛丁堡國際藝術節

愛丁堡國際藝術節的由來，始於1947年。當時正值世界第二次大戰戰後，雖然世界各國正處於戰後亟待重建的階段，然而愛丁堡卻祭出了國際藝術節，想要抒解戰時的緊繃氣氛，因而此一活動頓時成為眾所矚目的焦點，傳承至今，仍為英國節日的重頭戲。在為期三天的活動中，有來自全球各地的藝術愛好者齊聚一堂，充分顯露藝術無國界的情操。

愛丁堡國際藝術節的活動，為目前世界上規模最大的文化藝術活

動之一,除此之外,愛丁堡每年尚舉辦「愛丁堡軍樂節」(Edinburgh Military Tattoo)、國際爵士樂節(International Jazz Festival)、國際電影電視展(International Film and Television Festival)以及書展(Book Festival)等活動。

五、飲食型態

受大西洋暖流影響,英國氣候冬暖夏涼且濕氣重,濃霧的天氣形態為其聞名的天氣特色。全國地形以半島、岬角及深水灣居多。物產以骨董、布料、蘇格蘭威士忌以及紅茶聞名於世。而「英式下午茶」的飲食文化風潮,更是世人對於英國飲食文化最深的認識。

過去幾世紀以來,階級的區分充分顯現於英國飲食的內涵上(McWilliams & Heller, 2003)。皇室貴族與工人階級的飲食形態是截然不同的。皇室貴族一天之中,可悠閒地享用早餐、早茶(介於早餐與午餐之間)、下午茶以及晚餐。而工人階級則須汲汲於工作,休閒時間被壓縮。現今英國人的三餐及點心內容如下:

(一)早餐

英國人對早餐十分講究,傳統的英式早餐有煎培根、香腸和煎土司。但現在多數人都很忙,沒辦法每天都吃這種豐盛的早餐,所以現今流行的英式早餐為:

1. 一碗玉米片加牛奶或是一些優格加新鮮水果。
2. 土司加果醬,配上喝茶、咖啡或果汁。
3. 英國人仍在週末享用傳統的英式早餐。各個旅館或飯店,尤其是大家所熟知的民宿(B & B's)皆有供應傳統的英式早餐。

▲英國人早餐多以土司加果醬,配上喝茶、咖啡或果汁　圖片來源:王姿珺

以早餐餐食內容而言，貴族階層與工人階層之間也有很大的差異，以早餐而言，貴族階層的人吃的是麥片粥、培根、鯡魚、蛋類、烤麵包以及炭烤番茄，種類琳瑯滿目。然而工人階層的早餐，則只是烤麵包，區區幾片火腿以及乳酪。

(二)午餐

▲忙碌的英國人午餐總是以三明治裹腹
圖片來源：王姿珺

英國人的中餐總是快速就解決了，通常午餐只需三十到四十分鐘，許多英國人喜歡吃三明治當午餐，就好比是台灣的便當，可能是因為三明治是英國發明的，所以受到英國人的喜愛。通常人們早上在家做好三明治，帶去工作場所，然後在午餐時間食用。同樣受歡迎的午餐為烤馬鈴薯。一天中最豐盛的午餐，在英國上流階層中，常吃著燒烤牛肉、羊肉、約克夏布丁、爐烤馬鈴薯，佐以辣根醬食用。但工人階層的午餐則吃著他們最愛的英式炸魚片，並配上炸薯條。

(三)點心

在英國點心相當普遍，尤其是巧克力，且特別在早上約十一點和下午三點。英國兒童是世界上吃甜食最多的國家。

(四)晚餐

對英國人來說也是日常生活中最重要的一部分，英國人晚餐用餐時間較晚，通常在九點以後，多半都是邊吃邊喝邊聊，以促進用餐人之間的感情，通常吃一頓晚餐可能要花上好幾個鐘頭呢！英國的晚餐多半有兩道菜肉或魚加蔬菜，飯後有甜點（通常是英式布丁）。英國小孩都知道在吃布丁前要把肉和蔬菜吃光光，可見餐後點心對於英國人的重要性。

第二節　英國食材與各地飲食文化特色

一、烹調方法

英國位於歐洲西北方，其領土並未與歐洲大陸相連，飲食文化上也較獨樹一格，而氣候的濕冷，使得英國飲食特色以「多脂肪、高熱量」著稱，是以在烹調方法上，英國菜偏重「燒烤」、「油煎」以及「酥炸」等方式。至於主食偏好上，英國人偏好牛肉、羊肉、野味、魚肉、海鮮等食材（武志安，2001）。

英國常用烹調法

烹調方法	說明	菜餚舉例
燴	於密閉的容器中，加入食物以及少量的汁液，以小火慢煮，使食物軟化的一種長時間烹調方式。	愛爾蘭燉羊肉
燒烤	又稱為開放式爐烤。以木炭生火引燃木炭，產生熱能來燒烤食物，木柴的香味會融入食物中，增添風味。	燒烤牛肉
炭烤	將醃過的食物以煙燻木頭、煤炭燒烤的方式來燒烤食物。	炭烤肋排
深油炸	利用大量加熱後的油為介質（油量須淹過食材），使食物達到熟化的目的。溫度約為170～200℃之間。	英式炸魚片
燉煮	將食材以細火慢燉的方式調製。	蘇格蘭羊肉湯

▲英式炸魚片　圖片來源：王姿珺

二、英國各地特色飲食

(一)英國美食介紹

　　西餐的上菜方式與中餐有很大的差異。英國上菜順序是湯、沙拉、主菜、甜點、茶與咖啡。以下依照西餐上菜順序，分別介紹英國的食材與美食。

◆湯

英式湯品介紹

菜餚舉例	說明	烹調方法
英式牛尾湯	最具有代表性的英國湯，做法是將牛尾（因為骨頭有膠質）橫切成一小段，將其汆燙去血水之後，放入牛高湯中，以細火慢燉的方式所調製出的一道湯品。	燉
雞肉清蒜湯	以雞肉、大麥以及青蒜所燉煮的蘇格蘭風味湯。	煮
蘇格蘭羊肉湯	由羔羊肉、大麥以及蔬菜所燉煮而成的湯。	燉

◆開胃菜

英國常見開胃菜介紹

菜餚舉例	說明	烹調方法
angel on horseback	以培根包裹生蠔，再拿去燒烤，置於塗上奶油烘烤過的小片麵包上。	烘烤
Arbroath smokies	蘇格蘭的開胃菜，是小型的黑線鱈魚以鹽醃漬過後，再予以煙燻。	煙燻
綠色沙拉	以綠色蔬菜加上切碎的肉類、水煮蛋、酸黃瓜、鯷魚、洋蔥以及其他蔬菜，淋上醬汁而成。	生食
英式炸魚片	將魚去皮去骨切成小片狀，調味後，魚片外表依序蘸上麵粉、蛋、麵包粉，再將之放入油鍋炸成金黃色。食用時通常佐以洋芋片。現今的做法與傳統不同，過去是以魚片蘸麵糊配上炸薯條。	深油炸
醃蝦子	將蝦子去殼，在奶油中煮熟，再加上肉豆蔻與豆蔻調味，醃上數天。配麵包食用。	醃

▲綠色沙拉　圖片來源：王姿珺

◆主菜

英國主食介紹

菜餚舉例	說明	烹調方法
牛肉腰子派	將牛腎剁成泥,將其包於牛肉內,再將牛肉外層包裹一層酥皮,予以烘烤成酥鬆外皮的一種鹹派。	烘烤
燒烤牛肉	Chop House是一種英國流行的牛排館,這種餐館源自於17世紀,最早是招待商務客之處,之後就演變成牛排、羊排的專賣店。其做法是將整條牛腰肉調味後,放入烤箱中烘烤,期間須不斷地把烤肉過程中所流下之肉汁,淋在肉上,以增加肉的風味。關於「沙朗牛排」的小典故:牛、羊、豬肉最好吃最高級的部位,就是背脊兩側的里脊肉,英文稱之為loin。相傳英國的亨利八世嗜吃牛肉出名,且最愛吃loin的部位。某日亨利八世吃到loin中的極品,遂拔劍賜牠為「武士」(sir),所以日後人們稱牛肉中的極品為「沙朗」(sirloin)!這種特殊儀式的燒烤牛肉方法,英國人稱為baron。	燒烤
英國燉羊肉	以羔羊較差部位的肉,如頸肉,與番茄、洋蔥、羊腎、蠔等材料燉煮而成。英式烹調中也有使用香料的習慣,英國人普遍喜愛在菜餚中加入肉豆蔻及肉桂等香料。例如:烹調羊肉時,加入肉豆蔻及肉桂可去除羊肉的腥羶味。	燉
英國皇家雞(Chicken à la King)	英國式的烹調當中,喜好以奶油、酒來烹調,做法是以雞肉去皮去骨切小塊之後,放入奶油中煎上色,並淋上白酒以提味,烹調出膾炙人口的美味。	燉
炸羊排	倫敦的歸正(Reforme)俱樂部所研發的菜餚。將羊排沾上麵包碎,再予以煎炸,配上火腿絲、松露以及胡蘿蔔、水煮蛋的蛋白。	深油炸
哈吉士	為一種蘇格蘭的傳統美食,做法是以羊的內臟加上洋蔥、燕麥粉、胡椒粉以及油,拌勻後,將所有材料放入羊胃中,再拿去鍋中烹煮。	煮
英式燒烤小鳥	傳統英國菜,將小型鳥類由背骨部位切開,拍平,再予以燒烤。	燒烤
約克夏布丁(Roast Beef and Yorkshire Pudding)	以奶油蛋麵粉調成麵糊,將其置於牛肉下方,以接取燒烤牛肉時所淋下的肉汁。下方之麵糊也會因為受熱而膨脹。烤完後將其切成方塊,蘸上約克夏醬汁食用。醬汁的做法是以紅莓醬與波特酒、紅蔥頭、芥末醬所調製而成。常搭配禽肉、鹿肉食用。	燒烤

◆ 甜點

英國點心介紹

菜餚舉例	說明	烹調方法
水果鬆糕 （Trifle）	加入玫瑰花水和糖，以及厚重奶油和雞蛋、卡士達所製作成的蛋糕。	
牧羊人派 （Shepherd's Pie）	以馬鈴薯、肉、蔬菜所製作不含麵粉的菜餚，可當作主食。	烤
豌豆糊 （Mushy Peas）	豌豆泡水泡軟之後，泡在糖水中蒸熟後壓成泥，佐英式炸魚片之用。	蒸
血腸 （Black Pudding）	以豬血或牛血製成的香腸，內含有豬肉、鴨肉，顏色黑色，是英式早餐常見食物。	煮
麥片粥	由穀類、漿果類、牛奶、葡萄乾以及辛香料所製成，為一種傳統的耶誕甜點。	煮
英式米布丁	英國人的主食並非米食，但把米飯做成甜點，實在很特殊。英式米布丁做法是將白米放入鍋中以牛奶與糖煮至熟，再將之填入布丁模中，放入烤箱中烤至凝結。烤好後需要將布丁冰鎮，供應時為一道冰涼的甜點。	煮、烤
水果布丁	將各式水果乾加在蒸煮好的布丁上，並加入白蘭地點火燃燒。為一種耶誕節的傳統甜點。	蒸煮
英式甜點	以麵包碎與卡士達醬為布丁的底部，填入草莓與漿果，再予以烘烤，最後敷上蛋白糖霜，再放入烤箱中烤上色即可。	烤
司康	以麵粉、發粉、牛奶、穀類所製成的麵糰，以模型壓成圓形，再予以烘烤。	烤
酥餅	以奶油麵粉玉米粉與糖混合成酥鬆麵糰，再做成圓餅狀，烘烤至金黃色。是一種傳統蘇格蘭在新年時所吃的節慶食物。	烤

▲英國菜主菜　圖片來源：王姿珺

◆酒

英國以蘇格蘭威士忌聞名於世。由大麥芽蒸餾所釀製的酒，又分為單一純麥威士——完全麥芽釀製，並具有煙燻味；以及混合式威士忌——混合其他穀類而成。

市售的威士忌的英文拼法有所不同，在蘇格蘭本地稱為Whiskey，外地則少一個e，為Whisky。Whiskey為蓋爾語（Gaelic）「生命之水」之意。

▲蘇格蘭著名之單一純麥威士忌
圖片來源：王姿珺

◆乳製品

英國超市裡有來自各地不同的乳製品，通常是超市自有品牌起士類產品、奶油以及各式各樣的鮮奶油（single cream、double cream、sour cream……），耶誕節前夕還會推出限定口味的鮮奶油，如白蘭地鮮奶油（brandy cream）、鹹味焦糖鮮奶油（salted caramel cream）等。

◆辛香料

英國辛香料種類眾多，常見的有撒在義大利麵上面的巴西里、熱狗配的黃芥末，多種新口味的番茄醬和美乃滋等等，烤肉醃醬，沙拉配的油醋和沙拉醬，沾玉米片或夾在麵包裡的莎莎醬，以及果醬和蜂蜜，價格比台灣便宜許多。

▲五顏六色的食材
圖片來源：王姿珺

◆冷凍熟食

在英國相當普遍，幾乎每個家庭都有微波爐，通常英國人（尤其是學生）會買一份冷凍熟食，放進微波爐，邊看電視邊吃，這叫做吃「電視晚餐」。

三、英國飲食文化禁忌

英國飲食禁忌羅列如下：

1.英國人認為把食鹽碰撒、打碎玻璃是不吉利的。

2.忌諱在餐桌上使水杯任意作響。

3.飲食上不願意吃帶沾醬和過辣的菜餚。

4.不吃狗肉和動物的頭、爪。

5.忌諱在正式宴會上吸菸。

6.禁止和別人不停地交談。

7.湯匙不得留在湯盤、咖啡杯或其他菜盤上。湯匙應放在湯盤的碟子上，咖啡匙要放在托盤上。

8.喝湯時不發出響聲，並用湯匙的一側從內向外舀，且不能端著湯盤把湯碗內剩的湯全喝光。

9.不能在別人面前打飽嗝。

10.端上咖啡時要就著杯子喝。

11.用餐完畢，客人要將餐巾放在餐桌上，然後站起來。男士們要幫女士們挪開椅子。

12.去朋友家做客，要給女主人帶一束鮮花或巧克力糖。

第三節　英國特殊的飲食文化

說起英國飲食文化特色，浮出腦海令人印象最深刻的應當就是「英式下午茶」、「英式酒吧」景象。英國的飲食文化中，絕對少不了茶與酒。英國紅茶享譽全球，自從16世紀茶葉進入英國國土後，歷經貴族專有，到平民的每日不可或缺的飲料，英國紅茶史儼然就是英國近代史的一部分。英國的另一寶為蘇格蘭威士忌。英國飲食生活中，絕對離不開紅茶及酒。

英國飲食文化的兩大特色為「英式下午茶」與「飲酒文化」，兩者均引領一陣風潮，至今仍是英國最具特色以及最有價值之文化資產。

以下分別就英國下午茶飲食文化、英國人用餐習慣等向度，深入介紹英國飲食文化之全貌。

一、英式下午茶文化

茶幾乎可以稱為英國的民族飲料！特別是婦女，嗜茶成癖。英國人愛好現煮的濃茶，放一、二塊糖或加少許涼牛奶。在鄉間，盛行喝下午茶，也稱為葷茶或飽茶。喝茶時附帶吃魚、肉等菜餚，代替正餐。英國還有五時茶，是有錢階級婦女的社交活動，與其說飲茶，不如說約朋友下午五時茶敘，見見面、談談心，相當於歐洲大陸婦女們的咖啡招待會。

▲英式下午茶聞名於世　圖片來源：王姿珺

英國人愛喝下午茶舉世知名，但可別小看這一小段吃點心（包括各式小點、鬆糕、水果塔及三明治等）閒嗑牙的下午時光，它可代表著最傳統、經典的英國文化。在階級仍舊明顯的英國，如何喝下午茶，就可以看出階級之別。

風靡全世界的下午茶，源自於英國的皇室禮俗，在物質水平提高的現代社會，生活像皇室，儼然成為一種奢華與追求生活品質的標竿，於是乎，下午茶的風行，對於現代人而言，是一種時尚的追求，也是一種緊繃壓力的暫時抒解。

(一)英國下午茶的緣起

◆茶葉進入英國

英國不產茶，但卻創造偉大的茶文化。追溯紅茶進入英國的時間，人田大八（2003）認為是在1652年，由荷蘭輸入英國的，當時荷蘭有一全世界最大的貿易公司，專賣進口東方的物品，茶葉則是其中的進口物品之一。茶葉初到英國，由於必須透過荷蘭人才能取得，價格高，其享用者是以男性以及貴族為主。女性要喝茶，只能在家喝，直至1669年，英國直接向中國購買茶葉，女性才有品茶的機會。

1717年，英國東印度公司與清朝政府簽訂廣州港口的正式輸出契約，開始自中國定期輸出茶葉，自此，茶葉成為一種家庭的飲料，但由於當時的茶葉價格仍貴，是以家中的傭人不可碰觸茶葉，而在家中起居室擺設木質、鑲銀的茶具，茶具尚有分「紅茶專用」以及「綠茶專用」，然後要上鎖保存。

至於當時的英國沖茶方式為（人田大八，2003）：

1.使用大型紅茶壺，並以酒精為燃料，將水煮沸。
2.以銀製或是中國陶瓷材質的小茶壺放置茶葉，水沸騰後將熱水注入小茶壺中，並在客人面前沖泡。
3.與女主人愉快地談話，被認為是一種社交禮儀。

◆英國下午茶的極致──維多利亞下午茶

英國下午茶的極致在19世紀，1837年維多利亞女王登基，締造維多利亞盛世，當時英國正處於極度繁華的經濟狀況。皇室之中的社交活動頻繁，許多貴婦人每天都須打扮得漂漂亮亮，身穿蓬蓬裙，頭頂如空中花園般的大帽子，等待晚上的各種社交宴會。但總在下午時分，許多夫人、淑女名媛都覺得距離晚上還久，時間不好打發，且十分無聊。當時有一位貝德福德（Bedford）公爵夫人安娜（Anna）女士，因為上述的狀況，況且肚子也有些餓，便差遣女僕準備一些茶，以及一些搭配茶的點心，之後安娜女士便趁下午空檔時間，邀集三五

好友來家中小聚，沒想到卻成為當時貴族社交圈的流行風氣，許多淑女名媛趨之若鶩；直至今日，英國下午茶已儼然形成一種優雅自在的下午茶文化。

◆紅茶的平民化

19世紀的英國，由於工業時代盛行，人們的作息時間由家庭手工業變成早出晚歸的勞動作息。早餐時間提早，晚餐延後至七時半以後，因此在晚餐前的一段很長的時間，先吃一點食物，變成當時的飲食文化。而紅茶之所以成為英國的國民飲料，主要是大多數的勞動人口對於茶葉有需求，勞動階層開始喝茶，英國人平常一天內喝上七、八次茶不足為奇。這樣的飲茶習慣也成為英國人固定的生活方式，世稱「維多利亞茶」。

(二)英式下午茶飲食文化

傳統的英式下午茶（English afternoon tea）最合適的時間為下午三時至五時半，一般稱為tea time，而超過下午五時之後的下午茶，則稱為high tea。至於最適合的地點，要選擇家中最好的房間，就像是款待上賓一樣的心情。

許多人都十分嚮往英國下午茶的那股悠閒氣息，從一杯英國茶沖泡過程的嚴謹，可看出英國的文化。一杯濃香醇的紅茶，配上熱騰騰的司康餅。

英式下午茶的名氣，要比英國菜來得大許多。世人對於英式下午茶的迷戀，可說是與日俱增。英國人可以一整天都喝茶，除了最經典的下午茶時間外，也會喝早茶（具有喚醒精神的作用），甚至衍生出「十一點茶」、「晚餐餐後茶」、「睡前茶」、「週末茶會」，以及因應各種場合所辦的茶會等，可見英國人的「茶性堅強」。

(三)如何沖泡優質的英式下午茶

沖泡出一壺優質的英式下午茶，可是很嚴謹的，一如英國人的民

族性。從選茶開始，就要選好茶，每一個環節都不得馬虎。據立頓紅茶食品行指出，好茶的條件如下：

① 嫩葉在溫風下吹拂八至十小時

② 茶葉水分蒸發30～40%

③ 進行日光萎凋

④ 揉捻使茶葉氧化發酵

⑤ 室溫發酵一至二小時，至葉片呈赤紅色

⑥ 以熱風乾燥至剩下3%的水分

⑦ 以混合機將茶葉混勻

(四)英式下午茶的設備

1. 茶壺、茶杯組：以骨瓷或是粗陶材質為最佳考量。瓷器工業的發展，帶來了英國茶具的演變。18世紀的婦女們所用杯子，由原先的無把手變成有把手，有時杯口還帶有一條窄的瓷器，以避免紳士鬍鬚泡進茶杯裡去。現在英國也可見到非正式場合用的大茶杯，有把手的，但通常都不帶杯蓋，茶壺的容量約500～550毫升。

2.牛奶鍋或是單柄附鍋蓋的鍋子：以厚底琺瑯質地為佳，避免使用鋁鍋，以免煮牛奶時，牛奶會有金屬味。

3.茶匙：容量5毫升的茶匙，以計算茶葉的量。

4.茶葉：茶葉的選擇，英國茶的種類有以下幾種：

(1)完全發酵茶：紅茶類，包括伯爵茶等所有紅茶。

(2)強發酵茶：烏龍茶、鐵觀音。

(3)弱發酵茶（不發酵茶）：茉莉花茶、包種茶。

5.量杯：附有刻度的量杯，玻璃以及不鏽鋼材質各一個。

6.三分鐘的沙漏：以裝有黑鐵粉的沙漏為佳，因為計時較準確。

7.茶壺保溫套：將茶壺予以保溫。

8.濾茶器：以銀質為上選，使用時將之架於茶杯上，沖入開水於杯中，將茶汁流於杯中，而將茶葉渣濾掉。

9.精緻小點心：通常是以兩層或三層的瓷器點心盤來盛裝，增添高雅氣質，小點心的種類有小西餅、甜點、三明治、燻鮭魚、燻火腿、各式鹹派等。小點心有鹹有甜，其形狀小巧，大小以一口吃得下的為主，並以手取食，通常稱這些點心為finger food。英式下午茶最搭配的點心，要屬司康餅了，司康餅類似市售的比司吉，為一種以發粉為膨大劑的麵包，烤得熱騰騰的時候，塗以果醬，配上英式紅茶，可謂極致享受。需要注意的是，拿取精緻小點時，要由下往上拿取，才是合乎英式禮儀的方式。

(五)泡茶的程序

1.燙壺：英國人在泡茶前需要先燙壺，而且沏茶的水一定要煮沸，還要馬上沖進壺中，否則就認為泡出的茶不香。

2.舀茶入茶壺：英國常用的一種小匙，稱為「茶匙」。所需茶葉的數量，通常是每位飲茶者一人一匙茶葉，此外還要再多加一匙作為「壺底消耗」用。

英式下午茶茶點典故

關於英式下午茶所搭配的茶點，也有些小典故，介紹如下：

1. 奶油麵包：自從18世紀下午茶盛行後，英國陸續開設許多紅茶庭園，其下午茶菜單主要是紅茶配上塗了奶油的麵包，稱之為butter and bread。

2. 三明治：三明治的出現，據說是有一位叫作三明治（Sandwich）的伯爵，十分愛打橋牌，常打到廢寢忘食，為了節省吃飯時間，他常常將麵包塞入一些餡料，一手拿牌，一手用餐。世人就將此果腹的麵包餡料，以其名字命名為「三明治」。

  在下午茶中所吃的點心，一切要以小巧、精緻為訴求，三明治也不例外，常見的茶點三明治有烤牛肉片三明治、燻鮭魚片三明治、小黃瓜三明治等。

3. 蛋糕：蛋糕出現在英式下午茶，最早流行的口味是「洋梨子蛋糕」，是一種水果蛋糕。之後又出現一種較為平民化的蛋糕，稱為「簡易蛋糕」，這是因應英國人一天要喝好幾次茶，所以搭配的甜點最好越容易製作越佳，著名的司康餅就是屬於這一類茶點，快又方便，而且不需要模型。

4. 餅乾：許多人認為，英國傳統高雅的下午茶，都是隨茶附上餅乾的。

3. 沖茶：英國人飲茶口味的濃淡各有所好，這一點與中國茶講究泡茶的水溫以及沖泡的時間，頗有異曲同工之效。

4. 倒茶的方式：英國人普遍以右手握茶壺，左手以手指扶住茶碟，再倒紅茶入杯中。也有一種事先將茶碟拿起，再將紅茶倒入杯中。

5. 飲用：英國人喝茶附糖與奶精（鮮奶油），英國茶較不流行喝茶搭配檸檬片。奶茶的沖泡方式為：先準備一壺熱紅茶，將鮮奶熱過，再把熱鮮奶倒入茶中，燜三分鐘即是一杯香醇的英式奶茶。若使用奶精，英國人加奶精的方法是：

(1)先端起茶杯品嚐一下紅茶單獨的味道。

(2)加入些許奶精，品嚐一下味道本身的變化。

(3)在澀味與酸味剛好被蓋掉的情況下，再加入少量奶精，再喝一口確認口感與香味。

(4)最後加入少量的奶精，重新調整茶湯的香味。

英國人把砂糖放入紅茶的方法：

(1)先端起茶杯品嚐一下紅茶單獨的味道。

(2)加入些許牛奶，使紅茶與牛奶的香味依自己的口味調和起來。

(3)將砂糖分次加入攪拌，將澀味以及酸味、甜味調和起來。

(六)品茶的秘訣

人田大八（2003）認為品嚐紅茶時，有以下的選擇：

1.單獨品嚐紅茶。

2.與甜點一起品嚐。

3.與三明治一起品嚐。

4.與吐司、魚肉醬一起品嚐。

由於所搭配的點心口感不同，紅茶的濃度、甜度以及奶精的分量就會隨之改變，口味較濃的點心，應搭配口味較濃郁的紅茶才行。

(七)英國北方的茶文化

英國北方的喝茶習俗與傳統以社交為重的方式不同，他們喝茶的時間往往是和吃飯時間一起進行。下午六點鐘左右，全家就以一壺熱茶加一道熱菜、麵包、糕餅或者水果點心來充飢。這種方式叫作high tea，這種方式也類似所謂的下午茶，但較不正式。對勞工階級或鄉村農民而言，下午茶就等於是正餐，最主要的功能就是要維持體力好繼續接下來的勞動工作，因此，常常是一壺茶配一些吃得飽的三明治或

麵包。對一般中產階級而言，下午茶是以丹麥酥或餅乾佐茶，作為下班後與家人朋友閒話家常的好時光；下午茶對上流社會的名流雅仕而言，就純粹是一種享受生活的方式，以及重要的社交活動，因此，所有器具與禮儀也就繁複許多。

正式得體的茶盤上應該要有茶壺、茶杯、茶碟、糖罐、牛奶壺與濾茶杓。在維多利亞時代，任何的女士都得要完全懂得沖茶的藝術，甚至因而發展出一系列繁瑣的下午茶禮儀，例如閒聊是下午茶重要的目的之一，因此從不談些不愉快或是無法彼此都同意的話題。

二、英國飲酒文化

酒館文化是英國風情之一，在pubs裡最重要的飲料當然是啤酒（beers）。眾多的酒精飲料中，啤酒的主要幾個大類依其苦味不同而分為：淡啤酒（lager）、苦啤酒（bitter）、黑啤酒（stout）、英國啤酒（ale）。另一種則是由蘋果所釀造的蘋果酒（cider）。蘇格蘭威士忌或琴酒這些眾所皆知的酒均來自於英國。因此在當地，會有許多愛好喝酒的人士，主要是因為它本身也是個產酒國家。英國人在飲酒上的花費比起其他的支出還來得多。

第四節　中英飲食文化之比較

一、英國整體與特殊飲食文化

由於英國屬於海洋型氣候，主要產業為酪農業，但其國內的農產品尚不足以自給自足，必須仰賴進口，是以在烹調上多少會受外來的影響，基本上來說，英國菜在烹飪方式以及菜餚內容方面仍依循傳統。而由於英國吃晚餐的時間通常在九點之後，中午至晚餐的漫長時間中，遂發展出「下午茶」的飲食文化，下午茶盛行於維多利亞時

代，現在不論貴族或是工人階級，全民喝下午茶的風潮已融入英國人
民的生活形態中。

二、中英飲食文化之異同

中國與英國雖然一個東方一個西方，但中西飲食之間也有其共同
點，例如茶就是其中一個。最早茶葉是由中國傳輸過去的，中國的茶
道多少也影響著西方的茶道，兩個民族都生產舉世聞名的酒類。以下
介紹中國菜與英國菜之相似點：

(一)兩國飲食文化的相似之處

◆菜餚特色因區域的性質而有不同

中國菜因為省份、地形、氣候以及物產特質的不同，而有所謂的
「八大菜系」這樣的飲食文化，這八大菜系中各具特色，各有其代表
菜。英國菜亦有所謂的南方菜與北方菜之分。

◆都是茶的愛好者

英國由於維多利亞時代統治過印度，因而將茶葉傳至國內，最後
演變成一股喝茶的風潮，英國可說是喝茶的民族。中國自古也是茶民
族，茶葉種類眾多，茶文化亦為飲食文化重要的一部分。

◆同為愛好喝酒的民族

蘇格蘭威士忌享譽全球，英國人喜愛在下班後與三五好友至小酒
館小酌的飲食文化，與我國頗為類似。中國古代「客棧」與英國的pub
有異曲同工之妙。而中國的酒類全世界知名，其釀酒的原料亦有以穀
類為主者，例如：米酒、高粱、花雕、紹興等知名酒類。

◆因應社會的變遷，烹調技術簡化

英國自古就是一個不斷向外拓展勢力範圍的民族，是以文化交流
的機會不少，但過去因為英國重視傳統的民族性，使得接受外來的影

響不大。但至第二次世界大戰之後，英國年輕人開始較為接受其他西方國家的飲食文化，例如接受咖啡這件事。而在烹調器具的使用上，大量使用高科技烹調器具——微波爐，使得烹調技術也漸漸在簡化當中。我國在飲料文化上，確實是有越來越多人開始以喝咖啡取代喝茶，而新進烹飪技術以及器具之使用，也越受國人的採用。

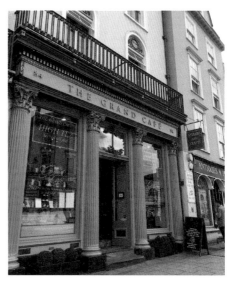

▲英國著名的The Grand咖啡廳
圖片來源：王姿珺

(二)英國菜與中國菜的相異之處

中國菜以及英國菜，一個東一個西，受文化影響造就出截然不同的飲食風貌，其相異之處請參見下表。

英國菜與中國菜相異之處

項目	英國菜的特色	中國菜的特色
主食不同	以馬鈴薯與麵包為主食	以米類為主食
早餐內容差異大	以歐陸式早餐為主，內容有麥片、麵包、奶油、果醬、蛋類、冷肉	以燒餅、油條、稀飯、醬菜為主
餐食的種類	早茶以及下午茶文化著稱	並無早茶以及下午茶的習慣
上菜順序不同	以西式上菜順序：前菜、湯、沙拉、主菜、酒、甜點、飲料	湯最後才喝
主食的種類	配合狩獵季節會有吃野味食品的習慣	並無此一習俗
酒類的搭配時機	依餐食的順序而搭配餐前酒、佐餐酒以及餐後酒	酒類多為就餐時所搭配的佐餐酒
餐具	以刀、叉、匙為主	以筷子、湯匙為主
飲料	以英式紅茶為主	以中國茶為主，中國菜流行以茶來佐餐
酒類的喜好	威士忌是國人的最愛	以中國酒為主，如紹興、茅臺、花雕等

參考書目

王妘姍（2016）。英國美食文化。檢索日期2016年10月2日，http://goldclassuk.
blogspot.tw/2016/04/blog-post_20.html

李寧遠、黃韶顏（2003）。《飲食文化》。台北：華香園。

林呈蓉譯（2004）。人田大八著。《邂逅英國紅茶》。台北：布波。

武志安（2001）。《西餐烹調理論與實務》。新北：揚智文化。

英國文化協會，http://www.britishcouncil.org.tw/

英國旅遊觀光局，http://www.visitbritain.com

英國語言文化中心，http://www.edutop.com/index1.htm

張志成譯（2004）。顧恩特‧希旭菲爾德著。《歐洲飲食文化》。台北：左岸。

張德譯（1997）。Elizabeth Riely著。《主廚專用字典》。台北：品度圖書。

許美瑞（2001）。《家庭人類學》。台北：空中大學。

駐英國台北代表處，http://www.roc-taiwan.org/uk/

戴月芳編（1992）。《國家與人民──中歐》。台北：錦繡。

薛明敏（1987）。《西洋烹飪理論與實際》。台北：餐旅雜誌社。

Labensky, S. R. & Hause, A. M. (1995). *On Cooking: A Textbook of Culinary Funda-
mentals*. NJ: Prentice Hall.

McWilliams, M. & Heller, H. (2003). *Food Around the World: A Cultural Perspective*.
NJ: Prentice Hall.

CHAPTER

5

德國飲食文化

周敦懿

第一節　德國簡介

德國之全名為德意志聯邦共和國，1990年10月3日東西德統一後，採聯邦體制，德意志聯邦共和國由十六個邦所組成（西德十一個邦與東德的五個邦），除了國防外交由聯邦政府統籌管轄外，其餘如教育、警察，皆由各邦政府親自規劃處理。

一、地理位置

德國地處中歐，周圍有九個鄰國，西與荷蘭、比利時及盧森堡相鄰，南與法國、奧地利、瑞士毗連，東與捷克、波蘭相接，北部則有少部分土地與丹麥相鄰。德國北臨北海以及波羅的海，為歐洲大陸交通之樞紐，亦是產業運輸的必經之地。

德國全國總面積356,910平方公里，為台灣的10倍大，首都為柏林，人口8,208萬人，約為我國的3.6倍。

人種為德國人占91.5%，土耳其人2.4%，義大利人0.7%，希臘人0.4%，波蘭人0.4%，其他4.6%。宗教信仰基督教占38%，羅馬天主教34%，回教1.7%，無神論或其他宗教26.3%。官方語言為德語，屬於日耳曼語系，與丹麥、挪威、瑞典以及荷蘭語同源。

二、歷史發展

德國人為日耳曼民族的後裔，其民族歷史自4世紀以來，經歷帝國主義到民主政治，並經過多次融合、分裂與統一的局面，其歷史的演進可分為下述幾個重要的時間點：

(一)日耳曼民族的發跡——法蘭克王國的建立

德國屬日耳曼民族，最早居住在波羅的海西岸與瑞典南部沿海一

帶，繼而南下到萊因河及多瑙河北部一帶定居。4世紀由於匈奴人入侵，日耳曼民族漸漸往西南方遷徙，於5世紀建立法蘭克王國。768年由於加洛林王朝的國君查理曼國王就位，國勢日漸強大，遂將法蘭克王國稱為查理曼帝國。

(二)神聖羅馬帝國興起與滅絕

西元843年，羅馬帝國分裂為西法蘭克、中法蘭克以及東法蘭克三部分，日耳曼人路易（Louis the German），領導東法蘭克，此為德意志的前身。10世紀由於路易去世，無子嗣繼承，遂由薩克遜家族的亨利一世（Henry I）推選為王，後來其子奧圖一世（Otto I）繼位，受教皇封為「羅馬人的皇帝」，自此神聖羅馬帝國開始強大，規定帝國皇帝兼任德意志國王，由當時權勢最大的七個諸侯：美因茲、科隆、特里爾、波希米亞、萊因伯爵、薩克遜公爵及布蘭登堡所產生，成為侯國分立體制。

16世紀，路德教會興起，教會分為新舊教派，1618年皇帝聯合天主教諸侯起而對抗新派諸侯，遂發動所謂的「三十年戰爭」，結果皇帝戰敗，全國四分五裂，戰後普魯士崛起，1806年拿破崙戰勝普奧聯軍，建立「萊因邦聯」，當時皇帝弗蘭茨二世（Francis II）被迫放棄神聖羅馬帝國稱號，神聖羅馬帝國於是滅亡。

(三)德意志帝國的興衰

西元1815年拿破崙戰敗，德意志三百多個領土合併成四十一個邦，組成「日耳曼邦聯」，著名的鐵血宰相俾斯麥（Otto von Bismarck）為當時的重要歷史人物，俾斯麥在位期間不斷發動戰事，終在1870年以西班牙王位繼承問題，向法國發動戰爭，因而擊敗拿破崙三世（Napoleon III），1871年德意志帝國成立，德國人統一之夢終於實現。

統一後的德意志帝國不斷與鄰國結盟，1873年德意志與奧國、

俄國三國同盟，並不斷擴展其帝國版圖。1914年與奧地利及匈牙利結盟，發動第一次世界大戰，但被協約國打敗，割地（亞爾薩斯及洛林兩省）賠款，損失慘重。

(四)威瑪共和國到分裂的東西德

第一次世界大戰以後，德意志帝國瓦解，建立威瑪共和國，1933年希特勒就任總理，次年總統去世，又自稱為總統，挑起人們的復仇情緒，企圖建立獨裁政治，1936年與日本及義大利結盟成「軸心國」，發動第二次世界大戰，1944年英美聯軍在諾曼第登陸後，德國大敗，次年1945年簽定波茨坦和約，導致德國分裂。後因美蘇不合，德國領土及柏林市又劃分成西占領區（美國、英國及法國）以及蘇聯占領區。1949年西占領區各邦協議成立德意志聯邦共和國，此為西德；同年蘇聯占領區成立德意志民主共和國，此為東德。

(五)和平統一的東西德

1970年代，兩德呈現友好關係，1990年，兩德政府簽訂雙邊統一條約，規定東德各邦根據西德憲法第23條規定，加入邦聯共和國，並規定統一後的首都在柏林，之後東西德與蘇美英法的「二加四」外長會議，通過東西德統一一案，分裂了四十五年之後，德國終告統一。

三、地理環境及氣候

(一)南高北低的地形特色

德國的地形如同階梯一般，由南方高聳的巴伐利亞阿爾卑斯山，一直逐漸往北下降至漢堡的低地，這樣的階梯式地形，造就了北德平原、中德丘陵、南德高地與巴伐利亞高地。境內河川較著名的有多瑙河貫穿其間，西臨萊因河，東至奧得河、尼斯河，南屏阿爾卑斯山脈，北臨北海（全國唯一靠海的區域）及波羅的海。

(二)豐富的物產

德國給人的印象就是森林多，其境內森林覆蓋的區域占領土面積的30%，尤以黑森林地區的冷杉為德國重要的木材資源，北部沿海低地，是德國人與海爭地，開拓成一片耕地，是以德國的畜牧業十分發達。中德高原盛產煤鐵礦，為德國重要之精華區，為一工商業重鎮，此區萊因河河谷一帶盛產葡萄，所釀的葡萄酒世界聞名。

南德高地為德國最大的一邦——巴伐利亞，此區域占德國總領土的三分之一，巴伐利亞高地盛產蛇麻子，為釀製啤酒的原料，因此巴伐利亞素有「啤酒之鄉」的美譽。

(三)氣候特色

德國屬於大陸性氣候，夏天炎熱，但超過30℃的時間並不長；冬天寒冷，但因為氣候乾燥，並不濕冷。影響德國氣候的因素為大西洋的氣流和大陸性氣團。由於二者強度不斷地變化，使得德國的天氣形態十分不穩定，由熱到冷或由乾到濕的氣候變化頗快，一般而言，德國是屬於西歐海洋性與東歐大陸性氣候間的過渡型氣候。

德國每月溫度表（攝氏）

月份	1	2	3	4	5	6	7	8	9	10	11	12
最高溫	3	6	9	14	19	22	24	29	19	13	7	4
最低溫	-2	-1	2	5	9	12	13	13	11	6	2	6

(四)人文

位於歐陸心臟地帶的德國，孕育了全世界最多的諾貝爾得主，而各種音樂會、戲劇或博物館活動在德國人的生活中占很大的比重。人文的薈萃，裝扮出德國高度的文化氣息，德國有許多國際知名的城市以及文化活動，是大家不可不知的，介紹如下：

◆柏林

柏林為統一後的德國首都,見證了東西德的分裂與統一,人們在柏林圍牆上寫下歷史。柏林市的另一個景點是泰爾,它位於市中心的公園休閒區。泰爾公園內有碧藍的湖泊、綠樹成蔭的羊腸小徑,及美麗燦爛的花壇等,每當微風吹動著岸邊的花樹,掀起了一波波的漣漪,堪稱世外桃源。

◆法蘭克福

第二次世界大戰後,法蘭克福蛻變為一現代化都市。如今舊市區的一些歷史性建築物都經過重新整建。舊市政廳所在的龍伯格場一角,集中許多具歷史價值的名勝。現在的法蘭克福為一商業中心,有現代化的文明,卻也保留著許多歷史文化的傳統,是一個文化之都,有著歷史悠久的博物館,每年所舉辦的法蘭克福書展、汽車展、食品展、旅遊展等,規模之大,令人嘆為觀止,並為世界最早成立且規模最大的國際書展。此外,法蘭克福有一特產為蘋果酒。

◆慕尼黑與巴伐利亞

慕尼黑(西德最南的一個邦)南方沿著瑞士及奧地利國界的地區,接連阿爾卑斯山脈地帶,以冬季的滑雪勝地與度假休閒勝地聞名於世。 慕尼黑南方一百公里處,在巴伐利亞高原、阿爾卑斯山山谷間有一寧靜的小鎮拜恩。

由於德國之前的分裂局面,因而造成其民俗慶典在安定富裕的西德中保存較完整。著名的巴伐利亞(慕尼黑的首府),該區盛產釀造啤酒的原料——蛇麻子,慕尼黑也因著這樣的得天獨厚,而成為啤酒之鄉,每年的9月底10月初,是慕尼黑的啤酒嘉年華會,街上到處可見一桶桶、一杯杯的啤酒,大家舉杯狂飲,充分顯現德國人的飲酒文化。

◆紐倫堡的聖誕節

德國南方盛行所謂的耶誕市場,最早的是位於巴伐利亞舉行的十月節(Oktoberfest),該城市固定在每年的10月12日開始所謂的耶誕市

場，街上到處都是攤販，賣的都是傳統的特產，不論吃的烤香腸攤或是傳統巴伐利亞用品，可說是琳琅滿目，而其中最具代表性的節慶食品，要算是薑餅了。薑餅是一種將餅乾中加入薑粉與其他香料，再予以烘焙，最後塗上糖霜裝飾，十分應景。

◆萊因河嘉年華會

這是一個有歷史典故的節日，在一百多年前，由於萊因河地區的德國人被拿破崙所統治，人民受到軍隊強大的壓制，會以瘋顛的模樣來自娛娛人，藉此抒解憤怒，於是形成一種傳統，在每年的11月8日至隔年的3月7日，都會舉辦歡樂的嘉年華會。

◆德國復活節

Ostern這個字源自於春神Ostara，為一個基督教的宗教活動，在每年的3～4月，人們將蛋殼表面塗上繽紛的顏色，將其吊掛在店家前面，藉此感受春天大地復甦的景氣。

◆古堡之旅

德國境內有許多古堡，集中在海德堡到紐倫堡之間，兩堡之間集中了大道上約三分之二的古堡。

◆格林童話的仙境

童話大道（Marchenstrasse）由德國北部不來梅沿威西河南下，經卡塞爾，到德國中部法蘭克福附近的哈瑙，其為紀念德國童話「格林兄弟」而成的一條旅遊路線。格林兄弟出生於哈瑙，在史坦那度過青少年，在卡塞爾進行研究工作，在此彷彿身在格林童話中。

◆歌德故居

德國大文豪歌德（J. W. von Goethe），父親是當時德國皇帝的顧問，母親是市長的女兒。歌德在此寫下不朽名作，如《少年維特的煩惱》（*The Sorrows of Young Werther*）、《浮士德》（*Faust*）等膾炙人口的作品。高聳入雲的哥德式大教堂，成為代表城鎮繁榮和自信的最

有力證據。教堂華麗、豐美的窗飾和雕像明白顯示出建築工匠的精巧技藝,像弗萊堡、史特拉斯堡、烏爾姆、科隆和雷根斯堡的大教堂,都是舉世聞名的哥德式建築物的代表。

四、美食簡介

德國地形只有北方瀕臨北海,其餘皆內陸地區,是以德國人喜愛的肉類以豬、牛、羊等肉類為主,魚類較少食用。德國的精緻養豬業,是其引以為豪的,而豬肉製品也是聞名於全世界。

主食而言,以馬鈴薯為主,德國人因為經歷多次的大飢荒,馬鈴薯耐活好長的特性,使其成為人民的主食,到過德國的人,不難發現德國人可以三餐都吃馬鈴薯,殊不知馬鈴薯對於德國人來說具有「革命情感」呢!

第二節　德國食材與傳統美食介紹

一、食材介紹

(一)肉類

德國人普遍崇尚「大塊吃肉,大口喝酒」,尤好豬肉類食品。德國每年人均豬肉消耗量為65公斤,居世界首位。德國的食品以香腸最為知名,香腸種類至少有一千五百種,皆由豬肉製成。

除了豬肉外,牛肉、雞肉、鵝肉等也很普及。肉類通常是鍋煮或燒烤,較少採用油煎。現在在德國,除了年輕人之外,漢堡並不太受歡迎。一般德國人比較愛吃香腸和烤雞。

一般而言,現代烹調技術已被簡化。但在過去十年間德國人開始重視精緻的飲食品味。

▲德國常見的主食──以豬肉為主的主菜，搭配炸物及蔬菜
圖片來源：周敦懿

　　德國由於身處歐洲大陸之中心，飲食文化與內陸地區之物產分布息息相關。整體上德國人較為愛好肉類，尤其愛吃豬肉，大部分有名的德國菜都是豬肉製品，例如德國香腸、德國豬腳。相較於歐洲中南部精緻飲食，德國的傳統飲食普遍較粗獷，但仍具特色；傳統菜餚如烤豬肘、烤豬膝，常佐以馬鈴薯泥、甜酸高麗菜食用。

(二)主食

　　德國北方主食：馬鈴薯和海鮮類（較少肉類）。

　　德國南方主食：麵食類、麵包、丸子（Knödel）和肉類。南德因為內陸地區，無瀕臨海岸線，因此主食是以德國人喜愛的肉類為主，如豬、牛、羊等肉類，較少食用海鮮。另外南德氣候宜人，種植許多麥類作物，因此肉類以及麥類作物都是南德地區人們的主食。

(三)沙拉

　　德國沙拉的品味南北不同，北方人喜愛用糖製造沙拉醬，南方人則喜歡用鹽。

(四)麵包

德國人是世界上吃麵包最多的民族之一,平均每人每年超過80公斤。絕大部分都保持原味,而且厚實具份量。麵包主要是在早餐食用的,這是德國的文化特色。德國麵包之歷史已逾八百年,麵包的種類就有三百多種,其中最有名的就是德國結(brezel,又稱椒鹽卷餅)。德國境內差不多所有鄉鎮都有自家麵包工場。德國結和農夫包是德式麵包裡最具代表性之一。前者配以粗鹽、麵粉烤製;後者則用黑麥與小麥製成。在德國早餐和晚餐的主食為麵包,如黑麵包、酸麵包、全麥麵包、八字形麵包和小麵包等等。

▲麵包是德國人三餐中的主食

(五)馬鈴薯

在德國的傳統市場中,到處都有馬鈴薯的蹤跡。馬鈴薯因為解決了當時歐洲饑荒的問題,而成為德國的主食。且馬鈴薯營養豐富,又能拿來煎煮炒炸,甚至做成各式麵類與烤餅的多樣變化,使馬鈴薯成為德國人最喜歡的食物之一。

(六) 香腸類

　　許多人都說德國人是「大塊吃肉，大口喝酒」的民族，德國人確實愛吃肉，而且偏愛豬肉，德國的豬肉是其引以為豪的物產之一，各式各樣的豬肉加工製品更是德國菜的一大特色。德國可說是喜好香腸的民族，德國的豬隻採精緻圈養，所以能產出優良的豬肉，而其豬肉做成的加工食品，種類之多，令人嘆為觀止。中古世紀的飲食中就可看出德國人嗜吃香腸。一些城市如格丁根以及雷根斯堡以產香腸聞名，有些城市為了想要證實自己是第一個發明指形香腸的，因而爭執不休，足見香腸在德國人心目中所占的地位了，德國所引以為傲的香腸種類如下：

1. 紅香腸：產於圖林根，特色為加入香料於香腸中。
2. 肝腸：產於卡塞爾的一種香腸，以動物的肝臟製成。
3. 咖哩香腸：產於柏林，吃時切薄片，佐以番茄醬以及咖哩粉。

　　德國香腸不只可以作為主菜，也可以用來煮湯，著名的德式香腸湯，就是以切片的香腸與蔬菜一起燉煮，別有一番風味。

▲火腿、香腸在德國飲食中占有很重的份量

(七)啤酒

德國為世界第二大啤酒生產國,境內共有一千三百家啤酒廠,生產的啤酒種類高達五千多種。而根據官方統計,每個德國人平均每年啤酒消耗量為138公升。大致上德國啤酒可以分為白啤酒、清啤酒、黑啤酒、科隆啤酒、出口啤酒、無酒精啤酒等這六大類。德國的啤酒之有名,居世界銷售量的第二名。從一開始在德國釀造,如今,啤酒釀造工業已成為一個全球性的工業項目。從私人酒坊到跨國企業,無數大小規模的釀酒機構遍布全球。此外啤酒也成為一種傳統文化,如世界德國有名的啤酒節,以及世界各地的啤酒酒吧等。

(八)蔬菜類

包括了胡蘿蔔、馬鈴薯、洋蔥、生菜、捲心菜、青豆等等,通常會燉煮或用來煮湯。

1. 白蘆筍:與東方所流行的綠蘆筍不同,德國菜所流行的是白蘆筍,不管是製成沙拉,或是作為烤餅的餡料,都具有德國的傳統味。
2. 菇類。
3. 德國酸菜、酸黃瓜。

眾所皆知的是,德國酸菜為德國豬腳的最佳搭檔,德國酸菜是以包心菜為主材料,加上杜松子以及大茴香等香料醃製而成,製作過程需三至六星期。酸黃瓜則是以小黃瓜(還有迷你黃瓜)浸泡在醃漬液中醃製而成。不論是酸菜或是酸黃瓜,除了當作配菜以外,尚可做成泡菜湯、沙拉或是作為烤餅的餡料。

二、德國特色菜餚介紹

(一)烤豬腳配酸菜

　　德國最具代表性的菜餚莫過於德國豬腳了，德國豬腳源自於德國南方的巴伐利亞省，是將豬腳在冷油時下鍋冷炸，並逐漸升溫至油熱，然後將豬腳的外皮炸脆炸焦。或者是將豬腳抹上鹽與胡椒，再放入予以油炸。德國豬腳的好搭檔是酸菜，它的主材料是高麗菜切成細絲，再以醋以及香料炒成香香酸酸的配菜，搭配炸得酥脆的德國豬腳，這真是絕妙好味！

　　值得注意的是，油炸豬腳是南德人的傳統烹調方式，而在北德的柏林一帶，卻是流行水煮豬腳，豬腳水煮前通常會先醃漬半個月，待醃得入味之後再水煮。是以甘椒、胡荽子、茴香、百里香、鼠尾草等十多種混合香料醃漬豬腳，再以大量的蔬菜、雞高湯久滷入味，並經十二個鐘頭熬煮，最後再烘烤至豬腳外皮酥脆、肉質Q軟多汁。配角酸菜，選用高麗菜，用鹽巴醃三天後，再加以風乾，散發出自然的菜香。

▲德國豬腳搭配德國酸菜　圖片來源：周敦懿

(二)德式火腿

以隨機挑選的各式火腿，不同香料製成的德式火腿，像是啤酒火腿、羅浮火腿、百香火腿、美式香火腿等，相當適合成為下酒好菜。

(三)燉煮肉類

將豬肉或牛肉整塊燉煮，再切成肉片，淋上肉汁。

(四)烤雞（烤乳豬、烤野味）

將整隻雞抹上香料，入烤箱烤成金黃色後，切片食用。

(五)克巴布

一種類似中東沙威瑪的食物，這是德國人在吃膩漢堡或是烤香腸之外的選擇。

(六)麵食類

德國最著名的麵食類位於施瓦本區，不論是煎烤煮，都深受德國人喜愛。傳統德國麵食類有以下幾種：

1. 烤餅。
2. 小麵球：以麵粉、雞蛋與水所調製的麵糰，透過一有孔洞的器具，下接一個燒有沸水的鍋子，將麵糰篩過孔洞，掉入沸水煮熟撈起，就是一顆顆小麵球。
3. 馬鈴薯小糰：在德國吃馬鈴薯就像台灣吃米飯一樣，常見於許多主食類。馬鈴薯小麵球的製作方式，是將馬鈴薯蒸熟成泥，和入麵糰中，再製成一顆顆的小麵球。
4. 麵包：德國麵包有三百多種，如黑麥麵包、全麥麵包、芝麻麵包、向日葵籽麵包、小麵包等。著名的德國麵包有：以柏林命名的柏林麵包、邦貝格麵包（一種酥皮麵包）等。
5. 薄脆餅：一種鹹味的薄餅。

(七)速食類

1.漢堡：著名的速食產品漢堡，其發源地就是德國的漢堡！其製作方式是將碎肉做成肉餅，夾入圓麵包中。

2.炸薯條：由法國引進，近年來深受德國年輕人喜愛。

▲漢堡的發源地就是德國的漢堡，現已成為最著名的速食產品

(八)德式熱馬鈴薯沙拉

這道沙拉特殊之處，是因為它是「熱」的！其做法是將馬鈴薯帶皮水煮至八分熟（太熟會不好切），去皮切小塊，再拌入醬汁（芥末醬、油與醋）以及碎洋蔥及培根末，溫熱供應。

這種馬鈴薯沙拉在傳統的德國早餐菜單中也會出現，做法就是將馬鈴薯煮熟後放入冰箱冰一天，再拌入炒熟的培根與洋蔥，最後再加上煎蛋，就是一份傳統的德式早餐。

▲德式熱馬鈴薯沙拉　圖片來源：周敦懿

(九)黑森林蛋糕

在台灣我們所認知的黑森林蛋糕,是以巧克力蛋糕為底,中間夾上黑櫻桃,外表塗上一層鮮奶油之後,將巧克力刨得像木屑的形狀,撒在巧克力蛋糕上,像極了一座可以吃的黑色森林。

其實,德國的黑森林蛋糕,之所以稱為黑森林,並不是在於使用巧克力蛋糕,而是因為蛋糕上使用大量的「黑櫻桃」,而傳統的黑森林蛋糕,是使用白色蛋糕底。看來黑森林蛋糕在飄洋過海來到東方的時候,似乎有些變樣了,也可以說是「台灣化」了!德國對黑森林蛋糕的製作有嚴格的要求,在2003年的國家糕點管理辦法中規定,「黑森林櫻桃蛋糕是櫻桃酒奶油蛋糕,蛋糕餡是奶油,也可以配櫻桃,加入櫻桃酒的量必須能夠明顯品嚐得出酒味。蛋糕底托用薄面餅,至少含3%的可可粉或脫油可可,也可使用酥脆蛋糕底。蛋糕外層用奶油包裹,並用巧克力碎末點綴」。在德國銷售的蛋糕,只有滿足以上條件,才有權利稱得上是「黑森林櫻桃蛋糕」。在德國蛋糕店裡,只要標明是「黑森林蛋糕」,對巧克力的用量比例,特別是櫻桃與櫻桃酒的選材與用量,都有明文規定。

▲著名的黑森林蛋糕　圖片來源:www.rezeptschachtel.de

德國人不習慣在餐後吃甜點，不過有些上年紀的德國人會吃下午茶。

(十)奶油鬆糕

一種特製的烘烤奶油蛋糕。

(十一)皇帝的甜煎餅

流行於南德的美食，是以麵粉加上甜酒所煎出來的餅類。

(十二)法蘭克福香腸

德國香腸（水煮的、塗的、切片的）種類非常多，居世界第一。慕尼克白香腸最特別的地方，除了食用前得先去皮外，還得搭配一種巴伐利亞傳統的「甜味芥末」，味道不僅帶甜，而且一點都不辛辣。醬料裡未磨碎的胡椒粒，融合多種香料的迷人口感。

(十三)Currywurst咖哩香腸

路邊美食的一種。享用這道香噴噴的咖哩香腸時，當地人都習慣配塊麵包或一盤薯條。許多德國人更喜歡將薯條及麵包塊，也沾著咖哩香腸的醬汁一塊享用。

(十四)德式乳酪蛋糕

加入德國乳酪做成的蛋糕，德國的乳酪就像中國的臭豆腐一樣，愛的人越臭越愛吃。

(十五)德式薑餅

薑餅是歐洲人耶誕節必備的節日食品，起源於德國。德式薑餅的主要原料包括蜂蜜、香料、核果、杏仁與糖漬的水果乾等，形狀五花八門，但最常見的是圓餅狀。口味根據配方與做法的不同，從甜味到帶有香辛料氣味的辣味薑餅都有。德式薑餅經常以裝飾得非常漂亮、

設計復古的錫盒包裝，因此除了薑餅可以用來食用之外，外盒也經常被保存下來作為收藏品。

紐倫堡是德式薑餅最知名的產地，稱為紐倫堡薑餅（Nürnberger Lebkuchen），已被列入歐盟國家保護來源地區（Protected Designation of Origin, PDO）的產品專案之中，在歐盟境內與大部分和歐盟簽有貿易交換協定的國家，只有紐倫堡當地製造的薑餅，才有資格冠上「紐倫堡薑餅」的產品名稱進行銷售。

第三節　德國飲食文化與特色

一、飲食文化禁忌

1. 不喜歡過於油膩的菜餚，不愛吃辣，不太愛吃魚蝦，也不吃核桃，不吃羊肉。
2. 講究飲酒的方式，不同的酒杯喝不同的酒。如果需要同時飲用啤酒和葡萄酒，宜先啤酒後葡萄酒。
3. 自助餐盡量不要剩食物，取餐適量。
4. 吃馬鈴薯時切莫用刀子切割著吃，而要用刀叉的背面壓碎吃。
5. 忌諱用餐巾搧風；用餐時喜歡關掉電燈，只點些小蠟燭。

二、飲食特色

德國自古以來就是一個戰亂不停的國家，更由於是處在高緯度，不少農作物都無法存活，再加上遇到大飢荒，古代的菲利特里希王便要求國人種植耐寒的馬鈴薯，以度過寒冬與飢荒，是以馬鈴薯和德國人民的「革命情感」深厚，到現在仍舊是德國人的主食來源。

此外，現今德國的飲食潮流深受鄰近美食大國——法國的影響，飲食文化十分講究精緻，不論是食材的選購上，或是烹調技術的講

究，德國菜有著法國菜精緻的影子，以下將說明現今德國菜的特色：

1.主食：馬鈴薯與各式麵包為主食。

2.主菜：以肉類為主，魚類較少。

3.嗜好食物：香腸與烤雞。

4.飲料：偏愛啤酒。

5.烹調技術：微波爐的出現簡化繁複的烹調程序。

6.烹調特色：受法國菜的影響，德國菜多見香料入菜，不論是製成醃漬菜，或是用於烹調，德國菜使用香料的機會頗多。

7.飲食要求：重視家庭氣氛的營造。

8.飲食潮流：

　(1)近來年輕人喜歡吃炸薯條，愛吃速食。

　(2)烹調走精緻路線，強調不同的飲食口味以及精緻的呈現。

三、地方菜的比較

德國地形南北懸殊，自然造就南北方不同的飲食文化。此外，分裂許久的東西德，也造就了不同的飲食文化。

德國北方菜與南方菜的比較

項目	北方的特色	南方的特色
主食	馬鈴薯及海鮮	麵類食品，如麵包、麵球
肉類偏好	較少吃肉類	喜好淡水魚
沙拉醬偏好	偏甜	鹹
代表菜	普魯士烤肉盤 柏林水煮豬腳 馬鈴薯小麵球 蘋果酒	豬血腸／脆香腸 巴伐利亞烤豬腳 黑啤酒

東西德的飲食差異

西德代表菜與飲食特色	1.麵疙瘩湯（餐前湯） 2.吃麵包與香腸過除夕 3.嗜吃煎牛排 4.愛吃蘆筍以及冷凍雞肉 5.愛喝啤酒
東德代表菜與飲食特色	1.以香菸聞名 2.以史普里林醃黃瓜著名 3.名菜：黃金烤雞 4.啤酒的愛好者，酷愛拉德堡皮爾森啤酒，不愛香腸

四、飲酒文化

(一)燒酒

　　中古世紀的歐洲，流行喝一種稱為「燒酒」的飲酒文化，燒酒是一種烈酒，酒精濃度較高，通常是由穀物或是馬鈴薯、水果等農作物釀製而成，之所以稱為燒酒，並非是因為這種酒在喝的時候是溫熱的，而是它的酒精濃度之烈，在入喉以後，「燒滾」著喉嚨之意。

(二)啤酒

　　德國人最常喝的酒類，一是啤酒，二是葡萄酒，深深影響著德國人的飲酒文化，美索不達米亞的蘇美爾人，在西元前3000年時就已製造出啤酒。當時的啤酒是將麥芽麵包弄碎，加入水使之發酵，與現今的啤酒有相當大的不同。當時的啤酒釀製技術並不穩定，釀酒經常失敗，直到釀酒廠發現加入一種啤酒苦味加料劑就可以讓釀酒過程得以穩定，而且不論是口味或品質都已經接近目前水準。1516年巴伐利亞公爵Wilhelm IV頒布「德國純啤酒令」，規定德國製造啤酒只能使用大麥芽、啤酒花和水三種原料後，德國啤酒就成了純正啤酒的代名詞，因此只要是德國啤酒，品質都相當一定，這也是目前世上最古老的食品規範法規。

19世紀初，有兩項重要發明影響了啤酒工業的發展：一是瓦特發明了蒸汽機，第二是林德（Carl von Linde）發明冷媒及人工冷凍法，可有效控制溫度。因為當年的科學方法早已證明只有在某些特別的低溫環境下才能釀出好啤酒，所以此發明問世後，即使在夏季也能釀出好啤酒。

德國人應該算是世界上最愛喝啤酒的民族了，根據史料記載，歐洲人在9世紀初就已經開始以草本植物來釀造啤酒，最早所釀製的啤酒是供給修道院的弟兄作為每日的飲料，之後才普及為大眾所喜愛的飲料。

▲啤酒是德國人最愛的飲料之一

至於釀製啤酒的原料，除了麥芽與一些香料（如葛縷子、杜松子）之外，並加入一些添加劑。

9世紀，德國南方開始使用蛇麻子作為啤酒的材料之後，便有計畫地栽種蛇麻子，以蛇麻子所釀造的啤酒也就和現今的啤酒口味較為接近。德國的啤酒有易於儲存的好處，得以外銷到世界各地，許多德國的城市，例如漢堡、維斯馬、埃貝克、多特蒙德，為啤酒的集散地。

飲酒的文化特色會因著當地的物產而有所不同。我們可以說德國人是「喝啤酒的民族」，德國所產的啤酒也是舉世聞名。德國人的飲酒文化因區域以及所盛產物產的不同，對於啤酒的風靡也略有不同。德國北方人喜歡飲熟啤酒，南方人偏愛小麥啤酒、淡啤酒、黑啤酒和無苦味的啤酒，但無論是哪個品牌的啤酒在小酒館、飯店和啤酒花園裡都占有自己的一席之地。德國盛產的啤酒介紹如下：

1. 白啤酒（Weissbier）：也叫小麥啤酒（Weizenbier），液體較濃厚，口味不太苦，口感潤滑，著名的品種有巴伐利亞白啤酒（Bayerischer Weissbier）、柏林白啤酒（Berliner Weisse）和萊比錫白啤酒（Leipziger Gose）等等。

2. 皮爾森啤酒（Pilsener）：為一種略帶苦味的淡味啤酒，盛行於德國北部。

3. 科隆啤酒（Kolsch）：盛產於科隆地區，一般人只知道科隆有生產古龍水（男性香水），殊不知科隆的好水質，也使其啤酒Kolsch舉世聞名。Kolsch為一種淡黃色的啤酒，當地人流行將啤酒裝在一種稱為Stangen的狹長玻璃酒杯中。

4. 小麥啤酒（Weizen）：由小麥為主釀造的一種高度發酵的白啤酒，泡沫很多，深受德國北方人的喜愛。

5. 黑啤酒（Altbier）：有一種是深咖啡色的啤酒，看起來很像沙士這種飲料，為德國一種很古老的傳統啤酒，主要產地在圖林根以及薩克森與梅克倫堡。另一種則出自杜塞爾多夫和魯爾區，顏色相當深，有著淡咖啡般的棕色，但味道並不很苦，還稍帶甜味。

6. 雙倍勃克啤酒（Doppelbock）：為舉世聞名啤酒之鄉慕尼黑所產的啤酒，當地有世上最古老的釀酒廠——Weihenstephan，位於慕尼黑的一個小鎮上，當地所釀製出來的啤酒為一種十分濃郁的啤酒。

7.柏林小麥啤酒（Berliner Weisse）：一種產於柏林的白色啤酒，口感與濃郁的慕尼黑啤酒恰巧相反，是一種略帶甜味的啤酒，顏色為綠色或紅色。

8.出口啤酒（Exportbier）：是專門供出口的德國啤酒，像著名的貝克啤酒（Beck's）等等。它的酒精含量比清啤酒高些，但苦味較少，總的口味比較清淡，在國際上很受歡迎。魯爾區的多特蒙德是出口啤酒產量最高的城市。

9.無酒精啤酒（Alkohofreies Bier）：口味和清啤酒差不多，只是不含酒精，最適宜駕駛車輛的人飲用。

德國人非常愛喝啤酒。德國啤酒被分為二十多個種類、一千五百多個品種，由於釀酒配方的多種多樣性，所以產生出如此之多的啤酒種類也就不足為奇了。啤酒配香腸、豬腳是最經典的搭配。

(三)葡萄酒

德國葡萄酒的產量大約是法國的十分之一，約占全世界產量的3％。德國葡萄酒中85％為白酒，其餘15％為紅酒及氣泡酒。德國的白酒有芬芳的酒香及清爽的甜味，酒精濃度較低。德國的葡萄酒產區分布在北緯47～52度之間，是全世界葡萄酒產區的最北限。寒冷氣候、少許陽光，反而賦予德國白酒極其優雅、細緻的品質。全世界最貴的白酒有許多就是出自於德國！

由於德國的啤酒盛名遠超過葡萄酒，讓人忘記德國也是全世界十大葡萄酒產國之一。中古時代的歐洲，葡萄酒是中上階層所流行的飲料，當時的葡萄酒多半來自於萊因河、摩澤河沿岸以及亞爾薩斯一帶。過去的德國人在釀製葡萄酒時，會加入糖以及香料，然後拿去加熱，這也就是現在的德國人所稱的Punch（潘趣酒）、Glühwein（甜紅酒）。

現今德國著名的葡萄酒以白酒為主，以Riesling以及Mueller-Thurgau兩個葡萄品種所產的白酒最負盛名。至於紅酒以及粉紅葡萄

酒，則以Dornfelder、Spätburgunder、Trollinger等葡萄品種著名，至於氣泡式葡萄酒，德國人則稱之為Sekt。

根據德國葡萄酒協會所公布的資料，德國境內有十三個葡萄酒產區，分別是：阿爾、巴登、法蘭肯、黑森山區、萊因河中游區、摩澤爾—薩爾—魯維、納埃、普法茲、萊茵高、萊茵黑森、薩勒—溫斯圖特（Saale-Unstrut）、薩克森、符騰堡。

再者，德國人依照葡萄酒的品種以及產量，將葡萄酒分為六種：

1.清新酒：酒精濃度低、色澤很清澈的葡萄酒。
2.晚採酒：葡萄的採收比正常採收期還要晚七天以上，為的是使葡萄酒中有濃郁的酒香味。
3.精選酒：精選上等的葡萄所釀製而成，人稱貴族酒。
4.人工挑選酒：以人工挑選的方式一顆一顆篩選葡萄，為求其高品質的味道以及金黃色的色澤。
5.葡萄果精選酒：挑選精英的葡萄果釀製而成，味甜香醇。
6.冰酒：採用冰凍在零下7～12℃的冰葡萄，在其冰凍狀態時進行榨汁，味香甘甜。

(四)德國人的飲料文化

德國人對飲料的嗜好介紹如下：

1.咖啡：深受德國人的喜愛，為僅次於啤酒的嗜好飲品。
2.茶：德國的花茶以及花果茶十分有名，近年來有機茶也是遠近馳名。
3.果汁：蘋果汁、柳橙汁、葡萄汁。
4.礦泉水。

五、餐廳介紹

茲以北德、南德為區分，介紹該區內著名道地的德國餐廳如下：

(一)北德餐廳

1. 阿星爾：為德國頗具名氣的餐廳。原創店於1892年開立於柏林，創始人奧古斯特·阿星爾（August Aschinger），原本只是一間小酒館，但因走精緻路線，口碑日漸傳開，吸引不少饕客，目前已成為德國知名的連鎖餐廳。店內的菜單網羅德國南北各地的佳餚，傳統菜與新式菜色都有，另一大特色是該店有自己的啤酒槽，店內的啤酒也因此特別好喝。

2. Die Quadriga：著名的美食導覽聖經《米其林指南》，被其選中評分的餐廳、大廚，都有如獲得桂冠加冕。Die Quadriga即是《米其林指南》選中的星級餐廳之一，是柏林人和遊客一致推薦的好餐廳。餐廳內擺放的都是精緻名貴的瓷器餐具，菜色尤其是海鮮，更加遠近馳名。

3. Harlekin：這是一間獲獎的餐廳，大廚擅長烹調德國家鄉菜式，菜餚味道吸引人，而餐廳的位置鄰近柏林市中心的動物公園（Tiergarten Garden），交通十分便利。

4. First Floor：同為獲頒《米其林指南》介紹的優質餐廳，提供傳統德國美食，而最有名的是大師級的大廚施密特（Rolf Schmidt），他設計的菜式按四時季節而變，深受柏林人喜愛。

5. Zum Hugenotten：本餐廳被公認是柏林最好的四間餐廳之一，室內裝修美輪美奐，雖然提供的是德國菜，但精緻程度不遜法國佳餚。最精彩的是每晚的「廚師精選」，充分表現出大廚的精湛廚藝。

(二)南德著名餐廳

一間有四百多年歷史的餐廳——啤酒花園,顧名思義該餐廳是以販賣啤酒為主,而現今的啤酒花園則提供各式飲料以及餐食。此外,該餐廳有一個傳統,就是歡迎攜帶外食,到此野餐,都不會被禁止呢!

六、菜單與用餐習慣介紹

德文的菜單為Speisekarte,Menu則為套餐。Mittagsmenu是午餐套餐,比較經濟。除了一般餐廳,酒館類的Gaststatte、Zum、Weinkeller與Bierstube也供應簡餐。

(一)菜單介紹

標準的德國菜單為:

1.巴伐利亞烤豬腳配德國酸菜、馬鈴薯麵疙瘩。
2.柏林水煮豬腳配德國酸菜以及馬鈴薯麵疙瘩。
3.煎豬排佐香菇奶油醬汁。
4.烤鵝腿佐紫高麗菜以及馬鈴薯麵疙瘩。
5.牛排火腿佐薯條。
6.煎鮭魚佐比亞尼斯醬汁。

此外,其他著名菜餚還有:

1.紅燒牛肉、豬肉、小牛肉(大塊燉煮,切片後淋上肉汁)(Braten)。
2.紅燒牛肉(Sauerbraten)(以葡萄酒、醋、優酪乳、洋蔥等醃漬)。
3.韃靼牛肉(Tartar steak)。
4.牛排和烤雞(Steak, gegrillte Hähnchen)。

5.「大鍋菜」（Eintopf）。

6.燻豬排加酸菜（Kassler Rippenstück mit Sauerkraut）。

7.維也納炸豬排（Schnitzel）、乳酪豬排、獵人豬排、奶油豬排。

8.烤鴨和烤鵝（Gebratene Ente oder Gans）。

9.野味（鹿、野豬、兔、雉）（Wildgerichte-Reh, Hirsch, Wildschwein, Hase, Fasan）。

10.烤乳豬（Spanferkel）。

11.蕈菇特餐（Pilzgerichte）（Pfifferling, Steinpilz, Morchel etc.）。

12.蔬菜（白蘆筍、根類蔬菜、綠色蔬菜、高麗菜、豌豆、四季豆等等）（Gemüse: Spargel, Wurzelgemüse, Blattgemüse, Kraut, Erbsen, Bohnen）。

13.生菜沙拉（Salate）。

14.甜點（布丁、霜淇淋、蛋糕、餅乾、糕餅、優酪乳）（Desserts）。

15.速食（漢堡、薯條、小麵包夾香腸、熱狗、烤雞等等）（Fertiggerichte）。

(二)用餐習慣

德國三餐及上午茶和下午茶時間與餐食特色介紹如下：

1.早餐（七至十時）：麥片、麵包、奶油、果醬、雞蛋、香腸、乳酪、果汁等等。

2.上午茶（約九至十時）：麵包、香腸、乳酪、水果等等。

3.午餐（十二時）：肉類、魚類、蔬菜、馬鈴薯、麵或飯、甜點等等。

4.下午茶（約三時）：蛋糕、冰淇淋、咖啡、茶等等。

5.晚餐（五至七時）：麵包、香腸、乳酪、酸黃瓜、番茄、茶、啤酒、酒等等。

　　若每個人餐點上菜時間不一樣，不需要等全部人的餐點都到齊才開動，至於飲料，德國人習慣等全桌的飲料都到齊後，互相舉杯說聲Prost（飲用啤酒）或Zum Wohl（飲用葡萄酒），用餐時擤鼻涕對德國人來說是非常理所當然的生活習慣。

第四節　中德飲食文化之比較

一、德國菜與中國菜的相同點

(一)菜餚特色因區域的性質而有不同

　　中國菜因為省份、地形、氣候以及物產特質的不同，而有所謂的「八大菜系」這樣的飲食文化，這八大菜系各具特色，各有其代表菜。德國的地形屬於南高北低，因地形以及氣候形態而發展出「南德菜」、「中德菜」以及「北德菜」，也是各有千秋。

(二)都是麵食類的愛好者

　　德國南方人喜食麵食類，如小麵球、麵疙瘩等，而我國也有「麵食文化」，其中也有麵疙瘩這道麵點。

(三)因應社會的變遷，烹調技術簡化

　　現代的德國菜受西方「新式烹調」的影響，主張烹調技術的簡化，中國菜的烹調技術也漸漸在簡化當中，以因應忙碌快速的工商社會。

(四)德國菜與中國菜仍十分重視各地方的飲食藝術

　　德國與中國同樣地大物博，地形及氣候造就各地不同之飲食文化，兩國同樣重視吃的藝術，各地方都有多彩多姿的飲食文化、慶

典，如德國的「啤酒節」、中國的「美食展」，顯見兩國同樣重視地方飲食藝術。

(五)養生觀念的盛行

近年由於健康意識抬頭，強調「有機飲食」，德國人對於飲食的健康十分奉行，中國菜也吹起一陣「養生風潮」，兩者皆強調少油少脂肪的健康烹調方法。

二、德國菜與中國菜的相異處

茲就主食、餐食內容、上菜順序、酒類搭配時間、餐具、餐後飲料、酒類喜好、餐具材質、鍋具、食材選用等方面，來論述中國菜與德國菜相異之處。

德國菜與中國菜相異之處

項目	德國菜的特色	中國菜的特色
主食不同	以馬鈴薯與麵包為主食	以米類為主食
早餐內容差異大	以歐陸式早餐為主，內容有麥片、麵包、奶油、果醬、蛋類、香腸、乳酪等	以燒餅、油條、稀飯、醬菜為主
上菜順序不同	採西式上菜順序：前菜湯、沙拉、主菜、酒、甜酒、飲料	湯最後上菜
酒類的搭配	依據食的順序而搭配餐前酒、佐餐酒以及餐後酒	酒類多為就餐時所搭配的佐餐酒
餐具	以刀、叉、匙為主	以筷子、湯匙為主
餐後飲料	紅茶、咖啡為主	以中國茶為主，中國菜流行以茶來佐餐
酒類的喜好	啤酒最受德國人喜愛，再者是葡萄酒	以中國酒為主，如紹興、茅臺、花雕等
餐具的材質	銀器與不鏽鋼為主	瓷器（尤以青花瓷為上品）
鍋具	不鏽鋼為主	砂鍋、陶鍋著稱
食材選用	以香草植物入菜，強調以乳酪入菜	中藥材（藥燉、食補）著稱

　　綜合論之,德國因氣候溫暖、地形多變化,物產豐富,造就不少地方的美食。不同於其他歐洲國家對牛肉的偏好,德國人對於豬肉情有獨鍾,而德國豬肉製品之優良,享譽國際。

　　德國飲食文化和我國有異曲同工之處,其一是德國主食喜好與中國東北飲食習慣相似,德國人嗜吃麵食,麵食產品種類眾多,可說是三餐離不開麵食。我國東北的麵食也是琳瑯滿目,兩者難分軒輊。其二是兩民族皆為愛喝酒的民族,德國的啤酒種類眾多,而我國的啤酒也足以與之相比。一中一西的兩個國家,在飲食文化上竟有不少雷同之處。

　　近年德國的有機飲食,推動養生風氣,其精神與成效值得我們效法!

參考書目

張志成譯（2004）。顧恩特・希旭菲爾德著。《歐洲飲食文化》。台北：左岸文化。

張志成譯（2008）。顧恩特・希旭菲爾德著。《歐洲飲食文化：吃吃喝喝五千年》。台北：左岸文化。

戴月芳主編（1992）。《國家與人民──中歐》。台北：錦繡。

陳羿伶（2012）。《尋味日耳曼：德國四季美食地圖》。台北：布克文化。

台北歌德學院（德國文化中心），http://www.goethe.de/INS/CN/TAI/CNINDEX.HTM

德國旅遊網，http://www.germanytravel.com.tw/

德國經濟辦事處，http://www.taiwan.ahk.de/cn/

Notes

CHAPTER

6

西班牙飲食文化

張雯惠

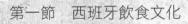

世界飲食與文化

144

第一節　西班牙飲食文化

一、自然環境對物產的影響

　　西班牙位於歐洲大陸的西端伊比利半島上，占該半島面積的4/5，面積約為506,000平方公里（為台灣的14倍），海岸線長約7,800公里，是歐洲第四大國，僅次於俄羅斯、烏克蘭、法國。南北最大距離840公里，東西相距約1,000公里。領土除了半島部分，還包含地中海的巴利亞利群島、大西洋的加那利群島，以及北非的休達和梅利利亞二城。北瀕比斯開灣，西鄰葡萄牙，南隔直布羅陀海峽與非洲的摩洛哥相望，東北與法國、安道爾接壤，東和東南臨地中海。是通往非洲大陸的橋樑，也是地中海與大西洋的銜接點。

　　西班牙境內多山脈，全國35%的地區位在海拔1,000公尺以上，平原僅占11%。境內共有五座主要山脈橫亙，北部有綿亙著東西的庇里牛斯山和坎塔布里亞山脈，南部靠邊界東西走向的安達盧西亞山脈，其最高峰穆拉森山海拔3,478公尺，是西班牙本土的最高點。崇山峻嶺的崎嶇山區阻隔了各地之間的交通往來，形成自古以來諸國分據的局面，培養出各地人民濃厚的民族意識，文化傳統也獲得充分發展。因此現今自治區的劃分不只有行政上的意義，還反映各地區所孕育的獨特文化與飲食習慣。

　　西班牙的氣候具多樣性，北部和西北部屬於多雨溫和之海洋性氣候，中部梅塞塔高原為大陸性氣候、南部和東南部為地中海大陸型氣候，中、南部沿岸晴朗溫和，春、秋皆為雨季，為農業奠定良好條件，畜牧業很發達，牛、羊、豬等畜產及野味豐富。西班牙整體以農牧業為主，其中農業分布於各地區的平原與谷地之間，中部平原盛產小麥、大麥和其他穀類；埃布羅河（Ebro）身為西班牙境內最長的河流，其河谷地區生產最主要的經濟作物——甜菜。具經濟價值的作物有葡萄、小麥、稻米、甘蔗、橄欖、棉花、蔬菜、水果、大麥。主要

▲地理環境為西班牙帶來豐富物產　圖片來源：陳希聖

輸出的農產品為果類、橄欖油。此外，靠大西洋與地中海自治區除了
發展農業，由於海岸線長，因此海鮮豐腴，長年不虞匱乏，造就許多
高知名度料理，例如西班牙海鮮燉飯。

二、人文環境對飲食的影響

　　西班牙首都位於馬德里，官方語言為西班牙語，在加泰隆尼
亞、巴斯克和加利西亞三個少數民族地區，其各自的民族語言亦為
官方語言。西班牙是一個多民族的國家，人口約四千六百多萬人
（Worldometers, 2016），高達85%的居民信奉天主教，亦有少數信仰
伊斯蘭教，每星期日各地民眾仍維持望彌撒習俗，當地的節日大部分
和宗教有關，也影響了飲食文化。

　　西班牙菜的變遷主要受到歷史背景的影響，此地不但維持羅馬正
統的飲食文化，也吸收了北非、中東等地的烹飪精粹，形成了融合各
民族風味的西班牙料理，在各個區域形成別具特色的飲食風格。西元
前4世紀塞爾特族的侵入，生活方式由狩獵轉變成農耕及畜牧。西元前

5世紀希臘人的侵入，引進橄欖栽培技術、製作橄欖油、起司和釀酒技術。羅馬帝國時期引進各種烹調技術和調味料如大蒜。在羅馬人統治的五百多年間建立了經濟體制，伊比利亞半島成為重要的貿易地區，將貴重的礦物、廉價的葡萄酒、優質的橄欖油銷售到世界各地；羅馬時期主要的經濟來源為農作物及畜牧產品，農業以穀類、葡萄和橄欖為主，畜牧則以馬、牛和綿羊為主；羅馬人也引進新的栽培技術。

日耳曼族的西哥德人保留大部分羅馬人飲食烹調文化，傳入製作豬肉腸的技術。8世紀信奉阿拉的摩爾人引進茄子、橙、西瓜及各式香料（如番紅花、茴香、三角豆）和杏仁製品與稻米栽種方法。另外，在阿拉伯人（摩爾人）入侵統治期間，恢復及改良一些羅馬統治時期的農業技術，整修被忽略的灌溉系統，並引入一些經濟作物，如茄子、西瓜、柑桔等使農業生產達到更新的境界。

15世紀初西班牙統一時期，飲食潮流以簡單、健康的烹調方式為主流。1512年，西班牙統一，除了葡萄牙之外，整個伊比利半島完全統合在一位君主之下，該世紀末是西班牙海外殖民時期，在此時期引進番茄、甜椒和紅椒粉與南美洲的馬鈴薯，並成為西班牙日後餐桌上之菜餚。1588年由法國波旁家族繼任西班牙皇位，飲食風氣及烹調技術深受法國影響。1975年卡洛斯一世頒布君主立憲，西班牙各個自治省區，按照各別的歷史傳統和當地烹調材料，造就出獨特又傳統的地方菜餚，以及別具風格的飲食文化。

三、著名節慶與飲食

(一)三王節（Día de Reyes）

1月6日是西班牙的「三王節」，有西班牙兒童節之稱，源自於聖經馬太福音記載耶穌誕生時，東方三位國王分別是來自歐洲的Melchior、亞洲的Gaspar及非洲的Balthasar，向聖嬰耶穌獻禮的日子，因此對於傳統西班牙人來說，聖誕節於1月6日才結束，三王節才是

「聖誕」的壓軸，也是西班牙人送聖誕禮物的日子。所以在西班牙習俗裡，小孩會在1月6日早上收到三王禮物。除了小孩，西班牙成年人也大都在三王節正式交換禮物。三王節吃的傳統糕點稱為Roscón de Reyes，圓形甜麵包，形狀做成環形，有的會擠入巧克力或奶油，有如國王皇冠（又稱帝王蛋糕，King's Cake），上面鋪有醃漬水果如櫻桃、橘子和檸檬，麵團則以橙花水調味，因此會有種特殊的味道，環形中間會放上一個紙皇冠；加泰隆尼亞區的糕點內餡中還藏有一個三王陶偶和一顆蠶豆，品嚐時，咬到三王陶偶，必須戴上皇冠，也代表會在新一年好運不斷，吃到中間有蠶豆的那個人就要付Roscón de Reyes的費用（王儷瑾，2008；宋良音，2014）。

▲三王節吃的傳統糕點Roscón de Reyes
圖片來源：http://www.papayapieces.com/blog/2014/01/06/
roscon-de-reyes-three-wise-men

(二)狂歡節（Carnival）

西班牙每年2月舉行狂歡節，Carnival是重要的天主教節日，信徒盛裝打扮後巡遊慶祝，每年在復活節前，虔誠的信徒必須進行為期四十天的齋戒（四旬齋），所以狂歡節期間人們就戴上面具，把自己裝扮成小醜、巨人、怪物或神話人物，走上街頭盡情地狂歡。這就是狂歡節（Carnaval，又稱「嘉年華會」）的來歷，Carnaval在拉丁語裡就是「肉食再見」的意思，這就意味著每年2月份的狂歡節是四旬齋前信徒們最後的瘋狂。

(三)四月節（Feria de Abril）

起源於1847年的塞維亞，最初是農貿集市，是當地居民交誼和休閒娛樂活動，後逐漸演變成安達盧西亞地區乃至整個西班牙最久負盛名的民間節慶，都在聖週（由陰曆決定，所以每年日期不一）後的二至三週舉辦，傳統上都會搭上4月的一天，因此又稱為四月春會。每年的四月節是當地最熱鬧的節日，全城狂歡慶祝，熱鬧非凡。白色的大街處處裝點著燈籠、彩旗，並聚集了上千個帳篷綿延將近一公里，帳篷裡可以品嚐許多的小吃（Tapas），以及無限暢飲的飲料，還可以和他們一起同歡；不過這些帳篷屬私人所有，每戶帳篷分別標示著一個公司行號或協會、家庭，各有自己編號的門牌，非請勿入。因應大量觀光客的湧入，也有部分帳篷針對一般遊客開放。第一天晚上舉行亮燈儀式後，全城便進入了歡樂的一週，人們聚集在大小不一的帳篷中，女孩們身著傳統塞維亞服飾，男孩則是一派傳統紳士打扮，載歌載舞，品嚐各種當地特色美食，例如炸小魚、海鮮飯、生火腿，並搭上一杯香醇的雪莉酒，歡樂無限（彭心喬，2008）。

(四)番紅花節（Fiesta de la Rosa del Azafrán）

番紅花節是在10月的最後一個完整的週末期間，也是花蕊摘採的最佳的期間，每年舉辦一次，源自於1963年。西班牙番紅花又被稱為

▲番紅花的雄蕊一朵只有三根　圖片來源：J. Y.

紅金，是金黃色西班牙海鮮飯獨特風味的重要香料，目前1公斤售價高達3,000歐元，主要產於卡斯提亞—拉曼恰區，也是《唐吉軻德》（*Don Quixote*）故事的起源地，本區氣候和土壤特性有利於番紅花的生長；舉辦慶典最盛大的地方是在孔蘇埃格拉鎮。慶典如同農業博覽會，主要是推廣當地的農產品與工藝品，並舉辦兒童與成年人採摘番紅花雄蕊的競賽活動，另有當地的民俗與傳統舞蹈表演。

第二節　西班牙的食材與飲食特色

一、西班牙的特色食材

(一)西班牙的葡萄酒

　　西班牙在腓尼基人時期，即開始在南部安達盧西亞地區種植葡萄及釀雪莉酒，並且促進了西班牙葡萄酒的發展，在西元2世紀的時候，

羅馬帝國的統治者就對這個地區的葡萄酒十分推崇。東部的加泰隆尼亞地區也產品質優良的紅酒,以及有「西班牙人的香檳」封號的氣泡酒「卡瓦」,根據西班牙政府規定,一瓶Cava必須熟成九個月才能上市。在加利西亞地區則生產適合搭配海鮮料理的白酒。

雪莉酒則是西班牙的國寶酒,是一款甜度、酒精度和黏稠度都很高的葡萄酒;雪莉酒的名稱由來,相傳是來源於賀雷斯市的阿拉伯語名稱雪莉斯。在西班牙還有法律規範,凡是雪莉酒必須皆出自於「雪莉三角洲」(Sherry Triangle),只有取自Jerez(賀雷斯)、Sanlucar(聖路卡)及Puerto(波圖)三地所生產的葡萄所釀的酒,才能稱為雪莉酒,同時這裡也是整個歐洲最南端的產酒區域(林宣佑,2014)。雪莉酒甚至在莎士比亞時期被認為是世界上最好的葡萄酒,「裝在瓶子中的西班牙陽光」是歐洲人對西班牙葡萄酒的讚美(王宇康,2015)。

▲西班牙雪莉酒　圖片來源:陳希聖

(二)西班牙的橄欖油

◆橄欖油簡介

　　在地中海地區，橄欖的種植歷史十分悠久，可一直追溯到西元前4000年。冬暖夏熱、日夜懸殊的溫差，加上強烈的日曬與乾燥的氣候，非常適宜橄欖樹的生長，因此，全世界95%的橄欖都產自這裡。西班牙橄欖樹種植面積達226.5萬公頃，超過三百萬棵、二百六十個品種以上的橄欖樹，每年的產油量在60萬噸以上，約占世界總量的40%，其中的50%出口到世界各地五大洲超過一百個以上的國家。無論是從產量還是從出口量來說，西班牙橄欖油都穩居世界第一的寶座。西班牙為了保護橄欖油王國的地位，也將產區分級化，目前有九個DO（Designations of Origin）區，有五個在安達盧西亞，兩個在加泰隆尼亞，一個在薩拉曼查及一個在阿拉貢（Aragón）。以西班牙北部極重要的橄欖油產地——加泰隆尼亞省來說，雖然在全國總產量中僅占4%比例，但在價格、品質以及知名度等各方面，都絕對名列前茅。尤其是距離巴塞隆納約140公里的Lleida所出產的特級初榨橄欖油（Extra Virgin Olive Oil），更是深受矚目的精品級油品。而安達盧西亞地區的氣候與土壤條件也提供橄欖樹生長的最佳環境，占產量的80%，此外薩拉曼查地區也占7%的產量。

　　橄欖林間也經常可見混雜其中的杏樹，主要原因除了二者的生長條件相近之外，與杏樹一起種植的橄欖，由於根脈在地底下彼此盤根錯節，往往使橄欖油裡帶有著些微的杏仁香，十分迷人。

　　以採收來說，為了保持橄欖果實完整，且有效避免表皮受損（只要略有損傷，就很容易在壓榨時發酵發酸而影響油質），Lleida的橄欖採收法與南部安達盧西亞一帶以木棍搖晃方式略有不同，主要是先在橄欖樹下設網，然後以一支短短的耙子，將果實一一耙梳下來，十分耗時費工。

　　在製油方面，使用最傳統的石磨方式壓榨橄欖油，除了十分適合

果實小巧、油質含量較少的當地主要品種，比起一般普及的現代化金屬壓榨設備而言，石磨在轉動時較不易產生高溫，也不會因力道過大而連橄欖核一起壓碎產生過多的辣味，是最能保持橄欖油風味的傳統方法。

◆橄欖油小知識

1.西班牙橄欖油的分級：

(1)Extra Virgin Olive Oil：特級初榨橄欖油，最高等級的橄欖油，以人工採摘，二十四小時內必須將所有製程在30℃以內冷壓的溫度完成，而且完全不經過任何化學處理。酸度最低介於0.1～1.0%之間，具有獨特香味，呈金黃色，滋味也最飽滿香醇；不適合油炸食物，價格也最昂貴。

(2)Virgin Olive Oil：初榨橄欖油。取橄欖第一次壓榨出的產品，酸度介於1～2%，它通常拿來和精緻的橄欖油混合後成Pure Olive Oil（純橄欖油）產品。

(3)Ordinary Virgin Olive Oil：也就是市面上常見的Pure，味道純正、芳香，酸性值不超過3.3%，為了增加風味，不少業者也會適當混入一定比例的Aceite de Oliva Virgen Extra，以提高品質。

(4)Lampante Virgin Olive Oil：精製超純橄欖油，最後一級則是以橄欖油渣再次壓榨提煉而成的，酸度高於3.3%，味道和香氣不佳，它必須經過精製加工才適合消費者食用。

2.如何品嚐西班牙橄欖油：根據國際橄欖油協會制訂的橄欖油品嚐法，根據橄欖油的色調、香氣、顏色、果香、味道及餘味來為橄欖油評定分級。除了必須使用有色玻璃製成的品嚐杯，以免品嚐者因可以事先清楚窺見油色而先入為主影響判斷外，在實際品嚐上，則分為以鼻子嗅聞的「香」，和以味蕾、喉韻感受的「味」。

(1)「香」部分，與葡萄酒類似，常以諸如蘋果、杏仁、青草等

水果植物香氣作為評斷時的評語。

(2)「味」的部分，則從含入一口橄欖油一直到嚥下喉嚨為止，依口腔與喉腔的感受，分為舌尖的「甜味」、舌根的「苦味」以及喉韻的「辣味」等不同層次。基本上，各味間彼此和諧均衡、且個性獨特者為最極品。

3.橄欖油佳餚：橄欖油的風味獨特，因此西班牙橄欖油產地的料理也往往傾向於簡單自然、點到為止。比方以各種當令海鮮、蔬菜組合成的冷盤，淋上大量的橄欖油與一點點西班牙特有、風味清新但層次多元的雪莉酒醋，便是令人傾倒的美味佳餚。或以麵包切片略烤，直接以大蒜瓣塗抹表面、塗上番茄泥、淋上橄欖油後，更是人間美味。

(三)伊比利生火腿

西班牙的伊比利生火腿被稱為歐洲的九大傳奇食材之一，一隻上好的Bellota火腿，只有6～8公斤，售價卻相當昂貴，使用的是當地特有的混血豬種Cerdo Ibérico，屠宰前有段時間放養在橡樹林中，以橡子為食，因其為黑蹄，又稱Pata Negra。飼養十八個月以上，體重達到160公斤以上，即可開始製作火腿，製程包括去皮、醃製、定期翻動、洗淨、低溫儲存熟成、風乾等過程，歷經二十四至三十個月，才算大功告成。

◆伊比利生火腿的分級

西班牙葡萄酒的法定產區制度也被運用到伊比利生火腿的生產上，依照伊比利豬吃的東西分成三個等級：

1.橡木子等級（Jamón Ibérico de Bellota），為最稀少的一級，體重的75%來自放牧期，產量只占伊比利生火腿的13%。

2.再餵飼料等級（Jamón Ibérico de Recebo），10月到2月放牧期間食用橡實後，再改以豆穀飼料餵養，體重的30%來自放牧期。約

26%的伊比利生火腿屬於此類。

3.飼料等級（Jamón Ibérico de Pienso，又稱Cebo、Campo），以
經過認可之豆穀飼料餵養，放牧與豬舍並用，十個月大時製火
腿，約61%的Jamón Ibérico屬於此類。

◆**伊比利生火腿的產區**

雖然各地的製法類似，但出產的伊比利火腿還是有些微的不同，
標示和辨識的方式也不太一樣。各產區都訂出了生產的規定和分級與
標示的方法，讓伊比利生火腿的品質有所保障。伊比利生火腿共有四
個DO（Denominación de Origen）法定產區：

1.吉胡耶羅：吉胡耶羅位於西班牙最北邊薩拉曼查省南部，海拔
1,010公尺，是海拔最高的伊比利生火腿產地，由於冬季寒冷乾
燥，夏季溫和短暫，讓火腿有不同的風乾與熟成效果。因為乾
冷的氣候，鹽可以加得少一點，鹹味低，口感特別甜潤，被認
為是滋味最甜美的伊比利生火腿產區。自1995年才成為DO產
區，只有分兩個等級，橡木子等級和飼料等級。此區對於豬隻
的體重要求較高，在長到90公斤之後就要進行放山增肥，而且
必須吃橡木子長到160～190公斤之間才開始製作火腿。

2.埃斯特雷馬杜拉：埃斯特雷馬杜拉自治區擁有全西班牙最廣闊
的橡木農場，占全國四成的面積，上百萬公頃的各種橡木及櫟
木每年長出80萬公噸的橡木子，足以餵養上百萬頭的伊比利
豬，是全國養殖重鎮，高達80%的伊比利豬產自此地。南部的巴
達侯省內的西南部山區也是製作與風乾伊比利生火腿的理想區
域，生產高品質的火腿。

3.吾耶瓦：在這四個產區中，以安達盧西亞自治區內的吾耶瓦省
最為著名，因為區內的阿拉塞納山間的小村伊布果，是全西班
牙最著名的伊比利生火腿產地。吾耶瓦的生火腿雖然沒有吉胡
耶羅柔軟甜美，但是以特別濃郁豐富的香氣聞名。

▲伊比利生火腿　圖片來源：陳希聖

4.貝多切斯：貝多切斯地區被摩爾人稱之為橡木子谷，橡木農場
　是本地最典型的景觀，也讓貝多切斯地區成為天然的伊比利豬
　養殖場，吾耶瓦省的火腿場就使用在此地放山增肥的伊比利
　豬。本地因為沒有大型的火腿製造廠，因此在四個產區中名聲
　最小，產量也最少。

　　除了四個法定產區的規範外，西班牙全國主要的伊比利生火腿廠
也在1996年共同組成了伊比利生火腿同業公會，訂定了共同的生產規
範以保證一定的品質，成員所生產的生火腿必須符合標準，才能掛上
公會共同的商標銷售，公會成員每年所生產的伊比利生火腿超過全國
產量的四分之三。

二、西班牙人飲食習慣

　　西班牙人是非常注重吃喝玩樂的民族，天生熱情好客，喜愛與朋
友聚會並愛過夜生活，因此酒吧、餐廳林立。大部分的西班牙人會願
意花費超過20%以上的收入在飲食和娛樂上。

(一)西班牙人的日常飲食特色

西班牙人一天用餐時間特別長，可分早餐、點心時間、午餐、小吃、晚餐。經典的早餐是Churros con Chocolate，在咖啡館享用咖啡杯大小的熱巧克力，巧克力溫度在75～80℃間，加上一盤Churros（類似小油條經過油炸的麵糰撒上細糖再蘸熱巧克力），有些地區是Churros搭配咖啡，冬天特別受歡迎，這也是社交活動時間。

十一點左右為點心時間，大概十五至二十分鐘，喝一杯咖啡，享用一客三明治或煎蛋餅，吃完後要上班到下午兩點才休息。

西班牙的咖啡可分為純咖啡（café solo，即是Expresso，小杯濃縮咖啡）、牛奶咖啡（Café con leche，濃縮咖啡加等份熱牛奶）這是早餐最常點用的咖啡、咖啡牛奶（Café Cortado，加了一點牛奶的咖啡用玻璃杯裝）、美式咖啡（Café Americano，加水稀釋過的濃縮咖啡）。西班牙人中午休息時間相當冗長，午餐通常是一天最主要的一餐，在下午二點到四點之間用餐，多會選擇喝一杯雪莉酒並享用三道菜的今日特餐（Menú del día），第一道菜：開胃菜、湯、沙拉、燻魚或是燻肉擇一，其次為魚或肉為主的主菜，最後則為甜點或飲料，菜單上會標示今日特餐價格（西班牙旅遊局，2016）。

由於晚餐約莫八點才開始，所以西班牙人在下班後晚餐前，習慣到酒館或是酒吧喝酒，並點一碟一碟的小吃（Tapas）配酒，與朋友交際。Tapas原意是佐酒小菜，在吃飯前先墊肚子；據說Tapas的來源是把一個小碟子放在酒杯上，以防灰塵蚊蟲掉進去，漸漸的演變成在蓋子上面放一些橄欖或起士類的小點心讓客人當下酒菜。在一般的Tapas吧也能找到Montaditos（在切片麵包上放佐料，通常是一人份）和Bocadillo（在法國麵包裡夾餡料，像三明治），還有Pintxos（以小籤叉住的小菜，並以小籤數量結帳，屬北部巴斯克地區的特色）（上田莉棋，2016）。Tapas的價格介於1.2～6歐元之間。

在馬德里的大廣場、太陽門廣場或格蘭維亞大道附近，酒吧到處林立，近黃昏時候，經常可以看到舉家前往的情景。櫃檯的大盤子擺

▲Tapas吧提供的食物　圖片來源：陳希聖

著各種不同的小吃，即使言語不通，只要用手指一指也可以表達，醋漬魚、貝類、烤大蝦等等，都是適合東方人胃口的食物。在有些酒吧的計價取決於座位，站在吧檯邊（基本收費）、室內餐桌（貴0.5～1歐元不等），若是坐在室外的露台（terraza）更貴（有時會多收高達50%的費用）。

　　餐館的晚餐時間通常是八點後正式開始，直到半夜，主要也是三道菜，不過肉類的主菜會用比較清淡的食物代替。晚餐過後，凌晨兩點多，每家迪斯可俱樂部開始高朋滿座，凌晨三點馬路上的交通量與下午三點的情況同樣繁忙。西班牙人甚至發明一個字彙來形容午夜到清晨之間的時光，他們稱這段時間為「馬德魯加達」（La Madrugada）。

(二)西班牙飲食菜單

◆傳統菜單組合

　　1.小吃或下酒菜。

2.開胃菜類。

3.沙拉菜類。

4.湯類。

5.海鮮類。

6.蛋類。

7.飯類。

8.蔬菜類。

9.肉類。

10.禽畜類。

11.野味類。

12.甜品類。

13.乳酪起司類。

◆現代化菜單組合

1.開胃菜類：包括小吃及其他如生蠔等開胃菜餚。

2.頭盤類：包括湯、沙拉、蛋品類等菜餚。

3.大盤類：包括肉盤、海鮮、禽畜及野味類菜餚。

4.甜品類：包括甜點、雪糕、水果或起司類菜餚。

▲各式菜餚　圖片來源：陳希聖

▲Ensaladilla Rusa Recipe（俄羅斯洋芋沙拉）是西班牙小吃酒吧中最常見的菜餚之一　圖片來源：陳希聖

三、西班牙餐館種類

1. 餐廳：在北部及中部的餐廳盛行在餐廳的招牌或入口處標示叉子的數量（由最高級的五支叉到一支叉共分五等級，綜合規模、設備、氣氛等項目加以評鑑），叉子的數量越少代表該餐廳越大眾化，氣氛越輕鬆近人。

2. 酒吧：西班牙的小酒館，會供應各式各樣的下酒菜，兼賣咖啡與簡餐，從早晨營業到深夜，與當地居民的日常作息密不可分；顧客多半站著喝酒，因為會比坐在座位上便宜。

3. 夜總會：最大的特色是可以跳佛朗明哥舞。

4. 糕餅專門店：專賣西班牙道地麵包和修道院式糕點，大部分以杏仁蜂蜜為材料；修道院甜點則以蛋黃蛋糕、海綿餅乾居多。

▲甜點——杏仁糕　圖片來源：陳希聖

第三節　文化差異之討論

　　由於西班牙是一個多民族的國家，但是高達85%的居民信奉天主教，每星期日各地民眾仍維持望彌撒習俗，當地的節日大部分和宗教有關，也影響了飲食文化。

　　天主教會為紀念耶穌基督在十字架上聖死，制定了守齋的規則。小齋，即素食，每逢星期五，十四歲以上（有健康問題除外），禁吃豬、牛、雞、飛禽、羊的肉，即熱血動物的肉。但不禁食冷血動物的肉，如水族的肉、魚蝦等可以食用；雞蛋、奶油亦可食用。大齋（四旬期）是教會規定於每年復活節前四十天內守齋，故稱封齋月。每年在聖灰禮儀日和耶穌受難日，凡年滿十八週歲至五十九歲（有健康問題除外）的信友都必須守大齋。大齋日這天，每日只可飽食一餐，不能吃肉類，其餘兩餐按個人需要進食足以維持體力的食物，兩餐之間不可吃固體雜糧，只能喝流質（聖神天主堂，2016）。信友因某種原

因不能守齋的，可請求「豁免」，如孕婦或哺乳嬰兒的婦女可以不守大齋（劉柏年，2010）。

天主教節日名詞解釋

名稱	解釋
大齋	四旬期又稱封齋月
大齋首日	又稱聖灰禮儀日（大齋首日是根據復活節的日期前四十天的星期三，當日彌撒聖道禮儀後，不計算主日，因此每年的大齋首日的日期都不同；最早可以是2月4日，最遲是3月10日）
耶穌受難日	復活節之前的那個禮拜五，西方基督教國家稱「受難日」為Good Friday

資料來源：台灣聖經網，2013；聖神天主堂，2016。

　　除了宗教上的因素外，在西班牙人的日常生活中，吃吃喝喝占了非常多的時間，這跟中國人差不多；西班牙餐館和酒吧的服務員幾乎都很敬業並以自己的工作為榮。西班牙餐飲業也因為西班牙人講究吃喝的風俗習慣，以及眾多的海外遊客蜂擁而至而發展迅速。傳統上西班牙人到朋友家做客一般會事先打招呼，而且需要攜帶一些小禮物，例如一瓶酒、一盒糖果，或者給女主人帶一束鮮花。

　　西班牙人請客，公務和私人交往分得很清楚。在私人交往中，也有親疏遠近之分。若是普通朋友，通常會在外面餐館請客。唯有親戚和熟朋友，才會邀請至家中作客，是給客人的一種最高禮遇。若是受邀參加西班牙人的家宴，客人最好晚五至十分鐘到達，不要提前抵達。由於西班牙人的家宴，是把客人當成自家人，因此不拘形式，也不費時準備，不講闊氣和排場，以經濟為原則。一般情況下，準備的酒不會少，但菜的種類卻不多。在西班牙，男女老少都喜歡喝酒。家裡要喝酒，出門在外也要喝；平時喝，節日期間更要喝，但西班牙人喝酒不勸酒，與我國民情不同。喝酒以葡萄酒和啤酒為主（何國世，2006）。

　　西班牙人注重個人生活，也重視社交活動，常與家人、朋友相約聚餐、喝咖啡；也常見人與人之間親切、熱情的擁抱問候，對陌生人

也是如此;對於他人也不吝讚美,讓人覺得心花怒放,對於小孩更是充滿愛意,常常把好聽話掛嘴邊(宋良音,2014)。在這一點上似乎比我們富有人情味的台灣人,有過之而無不及呢!

第四節　西班牙各地特色飲食

西班牙的餐飲業與文化一樣豐富多彩,有高質量的飲食、古老的傳統與民間烹調藝術,加上專業的烹飪廚師,半島上的西班牙可以分為四個烹飪地區:西班牙北部、馬德里與西班牙中部、東部的加泰隆尼亞、瓦倫西亞與東部島嶼、南部的安達盧西亞。

一、西班牙北部

臨海的北部地區,由東而西為巴斯克、坎塔布里亞、阿斯圖里亞斯和加利西亞四大區。為伊比利半島美食的精華區,全國最豐富的海產全來自加利西亞的峽灣海岸;而巴斯克地區有西班牙最精緻、多元的佳餚。越往內陸菜色的變化就越簡單,風格也越豪邁不羈,大塊烤肉與大鍋水煮的肉湯成為地方菜的主軸。

(一)加利西亞

位於西北邊,臨大西洋,多岩岸峽灣,生產量豐質美的海鮮,干貝、生蠔、章魚、鱈魚、小螯蝦等,非常新鮮。著名的菜色包括加利西亞章魚,是將章魚用鹽水煮過後切片,以橄欖油和紅辣椒粉調味,最適合當小吃。還有魚湯及燉菜湯,以馬鈴薯、白豆與蕪菁葉為主,再加臘腸煮成。將魚或肉餡包在麵皮間的加利西亞派也是家喻戶曉的家常美味。維哥是歐洲最大最主要的漁獲交易市場之一,每年有高達十三萬公噸的漁獲在此流通。每日早晨時刻,港邊魚市,總是聚集了來自全歐各地無數生猛海鮮漁獲,一列列一攤攤,以喊價拍賣方式進

行交易。

維哥所在的加利西亞省一帶海域，生產全世界僅有的藤壺（Barnacles）。藤壺是一種貝類，十分珍貴稀有，因此價格也極高昂不可攀，秋冬為其產季，逢耶誕節前後，價格更往往高漲到2～3倍。

(二)巴斯克

巴斯克菜被公認為西班牙美食之最，因為地理位置臨海，海鮮料理是主流，尤其是蒜香鰻魚苗、蒜汁鱈魚、馬鈴薯燉金槍魚、國王蟹最特別，另外蜘蛛蟹、鮪魚、馬鈴薯合燉而成的海鮮鍋、燉鰹魚等，都是巴斯克名菜，甜點則有焦糖米布丁。北方的里歐哈葡萄酒的聲名是具有歷史背景的。從中世紀開始，由於此地正好位處天主教聖地聖地牙哥的朝聖路上，教會儀式本身所產生的龐大需求，開啟了里歐哈的釀酒事業。在19世紀中葉，法國波爾多酒區遭受到大規模的病蟲害侵襲，為了避禍，不少酒商與葡萄農開始越過國界，移民到里歐哈來重開新局，大規模資金與技術的加入，讓里歐哈的葡萄酒事業更加發展。

二、馬德里與西班牙中部

西班牙中部是以肉類料理著名的地區，如烤牛腿肉、烤乳豬、烤小羊排等。塞哥維亞最著名的料理就是「燒烤乳豬」。拉曼查地區生產全世界品質最佳的香料番紅花。

(一)馬德里

西班牙首都，位於伊比利半島之中央，海拔650公尺，人口大約四百萬，為歐洲首屈一指的大都市，也是世界第二大魚貨批發市場。馬德里有世界各種的餐廳，其中最令人嚮往的還是那包山包海的山珍海味，變化萬千的西班牙道地鄉土菜，其中最具特色的是燉菜。

馬德里燉燒豬肉是馬德里最有代表性的菜餚之一，據說過去是窮

瓦匠的食物,這是一種將豌豆、馬鈴薯、胡蘿蔔、芹菜或捲心菜混在一起,加上牛肉、豬肉或者其他雜肉一起放入土製鍋內,經長時間燜煮,燜到菜和肉不分彼此,成為黏稠的肉湯為止,口感豐潤,尤其適合在寒冬享用。傳統的吃法是先品嚐以濃醇湯汁淋拌的麵條,再吃豆子和蔬菜,豬肉則留待最後,目前在馬德里的餐廳幾乎都會供應這道菜餚。

內臟燉菜為牛肚、血腸和番茄、蒜、洋蔥一同燉煮的料理,口味較清爽。馬德里三明治是以法式麵包夾生火腿、乳酪、生菜、紅椒、炸魷魚圈等佐料,並淋上美乃滋的食物,類似潛艇堡,在街邊都有販售的攤子。

(二)塞哥維亞

塞哥維亞最著名的料理就是「燒烤乳豬」,將重量3～4公斤,出生三星期內仍在喝母奶的乳豬,剖腹取出內臟後,以完整的形體放在蒸籠上蒸烤,以約120度的溫度烤一小時,一隻烤乳豬約可讓六個人飽餐一頓。吃的時候,不配餅皮也不配麵包,將生菜撒上一點鹽巴、甜

▲塞哥維亞名店Meson De Candido的烤乳豬
圖片來源:陳希聖

▲塞哥維亞名店Meson De Candido老闆以傳統手法示範以盤子切乳豬
圖片來源:http://www.elalmanaque.com/turismo/
restaurantes/candido/index.htm

葡萄醋，以及橄欖油，配著乳豬一起吃；清脆甘甜的生菜，配上軟嫩多汁的乳豬肉，吃起來開胃爽口又解油膩；有些餐廳為了展現肉質的柔軟度，還特地在客人面前，廚師俐落地用盤子邊緣，不用刀子而用盤子的邊緣切取烤好的乳豬肉，最後手一拋，盤子從空中落地砸個粉碎，弄碎盤子表示歡迎前來用餐的客人，因為烤得好，乳豬就會皮肉分離，豬皮酥脆可口。

(三)拉曼查

除了是世界文學史上著名小說《唐吉訶德》主人翁的故鄉，也是西班牙最大的葡萄酒法定產區，世界上最大的葡萄酒種植區，總面積達193,133公頃，為Airen白葡萄酒的產地；還是全西班牙第二大的橄欖油產區，更是生產全世界品質最佳的番紅花產區。

番紅花可算是世上最貴的香料，被視為與黑松露、鵝肝、魚子醬世界三大美食並列的頂級食材，能讓料理產生香氣及呈現金黃色澤，令用餐者賞心悅目，堪稱「香料女王」，因此和黑松露、魚子醬、鵝肝在美食殿堂上並稱三王一后。

有一則神話說，牧草的精靈向花神弗蘿拉祈願：「請在深秋寂寥的牧場為小羊兒們開些花吧」，弗蘿拉聽到祈禱後，就綻放出番紅花。秋天開花的番紅花盛產於希臘、印度、伊朗、西班牙、土耳其和摩洛哥，而以西班牙的品質最佳，最具經濟價值。

番紅花屬於鳶尾科植物，在清晨的時候開紫色的花。食用的香料是取於花朵內紅色、呈喇叭狀的雌蕊，每朵花有三株雌蕊，由於這種嬌嫩的花枯萎得很快，必須在清晨到上午十點之間以人工摘蕊，要獲得1公斤的雌蕊，需要8萬多朵番紅花，由此可見這個採花摘蕊是相當辛苦的工作。而在烘焙製作的過程中，雌蕊的體積會縮小成只有原來的五分之一，也就是說1公斤的生雌蕊只剩下200公克可以做香料，儲存時還要防熱、防冷、防濕氣，否則前功盡棄，所以賣得貴也不算稀奇了。

這種珍品無法藉花粉和種子來繁衍,必須靠球莖來繁殖,只能在乾熱的夏天或寒冷的冬天種植,約五個月就可收成。它生長的地點也非常挑剔,必須是乾燥、石灰質的、平坦、空氣流通的土地,排水要良好,番紅花的球莖才不會爛掉。每一個球莖至少隔十公分才能種一株,農人要彎著腰非常細心的埋下每一棵球莖,由此顯示番紅花的珍貴與昂貴,乃是勞工以他們的汗水換來的。

最早使用番紅花的人是古埃及人,埃及豔后克麗奧佩特拉(Cleopatra)和一些法老王拿來作為香精,或在淨體儀式時使用。希臘人則用來治療失眠和宿醉,也當作沐浴的香水,甚至作為催情劑。阿拉伯人則將番紅花作為麻醉藥物,後來由他們傳到西班牙,才成為烹飪用的高貴香料。

市面上販售的瓶罐裝番紅花,呈粉末狀或絲線狀,放到飯菜或湯裡調理,除了化成香氣和耀眼奪目的金黃色,根本吃不到番紅花,它是美食的化妝師,能化腐朽為神奇,但卻能完全溶在食物裡,是西班牙美食海鮮飯中無可取代的香料。

托雷多省的小鎮康斯艾格拉,每年10月底舉行兩天的番紅花節活動,慶祝這種香料的採收。托雷多地區以加入番茄一起燉煮的肉類料理聞名;另有鵪鶉與紅酒一起燉煮的燉山鶉;甜點則有以杏仁與砂糖製成的杏仁餅。

三、東部的加泰隆尼亞、瓦倫西亞與東部島嶼

(一)加泰隆尼亞

加泰隆尼亞區內與沿海的物產很豐富,菜色和法國南部相近。此區的廚藝水準與巴斯克地區一樣有名,菜色精緻且多變化,是燉菜有名的地區。

本地最具象徵意義的番茄麵包,是每餐必備,且常由食客自行製作;烤好的麵包用蒜頭抹幾下,然後用切半的番茄在麵包上擦出味

道，最後再淋上橄欖油。雞肉料理是本區菜單上最常見的菜色之一，質佳味美；而兔肉則最常用烤的，搭配蒜味醬，蒜味醬味道十足，是本地最特別的佐菜醬汁。

傳統西班牙煎蛋（tortilla de patatas）是用打散的蛋液加上各種材料煎成圓形厚實的煎蛋，是西班牙最常見的家常菜。有些用蛋汁加上許多馬鈴薯煎成厚厚硬硬的一塊，分量充足，冷熱食皆宜，有時也充當三明治的內餡。在本區則又加了香腸和白豆，成為具有當地風格的加泰隆尼亞煎蛋。

燉魚羹、醃鱈魚、燴蔬菜及Butifarra香腸，也是本地常見的美味。Butifarra香腸分為黑白兩種，黑色為血腸，白色為豬肉香腸。加泰隆尼亞扁豆以本地香腸和大蒜同煮而成，十分可口。本區的甜點以原盅焦糖布丁為傳統美食。佐餐酒則以本區自產的氣泡酒卡瓦或紅酒最普遍。

▲傳統西班牙煎蛋　圖片來源：陳希聖

(二)瓦倫西亞

瓦倫西亞地區是米的故鄉,除了非常著名的西班牙海鮮飯之外,瓦倫西亞人用任何配料,如肉、雞、海鮮、蔬菜、魚,都可以做味道極好的米食菜餚。穆爾西亞的燉菜或飯也很有名。西班牙海鮮飯原文為paella,paella這個字的意義不明,一般認為是從烹調這道菜的雙耳平底鍋paellera轉變而來的。

西班牙海鮮飯原本是陽光充足、土地肥沃、盛產米糧的瓦倫西亞地區農家大雜燴料理,最傳統的材料包括雞、兔子、帶殼的蝸牛,以及三種不同的豆子烹煮而成。

在19世紀晚期逐漸流傳到濱海一帶的阿利坎特,才加入生猛海鮮搭配米飯,成為今日海鮮飯的原始雛形。在西班牙,這道菜是屬於男人的菜餚,多半由家中的男子負責掌廚。

傳統海鮮燴飯多用雙耳平底鍋作為烹調器皿,廚師熱鍋後,先下主料熱炒,主料多為雞肉、兔肉、鴨肉、蝦、蟹或蝸牛肉等;下生

▲西班牙燉飯,米心多半不熟透,對台灣旅客口感而言是一種挑戰
圖片來源:陳希聖

▲西班牙海鮮燉麵，類似台灣炒米粉的做法　圖片來源：陳希聖

米，廚師依據烹調效果所需選用不同種類的米，不同的米各具長、
短、軟、硬等特性；接著倒入以海鮮熬製的高湯與番紅花後，須不斷
的翻攪直到米飯飽收湯汁為止，典型的西班牙海鮮飯米飯要乾、鬆為
主要原則，米心多半不熟透。另外不同的地方也有不同的配料，如加
入海鮮、蔬菜或臘腸，也有加入墨魚汁的黑米飯。

　　除了燉飯之外，這裡的海鮮燉麵也非常有名，源自岡地亞城
（Gandia），主要用Fideu的短麵條，放入炒熟的海鮮中與高湯一起
燉煮，使其吸附食材和湯汁的味道富有層次，口感清新，吃起來有點
類似台灣的炒米粉，但卻有海鮮的鮮甜滋味，令人一口接一口（宋良
音，2014）。

(三)東部島嶼

　　巴利亞利群島發明了幾個向全世界出口著名的特別菜。其中有崛
起於馬翁、梅諾爾卡島的蛋黃油及龍蝦、馬略卡島的鵝蛋捲、非常好
吃的千層餅及辣味大香腸。

加那利群島提供富於想像力的菜，因其原料有限，所以有很多以魚為基礎的菜，並有著名的辣油。此外還有許多這些島嶼生產的熱帶水果，如香蕉、鱷梨、番木瓜等。

四、南部的安達盧西亞

西班牙南部的安達盧西亞海岸是西班牙地方風情最濃厚的地區，本地菜色融合了摩爾人與吉普賽人等的多元美味，變化多端。著名的特產有：伊比利生火腿、沙丁魚和雪莉酒，馳名的菜餚為加斯巴丘涼湯與各式小吃「Tapas」。

曾受阿拉伯人統治八百年，菜餚色彩豐富，烹調多用橄欖油、蒜頭及新鮮蔬菜為主，並承襲阿拉伯人的烹調技巧，運用油炸方式，取其香酥脆的口感，並搭配新鮮食物。安達盧西亞地區生產的純天然橄欖油是所有西班牙的橄欖油中最為出色的。

本地人最喜歡油炸海鮮，常見許多供人外帶的炸魚店，以炸小魚最受歡迎。本地因鬥牛活動非常盛行，燉鬥牛尾則成為本地最特別的肉類菜餚，以牛尾和蔬菜加入紅酒一起久燉而成。以本地產的雪莉酒入菜也是安達盧西亞的傳統特色佳餚，例如雪莉酒小牛腎、雪莉酒蛤蜊及朝鮮薊等。安達盧西亞的雪莉酒，又稱為賀雷斯葡萄酒，於1935年命名為雪莉酒，是西班牙的國飲，產地在安達盧西亞的南邊，靠近大西洋海岸的小鎮賀雷斯。

安達盧西亞的山間小村伊布果是西班牙的生火腿產地，出產全世界著名的伊比利生火腿，以手工切片品嚐，火腿顏色成赭紅色，滿布乳黃色、蛛網的肥潤油花散發著濃郁的乾肉香和細緻的榛果香，油滑圓肥的生火腿柔嫩得足以入口即化，榛果餘香久久不散。是以自然風乾的方式製作，將整隻連蹄帶骨的豬腿先在低溫的醃製房內以粗海鹽覆蓋，每一公斤醃一天，一隻八公斤的豬腿就要醃上八天，才能得到足夠的鹹味，幾乎只以粗鹽調味，少加其他調味料，最後將火腿倒吊

　　自然風乾，至少要一年半到兩年的時間才能完成，儲存越久，生火腿的香味越濃，肉質更加圓潤柔軟；不過若超過三年，肉質還是會開始轉而變硬，但卻不會變得無法食用，反而讓味道更濃郁，也特別有嚼勁。

　　火腿就是指豬後腿，前腿的肉較少，也比較硬，價格稍便宜，較少油花的脊肉也可製成瘦肉條乾，比較傳統的火腿工廠偶爾也會製作整片風乾的豬頭皮，各式的燻腸如Chorizo、Salchicha、Morcilla（豬血香腸）等更是五花八門。火腿都經陳年風乾，但一切下來如不儘快食用，很快就會乾燥走味，所以一般都是現切現吃。生火腿都不再特殊料理，多為開胃菜食用，不但不油膩，反而齒頰留香。也常作為西班牙式三明治的內餡材料（林裕森，2003）。

　　在安達盧西亞的酒館吃伊比利生火腿時，本地人習慣佐一杯不帶甜味、風味較細緻的雪莉酒，如Fino或Manzanilla。

▲伊比利生火腿　圖片來源：陳希聖

安達盧西亞的甜點融合了許多阿拉伯風味，地方風格特別強烈，經常添加茴香、肉桂等香料，也常加許多杏仁與芝麻，甚至橘子花與玫瑰水等。蛋黃球、杏仁餅、橄欖油蛋糕、松子酥、蜜汁油煎蛋餅等均是本地招牌菜，但多半很甜。

安達盧西亞的小吃Tapas也非常有名，西班牙語的本意是蓋子的意思。傳說以前酒館為了招待旅人歇腳，因環境不太衛生，故而在酒上放置盛裝麵包的小盤子或蓋子來遮擋蒼蠅、灰塵所形成的習慣。後來，光是一片麵包無法再滿足客人的胃口，火腿、橄欖或腸子切片等也漸漸搬上桌，Tapas便誕生了。

也許是受過摩爾人的統治，西班牙與土耳其人一樣特別鍾情小吃，尤其是安達盧西亞省的塞維亞，堪稱是小吃的重鎮，當地人幾乎夜夜在酒吧的這些小菜中度過，尤其以油炸魚更是本地的名菜，下酒小菜還包括蝸牛、雞豆濃湯、番茄拌茄子炒馬鈴薯泥等，另外橄欖油是西班牙主要的油脂來源，橄欖當然也成為最簡單的一道小吃。大蒜蝦是最受歡迎的開胃菜，用大蒜、乾辣椒、橄欖油，大火快炒，自然好吃；白酒蛤蠣、炸小管最常見，幾乎每家小酒館都有供應。

五、結語

西班牙過去由於各種民族進出這塊土地與大航海時期對新大陸的探索，殖入各種特色的食材與飲食習慣，西班牙人對於其他民俗的包容性也展現在食物上，加上領土幅員廣闊，多變的地貌和氣候條件，造就出目前西班牙飲食文化的豐富色彩，令人驚豔。一如台灣在歷經各時期統治者的飲食文化特色；從最早期的台灣原住民飲食、荷蘭及西班牙殖民統治，到清治時期閩南、客家人的飲食，日治時期的日式料理與引進西方飲食，而後中華民國國民政府播遷來台，帶來中國大陸各省的飲食特色，發展出一套融合大江南北與西餐的飲食文化。

西班牙人在飲食食材選用上似乎沒有禁忌，特殊海鮮或牲畜的內

臟也是常見的料理美食食材來源，例如馬德里雜煮（豬內臟）、馬德里燉牛肚、雪莉酒小牛腎、蒜煎羊肝、蒜蓉紅酒燴蝸牛（caracoles）、長相奇特的貝類——藤壺料理、馬德里烤全羊、烤脆皮乳豬、哥多華燉牛尾、兔肉的西班牙燉飯等。西班牙料理在烹調方面盡量保持原味，通常以生食、油煎炸、爐烤、炭烤、燉煮為主要的烹飪方式，但是鹽巴放得比台灣口味重，所以用餐多會搭配飲料，但是對於辣味的接受度較台灣低。西班牙人佐餐會搭配酒類（如葡萄酒、啤酒）或碳酸飲料、水，但是不搭配果汁（宋良音，2013）。

在西班牙的市場採買東西，多需要抽號碼牌排隊，耐心等候服務；在生鮮市場買生鮮蔬果不能像在台灣的蔬果市場東挑西選，又聞又壓，當看好需要的產品要請老闆裝袋算錢，以免對於蔬果產生傷害，影響下一個顧客權益，這種採購情形在南歐的義大利也是如此。

俗語說入境隨俗，西諺也有相同說法：「When in Rome, do as the Romans do」，每個地方都有自己的傳統風俗，當我們到別的地方旅遊或居住時，要記得打開心胸融入當地文化。

參考書目

J. Y. (2015). Se inicia la recogida de la rosa del azafrán，檢索日期2016年7月26日，
http://www.lanzadigital.com/news/show/el-campo/se-inicia-la-recogida-de-la-rosa-
del-azafran/88327

上田莉棋（2016）。《快樂至上，西班牙！：Ole！美食、節慶、藝術、建築、
人情味，帶你全面上癮》。台北：啟動。

方真真、方淑如（2003）。《西班牙史：首開殖民美洲的國家》。台北：三民。

王宇康（2015）。葡萄酒背後的故事：被世界忽略的西班牙葡萄酒，檢索日期
2016年7月26日，https://read01.com/e62dAJ.html

王漢明（2003）。《西班牙菜品嘗與烹製》。新北：旗林文化。

王儷瑾（2008）。「西班牙旅遊~跟著官方導遊走」，檢索日期2016年7月26日，
http://lichingwang-barcelonaguide.blogspot.tw/2008/01/da-de-los-reyes.html

世界實時統計數據（2016）。檢索日期2016年7月26日，http://www.worldometers.
info/world-population/spain-population/

台灣聖經網（2013）。受難日，檢索日期2016年7月26日，http://www.taiwanbible.
com/web/word/index.jsp?Date=20120626

牟秀茵、朱月華、陳昱安等（2003）。《西班牙·安達盧西亞白色山城》。台
北：墨刻。

牟秀茵、鍾家萱（2001）。《陽光！西班牙》。台北：墨刻。

西班牙旅遊局（2016）。檢索日期2016年7月26日，http://www.spain.info/en/que-
quieres/gastronomia/descubre-la-respuesta/

何國世（2006）。探索西班牙飲食文化，檢索日期2016年7月26日，http://beaver.
ncnu.edu.tw/projects/emag/article/200604/探索西班牙飲食文化.pdf

宋良音（2013）。《熱情的地中海滋味！西班牙美食：讓西國廚房裡的前美食記
者&台灣巧廚娘，為你端上在地飲食觀察與美味食譜》。台北：台視文化。

宋良音（2014）。《西班牙深度之旅》。台北：太雅。

李容棻（2007）。《開始在西班牙自助旅行》。台北：太雅。

林明慧譯（2001）。Marie Louise Graff著。《Culture Shock！西班牙》。台北：
精英。

林明慧譯（2001）。Wheaton、Kathleen策劃編輯。余欲弟、王同譯（1992）。
《西班牙》。台北：台英雜誌。

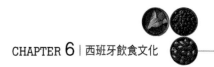

林宣佑（2014）。〈西班牙美饌〉。《當代設計》雜誌，第261期，頁160-162。檢索日期2016年7月26日，http://www.conde-design.com/261%E7%94%9F%E6%B4%BB%E8%A5%BF%E7%8F%AD%E7%89%99.php

林裕森（2003）。《歐陸傳奇食材》。台北：積木文化。

邱茂林、郭英釗（2004）。《西班牙協奏曲》。台北：創興。

張志成譯（2004）。Gunther Hirschfelder著。《歐洲飲食文化》。新北：左岸文化。

張穎綺（2002）。《西班牙》。台北：大地地理。

許大修譯（2004）。JTB Corp.著。《西班牙》。台北：精英。

陳忠義著（2007）。《Salud！西班牙》。台北：日月文化。

彭心喬（2008）。《西班牙玩全指南》。台北：宏碩。

程芸譯（2007）。Hugh Johnson著。《葡萄酒的故事》。台中：好讀。

黃家珊（2006）。《西班牙不可思議》。台北：德威國際文化。

聖神天主堂（2016）。聖灰禮儀，檢索日期2016年7月26日，http://www.ottawachinesecatholic.org/bulletin/2016-02.pdf

廖玉儀著（2003）。《歐陸小館私房菜》。台北：積木。

劉柏年（2010）。天主教的禁忌，檢索日期2016年7月26日，http://www.mzb.com.cn/html/report/135523-1.htm

戴金蜜、許銘松、鄭淑玲譯（2001）。《知性之旅·西班牙》。新北：協和國際（Discovery Channel）。

謝明蓉（2005）。《魔幻西班牙》。台北：宏碩文化。

Notes

CHAPTER 7

中東飲食文化

許軒

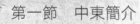

食用阿拉提供給你們合法且良好的食物

——可蘭經，第5章88節

　　伊斯蘭教（或稱回教）可蘭經第5章第88節有一句話勸告身為教徒的穆斯林，必須食用阿拉提供的食物，而且這些食物必須合乎規範。為何中東飲食文化要提到伊斯蘭教經文，中東飲食與伊斯蘭教的飲食規範到底有什麼關係呢？

　　中東地區涵蓋許多國家，傳統上中東國家包括巴林、賽普勒斯、埃及、伊朗、伊拉克、以色列、約旦、科威特、黎巴嫩、阿曼、巴勒斯坦、卡達、沙烏地阿拉伯、敘利亞、土耳其、阿拉伯聯合大公國及葉門等，而這些國家人民多數信奉伊斯蘭教，甚至以伊斯蘭教為國定宗教。伊斯蘭教是個戒律甚嚴的宗教，信徒生活中眾多事務受到教義所規範，飲食理所當然也是其中非常重要的一項，因此飲食與宗教的連結，自然而然形成中東地區飲食文化的特色；加上伊斯蘭教是世界上第二大宗教，信仰人口持續大幅成長中，因此瞭解為數眾多伊斯蘭信徒——穆斯林的飲食習慣與文化，勢必成為全球餐飲業必須關注的議題。因此，本章節主要以中東地區最大宗的伊斯蘭教飲食為主軸，輔以另一中東特色宗教文化——猶太教餐飲規範及其他特色飲食等，盡力建構讀者所認知的中東飲食文化全貌。

第一節　中東簡介

　　想瞭解一個國家或地區的飲食文化之前，當地的背景資料，包括歷史、地理、氣候與宗教信仰等是非常重要的先備知識。因為就是這些長久文化的累積與自然環境的影響，造就該地區相較其他地區產生具有差異化的飲食內容與習慣。中東地區因為具有悠久的歷史、特殊的地理風貌與氣候狀態，加上此地人民的宗教信仰對於飲食有所嚴謹

規範,而帶給中東地區更具特色的飲食風格。接下來,我們就一起來探究到底是什麼因素形塑如此具特色的飲食文化。

一、地理與氣候

中東位於歐亞大陸板塊與非洲大陸板塊交界,主要範圍包括整個阿拉伯半島與地中海東部邊緣國家。因此,就其交通樞紐的位置,自古就是重要貿易集散地,同時也是東西文化交流的中介站,被譽為西方文明與民主搖籃。從上述可知中東地區地理位置分布廣泛,因此其氣候類型涵蓋多元,包括熱帶沙漠氣候、溫帶大陸性氣候及地中海氣候,其中分布最廣的是熱帶沙漠氣候。

中東地區地形種類繁多,有沙漠、高山、高原、草原及平原等。大部分地區雖然都有降雨的可能性,然而因為雨量過小或是降雨發生頻率的不穩定,加上土壤貧瘠,因此多數難以發展農業。唯獨部分近海平原及河谷綠地土壤相對肥沃,而被作為中東地區少見的農耕放牧之地。雖然中東地區地形與氣候對於農牧業發展有所阻礙,但是同時也帶來不少優點。沙漠地形帶給中東豐富沙石與多樣化建築材料資源,而且沙漠型氣候所帶來持續性充足陽光也是此地一大資源。隨著全球綠色能源趨勢,低汙染的太陽能能源發電,是中東地區發展能源產業時重要利基點。最後,創造出中東地區經濟大幅提升的石油資源,除了帶給部分中東國家鉅額財富外,同時亦擴大中東地區國際上的重要性。

無論世界何處,多樣化的地理環境,總會造就不同的生活型態。而中東的地理複雜性,理所當然造就居民的多樣性,包括阿拉伯人、波斯人、土耳其人、猶太人、庫爾德人、亞述人等。促使如此多元民族共存因素中,信仰是一大關鍵。中東地區宗教信仰包括伊斯蘭教、猶太教或基督教等,而近九成人民皆為伊斯蘭教信徒。另外,多數國家國定語言皆為阿拉伯文,而其餘少數國家則以土耳其文、波斯文與

希伯來文等作為特定國家人民之國語。

二、歷史發展

　　擁有著名的漢摩拉比王朝及訂定歷史上最早成文法典——漢摩拉比法典的世界四大古文明之一巴比倫王國，就位於中東伊拉克境內底格里斯河與幼發拉底河沖積出的兩河流域——美索不達米亞平原上。因為這是中東地區罕見的肥沃平原，造成自古至今戰爭不斷。中東地區歷經波斯帝國、亞歷山大帝國、羅馬帝國、拜占庭帝國等帝國統治後，伊斯蘭教的興起，開啟宗教治理與阿拉伯文化的傳播，而這一波的改朝換代，對後來中東地區整體文化延續影響深遠，這就是為何現在中東地區多數國家信奉伊斯蘭教，並以阿拉伯語為主要語言的原因之一。不過也因為歷經多元民族之統治，這塊土地上迄今仍具有多重民族之特性，包括阿拉伯人、波斯人、土耳其人、猶太人、庫爾德人、亞述人等。也使得中東地區在阿拉伯文化與伊斯蘭文化整體外貌底下，仍存在著豐富的多元特色。

　　中東地區的悠久歷史，為人類創造出多元文化的足跡。其中，關於飲食文化的歷史，早在西元前12000年，中東地區人民開始對於食物製備的方式與可食用食材的發現進行記錄，包括像是磨製食材的器具、培植的方式、食物安全的概念、冷藏食物的保存以及食材的來源等。以下呈現數個中東飲食文化演進的里程碑：

1.西元前12000年：發明磨製野生穀粉之磨石。

2.西元前7700年：以羊奶與羊肉為食材。

3.西元前7000年：栽培出野生型二粒小麥。

4.西元前2600年：發展世界上最早食物安全程序——透過日曬的方式保存魚肉與家禽肉品。

5.西元前1500年：以鷹嘴豆與扁豆作為日常重要飲食的一部分。

6.西元前500年至700年：發現蔬菜、柑橘類水果、蘋果、石榴、

無花果、梨子、櫻桃、杏桃與橄欖油等食材，發明類似冰桶之工具，以輔助瓜類食材運輸，創造堅果食材之乾燥方法，研發蜂蜜或糖漬水果方法，以及創造出品質穩定的乳製品──起司等。

7. 西元前800年至西元1800年：使用同一鍋具烹煮所有食材之方法、阿拉伯飲食融入波斯料理、豬肉檢查方法、運用氣味判斷不良或是低劣品質食材的評估方式、引進新世界食物。

三、宗教信仰

中東地區的宗教信仰自古至今對整體歷史文化、人民生活習慣甚至飲食有極大的影響力。尤其像是伊斯蘭教、猶太教、基督教等西方宗教主要的發源地皆是中東，因此中東地區對於宗教信仰之奉獻與忠誠度，更勝其他。上述提及的三大宗教共通點為供奉信仰唯一的神、服從神的旨意、聽從神所發號的命令，人生下來就是為了接受世間的考驗，並且為其永生作準備，所以一切行為皆須對其信奉的神負責。由此特點不難瞭解為何穆斯林與猶太教徒對於自己平時行為與飲食格外的嚴謹與慎重。以下就中東地區信徒最多的伊斯蘭教以及與其具有些微飲食規範差異的猶太教進行介紹。

(一)伊斯蘭教

伊斯蘭（Islam）字義即為服從，意味信徒必須尊重上帝的旨意，因此也代表其教徒──穆斯林（Muslim）或稱為回教徒的生存之道。伊斯蘭教是世界上第二大宗教，根據宗教人口調查報告顯示，2010年全球伊斯蘭教徒達到近16億人，占世界人口的23.2%，僅次於基督教信仰人口（近22億），排名第二，而根據宗教人口成長幅度預估，2050年信奉伊斯蘭教將增加12億人，不但是人口漲幅最大的宗教外，也即將逼近信仰基督教之總人口數。伊斯蘭教信徒分布幅員廣闊，目前是中東、北非多國，以及亞洲的印尼和馬來西亞等國家的主要宗教，另

外，印度、俄羅斯和其他東南亞國家等也都有為數眾多的穆斯林。

伊斯蘭教創教者穆罕默德（Mohammed）誕生於西元571年沙烏地阿拉伯的麥加（Mecca），幼年開始即遵從猶太教與基督教教義，晚年甚至遇見大天使加百列（Gabriel）顯靈，因此人民深信穆罕默德是傳達上帝旨意的先知、阿拉（Allah）的發言人，後來也將他的出生地麥加視為伊斯蘭教阿拉的聖地。《可蘭經》（Qur'an）是伊斯蘭教神聖的經典，是將阿拉於穆罕默德有生之年給予的啟示收錄彙整而成，是伊斯蘭教的基本律法，也是穆斯林平時規範日常生活與行為的守則。穆斯林深信可蘭經擁有完整阿拉的啟示記載，是一本最完美的經書。

每一位穆斯林必須謹守信仰、遵循神聖義務，且須執行伊斯蘭教規範之功課，亦即伊斯蘭教的五柱（Five Pillars of Islam），又稱為五功，包括「念、禮、齋、課、朝」，以下簡述之：

◆念

即為見證，為信仰作證。穆斯林須公開宣誓「深信阿拉就是唯一的真神，而穆罕默德是阿拉的欽差」。當唸完證信詞後，穆斯林自此開始要嚴格遵守與承擔伊斯蘭教的一切規範與責任。

◆禮

即為禮拜。一日五次往聖地麥加方向的祈禱，這五次包括晨禮（Fajr）、晌禮（Dhuhr）、晡禮（Asr）、昏禮（Maghrib）及宵禮（Isha），對應時間分別大約是清晨、正午、下午、傍晚、晚上。每次朝拜約半小時，而且每日禮拜的時間皆無固定，每日可從伊斯蘭教國家當地報紙，或是上網查詢世界各地禮拜的準確時間。現在隨著科技進步，各家手機作業系統皆有禮拜時間公告相關應用軟體，除了提供精準時間外，另有麥加方向的指引，以便穆斯林執行禮拜，可見禮拜對於穆斯林之重要性。但也因為其重要，穆斯林若未依規定行禮拜義務，會受到嚴重的處罰，例如於沙烏地阿拉伯違反禮拜義務，罰款1,000里亞爾幣（約新台幣8,000餘元）。另外，禮拜期間，中東國

家規定商店禁止營業，客人必須立即停止採購，並離開店內（不過二十四小時營業類型之大型超市，允許客人繼續採購，但不得離開商店）；餐廳亦然，但若是仍在用餐之客人可以繼續食用。除了每日五次的禮拜外，每週五於清真寺舉行公共祈禱日——主麻日（Salat al-Jumu'ah），祈禱後便舉行講道，因此多數伊斯蘭教國家會以週五為國定休息日，以便穆斯林前往清真寺參與聚禮。

◆ 齋

即為齋戒。齋戒月（Ramadan）是為體會窮人的飢餓、表達對宗教的責任、贏得阿拉的歡心、掃除過往的罪行等原因而實行。期間，每天日出至日落都禁止飲食、喝水及抽菸等，日落後至黎明前才能進食。而且，基於身體健康緣故，齋戒後的穆斯林於日落後並不會立刻大飲大食，通常會先準備像是椰棗、堅果仁、小脆餅、餡餅等小點心喚醒腸胃功能後，直到大約晚間九時至十時才開始享用正餐。另外，這段時間除了三星級以上的旅館或餐廳經事先申請獲准，方能於日落前營業供餐，否則餐館僅能在日落後開始營業。

◆ 課

即為天課——捐款。每年每位有能力的人皆需施捨窮人或賑濟，以示虔誠。例如部分具備經濟能力的中東家庭，齋戒月期間會前往市集選購羊隻數頭，並於宰殺後分送肉塊予窮苦人民。

◆ 朝

即為朝覲，意旨前往麥加朝聖。為回應阿拉召喚，無論性別，每一位身體狀況良好的穆斯林，一生皆須完成一次麥加朝聖，參與紀念阿拉的儀式。朝聖期間，須穿著白色無縫長袍，頭上無遮蔽物、腳上無鞋襪、禁慾、不得刮鬍、剪髮，且不得傷害任何動植物。

上述五功已深植於穆斯林的平日生活中，而這些功課通常也會影響到他們的日常飲食習慣，像是每日五次的禮拜就會影響到三餐進

食的時間，例如晌禮進行時間約莫是正午十二時，因此穆斯林就無法像台灣人民一般，於正午享用午餐，而形成午後二時至三時進食之習慣。除了基本用餐時間外，吃什麼、怎麼吃，也都是遵循《可蘭經》的規範進行，正如同本章開頭破題使用的《可蘭經》第5章88節「食用阿拉提供給你們合法且良好的食物」內容所示。合法的阿拉伯文為Halal，而Halal一字樣即為全世界穆斯林共同認定，符合《可蘭經》規範的食品或餐廳標誌。清真食品（或稱為伊斯蘭食品）管控非常嚴格，基本上中東地區信奉伊斯蘭教國家市面上所販售的商品都需符合Halal的規範。Halal的飲食相關規範中，禁止穆斯林食用的包括豬肉或相關食品、用嘴捕食獵物的四肢動物、用爪捕食動物的鳥類、不當宰殺的動物及酒精飲料等。進一步規範所有允許食用的動物，其成長過程中，餵養的飼料都不得含有被禁用之成分，例如含有豬肉成份的飼料。最後須經過Halal規定之程序宰殺完成，才符合清真食物之規定。因此，為便利穆斯林Halal飲食之原則，世界各地成立Halal認證機構，鑑定審核商家所提供的食物符合規範後，發予擁有Halal字樣的標誌以示證明。台灣相關認證單位由台灣清真產業品質保證推廣協會與中國回教協會分別對於Halal商品（含食品）與Halal餐廳進行驗證程序，並於通過檢驗後頒發Halal認證標誌予合格業者。

▲清真商品Halal認證
　圖片來源：台灣清真產業品質保證
　推廣協會

▲台灣清真餐廳Halal認證

(二)猶太教

由上述可知，因為中東地區的飲食受到伊斯蘭教影響，有許多嚴格規定需要遵循，然而相較於猶太教飲食規範Kosher已寬鬆許多。雖然以信奉猶太教為大宗的國家——以色列，當地的食物風格與中東其他地區飲食差異不大，但是因為該國人民——猶太人之信仰對飲食有更加嚴格的規範，因此討論到中東飲食文化，當然也需瞭解這具有特色的宗教——猶太教。

猶太教信徒屬於種族宗教群體（Ethnoreligious group），包括天生的猶太人，或是改信猶太教者。根據統計資料顯示，2010年全世界信仰猶太教人數為約一萬四千萬人，占世界人口0.2%。約有四千年歷史的猶太教，起始於亞伯拉罕（Abraham）接到上帝的聖約。猶太教本為一國家形式，然而因都城耶路撒冷毀於羅馬帝國時代，猶太人民開始其顛沛流離的生活，而流浪到世界各地。直到西元1948年以色列建國後，猶太人才又重新回到自己的家。

猶太教的基本教義是人民必須遵從唯一的神之旨意，人並非生而有罪，但可以選擇做對或錯的事情。然而人之所以犯錯，乃因人生弱點所導致，因此做錯事時，可對上帝告解或請求被害人原諒而獲得赦免。猶太教信徒主要遵循《希伯來聖經》（*Hebrew Bible*），尤其著重於被稱為摩西五經（The Five Books of Moses）的前五卷，其內容不僅記載著猶太教的起源，更陳述上帝要求猶太人遵守的基本誡律，其中還包括如何正確準備食物的方法等。

猶太教的飲食規範稱為Kosher，主要定義出猶太人被允許食用之食物與飲食上該注意之事項。猶太教信徒依此規定執行，主要為獲得精神上的健康以及表達對上帝、族人及自己負責任的態度，是日常生活中重要環節。本單元針對Kosher「五不食」、「一遵從」、「一禁止」飲食規範進行介紹。

◆「五不食」

五種不被允許食用的食材包括動物血液、自然死亡動物、可食用動物身體的禁食部位（例如附著外皮或薄膜上的油脂）、豬、兔、肉食性動物、鳥類及其產下的蛋、無鰭無鱗類海鮮、爬蟲類、兩棲動物與無脊椎動物等等，而且肉類與奶類不得同時進食。

◆「一遵從」

是表示需遵從不烹調不確定是否潔淨的食材原料，以及不食用烹調方法不正確的菜點之原則。

◆「一禁止」

猶太人工作日為星期日至星期四，星期五日落至星期六日落期間禁止烹調，以便專心修身養性。

因信仰緣故，猶太人僅上符合Kosher認證之餐廳用餐，而且其餐食需與其他非Kosher料理進行隔離，以避免氣味的汙染而影響猶太教餐食之純淨。另外通過Kosher認證的食物，需於商品包裝上印製檢驗合格認證的名字或標誌，常見字樣為K、OU等。由上述可知，因為Kosher的飲食規範相對Halal條件更加嚴苛，因此當穆斯林外出用餐一時找不到Halal認證標誌時，便會轉向選擇有Kosher認證之食品或餐廳。

經由本章節對於中東地區的歷史、地理、氣候與宗教信仰之介紹，相信讀者不難瞭解這些因素對於其整體飲食文化類型與風格的影響是非常重大的。接下來章節將進一步介紹中東地區最常見的食材與料理，相信能促使讀者對整體中東飲食文化特色有更深刻的認知。

第二節　中東食材與飲食特色

在台灣談到中東飲食大家或許會感到陌生，畢竟全台合計標榜中東風味料理餐廳實占少數。但在我們日常生活中，任何一間便利

商店都可以買到的「優格」，其實就是發源自中東的；常見夜市路邊那一大串肉塊邊烤邊旋轉，從上面刮一些肉碎與洋蔥、番茄及高麗菜絲一併夾入麵包，再擠一點美乃滋而成為美味的餐點──沙威瑪（Shawarma），也是瘋迷全球的中東小吃；另外其他像是烤肉串（Kebab）、碎小麥番茄生菜沙拉（Tabbouleh）、赫姆斯（Hummus）、口袋餅（Pita）等，都是來自中東的美食。

中東飲食的特色是鹹、甜、酸，例如：中東點心就是甜蜜蜜的代表，像是當地大街小巷上販售的糕餅，普遍使用糖或蜂蜜包覆堅果仁內餡而成，其他特色點心包括椰棗、蜂蜜大餅、玫瑰糖心餅等，也總是甜到心頭。除了餐飲口味外，香料的使用也是中東飲食的一大特色，基本上每一道料理必定使用數種香料調味，因此每每享用完中東料理後，總是口齒留香。

綜觀中東地區飲食文化，雖然國家眾多，各國有所偏好使用之食材、食譜與烹調風格，例如阿拉伯地區飲食偏愛使用穀類、豆類及蔬菜類，土耳其與伊朗地區偏愛肉類、奶類及油品類；烹調方式分為阿拉伯式、土耳其式、以色列式、伊朗式等，或是像現代中東地區頗受歡迎且隨處常見的黎巴嫩餐廳等。不過，多數料理皆有極高的相似性，例如各國普遍使用之食材，像是橄欖油、蜂蜜、芝麻、椰棗、鷹嘴豆、香菜、麥、米、豆類及羊肉等。因此本章節以整體中東飲食文化為主，介紹中東地區最常見食材種類與常見料理，俾便讀者對此地區之飲食文化有所基本認識。

一、中東料理常見食材

欲瞭解中東料理，首先得先知道該地區經常使用之食材為何，以下就中東地區常見穀類、蔬菜、肉與海鮮類、水果、奶類、豆類堅果、油類、香料等分項進行介紹。

(一)穀類

包括大麥、小麥、玉米粉、大米、小米等。具有多元變化性的麥類製品是中東地區人民飲食最常見之主食,小麥中的硬麥可製成粗麵粉和麵條、軟麥則可製成麵包和糕點。像是中東地區多數國家幾乎餐餐可見的主食——口袋餅(形狀扁平、中空,類似衣服口袋一般),即是使用麥類製成的發酵扁麵包;類似傳統麵包形狀的土耳其麵包(Ekmek),也是當地人用來搭配各類菜色必備的主食之一。另外,麵團也被製作成各式派皮,例如鹹派或甜派,前者多使用肉、起司、蛋及蔬菜製作而成,後者則多使用堅果類,融合糖或蜂蜜製成。小麥單獨拌入菜色也是中東料理特色之一,例如碎小麥番茄生菜沙拉,便是直接將碎小麥拌入多種蔬菜而成的料理,也是中東地區運用麥類食材烹調食物的一種形式。

羅馬人東征時將稻米往西方引進,後來再由阿拉伯人引入尼羅河三角洲種植稻米,且因稻米很快適應新的地理環境,大量繁殖成為糧

▲口袋餅佐起司沾醬　　　　▲土耳其麵包　圖片來源:許軒
　圖片來源:許軒

食作物後，米類食物也成為中東地區人民主食之一。例如使用長型米做成香料飯（Pilaf）、番紅花飯、羊肉燉飯或薑黃飯等。但相對於麥類，稻米變化性較少，因此中東地區最常見主食仍以麥類或其製品為主。

(二)蔬菜

包括朝鮮薊、甜菜、高麗菜、青花菜、花椰菜、黃瓜、茄子、四季豆、韭菜、萵苣、秋葵、橄欖、洋蔥、彩椒、馬鈴薯、菠菜、櫛瓜、番茄等。中東地區人民最喜愛的蔬菜食用方式是新鮮生吃，因此中東料理有許多沙拉類型之菜色，都是運用多種新鮮蔬菜混搭而成。另外，其他烹調方式中，包括像是中東料理常見的食材——茄子，有些做法是將其與其他蔬菜一起燜煮攪拌處理，或是將其他材料放置於茄子切片上方或塞入茄子內後，進行烘烤或蒸煮。

中東與地中海地區，橄欖對於烹調之重要性不言而喻，除了適合種植於此，產量極高外，眾多研究結果亦不斷證明其維護與增進人體健康之效果。在中東地區通常多食用黑橄欖與綠橄欖，而進行料理調製時也多以橄欖油為主要油品。

▲涼拌茄子　圖片來源：許軒

(三)肉與海鮮類

包括牛肉、羊肉、兔肉、駱駝肉、雞、火雞、鴨、比目魚、鱈魚、鮭魚、沙丁魚、蟹、蝦、龍蝦、貽貝、蛤蜊、牡蠣等。中東地區兩大宗教伊斯蘭教與猶太教同樣規範信徒不得食用豬肉外，甲殼類海鮮甚至被猶太教Kosher規定列入禁止食用範圍內。因此中東料理烹調時，在肉與海鮮類的選擇上是需多加注意的。不過值得一提的是，駱駝雖然是沙漠中重要的交通工具，但是對於阿拉伯人來說，駱駝肉也是餐桌上的美味佳餚之一。

中東人民烹調肉或海鮮食材時，主要喜歡炭烤、油炸及燉煮。其中炭烤一式就如同其他帝國主義國家一般，仍被視為招待賓客時最能表達歡迎之意的烹調法，例如常見的烤全羊大餐。不過，在開始烹煮料理前，肉品必須非常謹慎且並符合Halal的規範進行處理，才能符合阿拉的旨意。Halal對於可食用牲畜處理程序注意事項如下：

1. 宰牲者必須由信奉伊斯蘭教的穆斯林擔任，才得進行宰殺程序。宰殺時，必須意識清醒，並且清楚知覺此項動作目的是為阿拉而執行。

2. 待宰牲畜必須合法、健康且仍處於活蹦亂跳的狀態。再者，伊斯蘭教講求善待牲畜，因此生前人類不得對牠們進行任何不人道行為。

3. 宰牲者不得任意離開宰牲現場。如需要離開，應先關閉屠宰工具電源方可離去。

4. 宰殺前亦須避免牲畜見到屠宰工具或已宰殺後牲畜屍體，並禁止以燙毛、敲擊等方式。即使因不可避免因素需予以擊昏處理，仍需使用伊斯蘭教認可之工具，且不可造成過度傷害或致死，擊昏後確認仍然存活時，就得立即宰殺。若採用電擊，則須遵循Halal的電擊規定處理。

5. 必須在清真宰牲專用場地進行宰殺，並使用專門設施與設備。

6.宰殺時，刀具必須鋒利，下刀時必須呼誦Bismillah Allahu Akbar（以真主之名，阿拉至上）。宰殺時，為求給予待宰殺牲畜最低痛苦，因此宰牲者被要求第一刀必須乾淨俐落，並且直接下刀於咽喉部位，一刀將頸動脈、頸靜脈、氣管及食道等切斷，讓牠們儘速死亡，減少痛苦時間。另外，值得注意的是，下刀後便須立即將血放乾，以避免血液殘留。

7.宰牲者於宰殺後需逐隻檢查宰殺是否適當並確認是否有所遺漏，保證牲畜均確實經過Halal核可方式宰殺。

8.經宰殺後，穆斯林宰牲者須將經認證單位授予之Halal識別證逐隻標附於屠體上，其識別內容包含牲畜個別資訊與清楚的編碼以利辨識。最後，識別證黏附於該牲畜直至出售，或加工前確認無誤後，方可摘除。

9.最後，若需要進行脫毛程序，皆需待牲畜已經合法宰殺程序死亡，方可進行脫毛處理，相關工具仍須透過清真認可。

家禽宰殺方式大致與上述程序相同。

(四)水果

包括椰棗、葡萄、檸檬、蘋果、杏桃、酪梨、香蕉、香瓜、西瓜、甜瓜、苦橙、柑橘、李子、石榴、無花果、草莓等。中東地區人民最愛品嚐水果的方式除了生鮮吃法外，數種常見方法包括運用前一節所提到古代中東發明之食物製備方式——日曬成果乾或使用糖或蜂蜜醃製成糖漬水果，或是攪碎煮熟製成果醬外，也會將其製成水果糖漿佐食甜點，或如水果的汁液加入各式料理調味等。中東伴手禮代表物——椰棗，應該是中東地區最常見，也最受歡迎的水果代表。相傳當地人因為長期食用椰棗，個個體魄強健與精神充沛。因為中東椰棗產量豐沛，因此當地擁有眾多販賣椰棗乾的商家，而且不同地區、不同品種的椰棗，口感與甜度都稍微不同，通常售價上，越甜的椰棗，賣價相對越貴，可見椰棗甜度是中東人民判斷椰棗品質的重要指標。

(五)奶蛋類

包括各式動物奶（山羊、綿羊、駱駝或牛）、優格、起司、雞蛋等。中東地區最常見的乳製品通常就是優格與起司，優格常被作為口袋餅或麵包的沾料、餐點調味料，或直接以飲品的方式被食用；在古代中東，為求奶製品品質穩定而發明的起司，當然是中東餐飲常見入菜的食材，其經常以山羊、綿羊或駱駝奶作為原料。

▲中東常見飲料——優格
圖片來源：許軒

▲羊肉優格口袋餅　圖片來源：許軒

(六)豆類堅果

包括鷹嘴豆、蠶豆、扁豆、菜豆、紅豆、杏仁、腰果、榛果、花生、松子、南瓜子、芝麻、葵花籽等。豆類與堅果是中東地區飲食重點食材之一，最常見且也最具特色的是高營養價值的鷹嘴豆。鷹嘴豆料理烹調方式非常多元，像是最有名的赫姆斯與法拉費（Falafel），雖然同樣都是使用鷹嘴豆所製成，但是口感卻截然不同。堅果食材也常被拌攪於料理中或是撒於上方，作為增添口感與營養使用；或是運用於製作甜點中，通常使用餅皮包裹堅果製成的夾心餡料，接著淋上玫瑰水與蜂蜜，就是一道美味可口的中東甜品。

▲堅果仁千層酥　圖片來源：許軒

(七)油脂類

　　包括牛油、堅果油、橄欖油、芝麻油、植物油等。橄欖油因為產於地中海與中東地區一帶，因此被此地區民眾大量使用，常會在各式餐點上見到，例如赫姆斯的做法中，會在最後階段澆淋橄欖油於鷹嘴豆泥上方，又或是拌攪沙拉時使用等等。另外就是芝麻油，中式料理常見的黑白芝麻油，也是中東地區民眾烹調時的最愛。

(八)香料

　　包括黑胡椒、白胡椒、豆蔻、鹽膚木、薄荷、孜然、薑黃、肉桂、月桂葉、芫荽、洋香菜、芝麻、辣椒粉、羅勒、奧勒岡、丁香、百里香、葫蘆巴、番紅花等。每一道中東料理幾乎多少都會使用到香料進行調味，像是鹽膚木就常被絞碎撒於沙拉上，創造口感並增加風味。香料主要就是在豐富中東料理的口感與口味，不同香料會有鹹、澀、酸、甜、香等味道，或是滑順、顆粒、黏稠等口感來豐富料理的層次，另外像是烤肉時最常使用的孜然，除了增添風味外，同時也可去除某些肉品的腥膻味。

二、中東常見料理

　　如同前述，雖然中東地區國家眾多，自然而然擁有多種特色的烹調型態，但就整體而言，仍具有極高料理相似性與食材共通性。因此茲將列舉數項中東常見料理，希望讀者藉由認識各項料理食材內容與烹調方式，進而對中東料理的內涵與風格有更深入的認知。

(一)開胃菜、沙拉

1. 赫姆斯：阿拉伯語Hummus指的就是鷹嘴豆，顧名思義此道料理原料即為鷹嘴豆。將滾水煮過之鷹嘴豆磨成泥後，加入檸檬汁、白芝麻醬等調味攪拌後淋上橄欖油即完成。最常見吃法就是取一片口袋餅，沾著赫姆斯食用，或是作為配餐與其他料理盤飾使用。

2. 法拉費：以鷹嘴豆與麵粉為原料製成丸狀後下鍋油炸而成一顆顆深色帶有微辣味的鬆脆小丸子。可單獨食用，亦可放入口袋餅中，和著優酪乳或芝麻醬一起品嚐。

3. 茄泥（Baba ghanoush）：使用茄子、橄欖油、檸檬、洋香菜、孜然、大蒜、芝麻醬、鹽等原料製成。將茄子炭烤至外皮焦裂後，取內部茄肉拌入調味料，並撒上裝飾即可搭配口袋餅或是烤肉一同食用。

▲赫姆斯　圖片來源：許軒

▲赫姆斯與法拉費（深色丸狀物）
圖片來源：許軒

▲牧羊人沙拉　圖片來源：許軒

4. 阿拉伯沙拉（Fattoush Salad）：使用番茄、小黃瓜、紅蘿蔔、薄荷葉、優格、鹽膚木、黑胡椒、橄欖油、檸檬汁等原料。將蔬菜食材切成便於入口之形狀與大小後，拌入香料與橄欖油調味，即是一道美味的沙拉，通常會搭配口袋餅一起食用。

5. 碎小麥番茄生菜沙拉：清爽口味除了中東人民外，亦是受到許多歐美人士喜愛而知名。將洋香菜、新鮮薄荷、青蔥、黃瓜、番茄、碎小麥拌入橄欖油、鹽、胡椒、豆蔻、檸檬汁等，即可上桌。食用時，可選用萵苣菜包裹食用，以增添豐富口感。

6. 牧羊人沙拉（Çoban Salatası）：番茄、彩椒、小黃瓜、檸檬汁與橄欖油等原料製成。將食材切塊後，拌入檸檬與橄欖油後即可上菜，另依個人需求亦可撒上羊起司以增添風味。

(二)主食與主菜（包括米飯類、肉類、蔬菜類及海鮮類）

1. 香味羊肉飯（Biryani rice with lamb）：中東常見家常料理，原料

包括羊肉、米飯、洋蔥、番茄、香菜、牛油、堅果仁、孜然、八角、丁香等,以類似中式炒飯的烹調方法處理,最後佐上優格食用。

2.酸奶羊肉燉飯(Mansaf):羊肉、洋蔥、優格、蛋、米飯、奶油、薑黃粉、松子、杏仁等原料。先將羊肉與洋蔥加水煮出高湯,取出高湯後等待接續米飯烹煮與再次燉煮羊肉使用。米飯部分,將米先行用奶油與薑黃粉拌炒後,加入高湯,燉煮至米飯熟透且吸入高湯鮮味。羊肉部分,將優格與蛋攪拌均勻,加鹽用大火煮開後倒入高湯,持續攪拌使其更加濃稠,然後加入羊肉燜煮讓其入味後即可作最後擺盤步驟。擺盤順序是將羊肉鋪於米飯上,撒上松子與杏仁,再淋上優格湯後,即大功告成。

3.烤肉串:世界知名中東料理——烤肉串,雖然各地有不同肉類或海鮮的選擇,但具有嚴謹飲食規範的中東地區,仍常以羊肉作為此道料理的主要食材。烤肉型態的料理通常在帝國文明被視為節慶菜,用來招待貴賓使用,直至今日烤肉料理仍是中東地區大型慶典活動常見之宴客菜餚。做法是將肉、洋蔥、番茄等串入串棒,再用烘烤或炭烤的方式烹調至熟透即可食用。

▲烤肉串　圖片來源:許軒

4.沙威瑪：全球各地最常見的中東小吃。將醃製過肉塊串上大圓
　柱，一邊旋轉、一邊烘烤。客人點購後，從大圓柱上削下肉
　屑，夾入甘藍菜、洋蔥、番茄後，塗上優格醬或辣椒醬等，即
　可食用。

▲中東餐廳（透明櫃後方肉柱即為沙威瑪）　圖片來源：許軒

5.芝麻珍珠丸（Kofta Meatballs）：Kofta就是肉丸子，而上述提到
　的法拉費就是素丸子。料理食材包括牛絞肉或羊絞肉、洋蔥、
　洋香菜、牛油、馬鈴薯、芝麻醬、檸檬汁、大蒜、肉桂、豆
　蔻、鹽和胡椒等。將絞肉加入洋蔥、洋香菜及香料一併攪拌後
　塑形成丸狀，再使用牛油將其表層煎熟，加入使用芝麻醬、檸
　檬汁、蒜與水攪拌均勻後的湯汁倒入用大火煮開後，再用中火
　燜煮至湯汁收乾即可食用。

6.菠菜燉扁豆（Lentil with Spinach）：經典素食料理，主要原料包
　括扁豆、菠菜、蒜頭、洋蔥、檸檬、橄欖油、麵粉等。將扁豆、
　菠菜煮熟後，加入已先用油炒過之洋蔥、檸檬汁慢煮一回後，再
　加入以用水溶解之麵粉以及蒜，拌煮至呈現濃稠狀即可上菜。

7.秋葵燉肉（Bamya）：準備秋葵、羊肉、牛油、番茄、洋蔥、蒜、鹽、黑胡椒、孜然等。牛油煎熟羊肉後，放入洋蔥與蒜拌炒，並且加水慢火燜煮後，放入已經用牛油翻炒後的秋葵，並且再加入番茄丁、蒜頭與其他調味品後，再次燜煮熟透入味後，即可搭配米飯或是口袋餅食用。

8.鮮魚捲餅（Fish Roll）：魚、橄欖油、洋蔥、口袋麵包（又稱為阿拉伯麵包）、鹽、醋、鹽膚木、檸檬、黑胡椒等原料製成。炒香洋蔥後，加入魚所熬成的高湯，拌入調味料後，再加入魚肉，待汁收乾後，將魚肉捲入麵包內即可食用。

(三)點心與飲料

1.巴克拉瓦（Baklava）：中東最知名甜點之一。用派皮堆疊包裹乾果餡料烘烤後，再淋上糖或蜂蜜即成，味道偏甜。

▲巴克拉瓦　圖片來源：許軒

2.小脆餅（Ma'amoul）：原料包括小麥粉、牛油、牛奶、花瓣水、肉桂、豆蔻粉、小蘇打與糖等，或者選用去籽椰棗、開心果、核桃或其他果乾內餡，通常呈現橢圓形。不過不同國家會

有各自獨特的形狀，是一道廣受歡迎的甜點，甚至於特殊節日時會大量準備提供人們食用。

3. 餡餅（Sambousek）：生麵團、絞肉、洋蔥、黑胡椒、薄荷、丁香、堅果仁等，將麵團填入製作好的內餡後包緊，再將其油炸或油煎至金黃即可。除了包裹肉餡外，亦可選擇波菜或起司口味等多元食材替換，創造多元口味的餡餅料理。

4. 薄荷檸檬（Lemon and Mint Juice）：中東最具代表性飲品，是由薄荷葉、檸檬、水與碎冰置入果汁機攪拌而成，具有酸甜清涼口感。

5. 現打果汁：如同前述，中東人民喜歡食用新鮮水果，因此各式各樣現打果汁是他們的最愛，也是餐廳必備供應飲品之一。

6. 茶：中東地區人民喜歡喝茶，像是土耳其人餐後最愛來一杯洛神花茶、蜜糖紅花茶等。另外蘋果調味的綠茶也是他們的最愛。中東地區的茶飲有時也會加入一些像是八角、茴香等香料，除了增加香氣外，對身體亦有所助益。

7. 咖啡：中東與咖啡發展史有密不可分的關係，像是第一個種植咖啡樹的國家是位於最適合咖啡生長南北緯15度間的葉門、最早喝咖啡的場所出現在麥加和開羅，以及最早的咖啡館出現於1555年的君士坦丁堡等。因此中東人民也是無比熱衷於咖啡。中東人民喜歡濃稠香甜的咖啡，普遍的煮法是使用金屬材質小咖啡壺（Briki），壺內加水後放置於爐上煮後，放入咖啡粉輕輕攪拌而成。

▲小咖啡壺（Briki）　圖片來源：許軒

第三節　文化差異之討論

　　中東地區涵蓋眾多國家，加上歷史、地理氣候與宗教文化等因素，即使地區內，各國間都已有些許差異，更何況與其他地區文化的差別。因此，本節將大範圍點出中東飲食文化與其他國家飲食文化上的差異，幫助讀者對於中東飲食有更深入的瞭解，奠定未來接觸該文化時，能有基礎的知識與禮儀。

一、動物的差異

　　某些國家將牛視為神聖的，因而禁止食用。例如印度將牛視為神明，因而有聖牛之稱，所以不食用牛肉，而且人若傷害到牛隻甚至會受罰；另外，台灣傳統農業社會，視牛為工作夥伴而不食牛肉，甚至有吃牛肉會成績不好或是招來惡運之說法，因此肉類攝取多是選擇被眷養的豬或是家禽類。然而在中東地區，豬是同時被伊斯蘭教Halal與猶太教的Kosher視為不潔之物而禁止其教徒食用的，因此在中東地區基本上是看不到任何豬肉製品。

二、飲酒的差異

　　法國飲食文化中，美酒是菜餚最佳的夥伴，每道菜都有各自搭配符合其菜色口味的酒。然而伊斯蘭教國家中，因為阿拉厭惡酒精相關的人、事、物，穆斯林們是被禁止接觸任何酒精製品，更何況是飲酒行為。不過，現今中東地區，除了境內擁有回教聖地麥加的沙烏地阿拉伯對於酒精的限制仍維持極度嚴格管控狀態之外，其他國家像是阿曼、卡達、巴林、阿拉伯聯合大公國等國家，隨著國際交流越來越頻繁，對於酒品的取得或飲用也越顯開放，有些餐飲業者會將餐廳區分為飲酒區和不飲酒區，以提供有所需求的旅客。不過，無論在任何國

家、是否有販售酒精，虔誠的穆斯林仍是會嚴守紀律，不去觸碰酒精性飲料。

三、餐具使用的差異

中東地區多使用陶器、木頭與銅製器具，相對於歐美或是亞洲國家對於器具的講究，相對簡單許多。另外，進食的方式，亞洲國家習慣使用筷子與湯匙、歐美國家習慣使用刀叉與湯匙，而中東國家則習慣使用手與湯匙進食，因此通常於用餐前後會有洗手的程序。然而隨著時代的進步，中東國家受到外來飲食的影響，也不再只使用手來進食，刀叉的輔助也漸漸流行。另一點特別值得注意的是，伊斯蘭教飲食法典Halal中特別註明左手是不潔的，因此僅能使用右手進食，這與印度使用右手進食之理由相同。

四、性別的差異

在全球講求兩性平權的趨勢下，女性在社會各行業中位居高位，甚至成為最高領導者已比比皆是。然而，在中東地區仍是維持男女有別的情況，像是在餐廳時，除了男女分開就座外，有些甚至會將男女安排於不同空間內用餐。不過，也因為女性不宜隨意在外拋頭露面，因此生活所有大小事務通常皆由男性一肩扛起。

五、餐廳的差異

當代全球各國餐廳處於高度競爭、講求創新創意的時代，無論任何觀念，百無禁忌，只要能吸引客人目光進來消費，即為其經營的最高原則。然而反觀中東世界裡的餐廳文化，仍是將規範擺在第一位，以遵從阿拉指示為依歸。傳統中東飲食文化的餐廳，除了僅提供符合Halal或Kosher規範的食物外，必然沒有豬肉或含酒精性飲料，並會額

外提供獨立空間供女性及家庭使用，餐廳裝飾不會擺設展現人體或動物形體之藝術品，並禁止播放具有性暗示的音樂或是呈現出具有爭議性的訊息標語。

六、廚房的差異

因為穆斯林餐食必須按照Halal規範，而且不得受到其他非Halal清真食品的汙染，因此一間餐廳若需要供應穆斯林餐點，就必須另外打造一獨立區塊或另闢專用廚房，將穆斯林餐點與一般餐點分開製作。另外，除了空間上的隔絕外，穆斯林餐專屬烹調的鍋具與客人食用的餐具也都必須額外準備，不得混合使用。

第四節　中東與台灣飲食文化之比較

世界上各國、各地區與各文化間，因為其地理、歷史、氣候與宗教文化等背景因素不同，自然影響其所發展出的飲食文化上的差異。中東地區雖然有一大部分領土位於亞洲，過往稱之為西亞，然而身處在東亞的台灣，與中東是否因為同樣位於亞洲而有所相同之處，或因數千公里的距離而有所差異之處。本節將分別列舉數項中東與台灣飲食文化上的異同供讀者分析比較。

一、中東與台灣於飲食文化上的相同處

1. 中東與台灣相同，喜歡在餐桌上擺放多樣化的菜餚，讓進食者一次就能享用多種口味或是能依喜好選擇想吃的菜，例如像是中東料理的什錦拼盤（Mezze）就是如此的概念。
2. 兩地烹調時都喜歡使用芝麻油提升菜餚的香味。
3. 中東人民遵從伊斯蘭教或猶太教教義規範進食，與台灣佛、道

教信徒吃素的情況類似，都是為信念而對自己飲食行為有所約束。

4. 傳統中東餐廳與中式餐廳有一共通性就是喜歡大量運用紅色、金色等代表華麗、高貴的顏色作為室內裝潢用色選擇。

5. 中東與台灣兩地同樣重視食療，認為像是熱性、中性、涼性等食物性質會改變身體體質，認為若是搭配不當的飲食，會招致疾病上身。

二、中東與台灣於飲食文化上的相異處

1. 主食：中東通常以麥類製品為主食；台灣偏愛以米類作為主食。

2. 餐具：中東傳統習慣是使用手與湯匙；台灣則習慣使用筷子與湯匙。

3. 三餐時間：台灣傳統早餐習慣約莫上午六、七時進食，中東則為八、九時；台灣午餐用餐時間約為正午十二時，中東習慣於下午二時左右進食；台灣傳統晚餐用餐時間約為下午六時，中東則約莫於晚間八時進食。

4. 主餐：中東人民習慣以午餐當作一整天的主餐，進食量最大，餐食菜餚也最豐盛；台灣人民習慣辛苦工作一天後，以晚餐當作一整天的主餐，同時也有犒賞自己的涵義存在。

5. 早餐型式：中東早餐包括冷熱類型食物，包括口袋餅、赫姆斯、起司片、優格、蔬菜盤，並且一定得配上現打果汁、茶或是咖啡；台灣式傳統早餐仍以熱食為主，像是燒餅、油條、蛋餅、豆漿。

6. 餐後飲料：中東餐後飲料多數喜歡以咖啡作為一餐的完美結束；台灣則習慣以中式茶飲作為餐後飲料。

7. 餐具材質：中東地區喜愛使用陶器或金屬材質製成之餐具；台

灣則偏好瓷器。

8.信仰者神像：伊斯蘭教信仰神明是無形體的，台灣所信奉的佛教或道教都是有神像供奉的。因此在中東餐廳用餐時不會看到神像擺設，而台灣多數素食餐廳則會擺放神明雕像或是畫像。

9.烹調食材採買者：中東地區女性不便在外拋頭露面，因此市場採買清一色都是男性；而台灣菜市場通常都是女性採買者居多。

10.咖啡廳：走進中東地區的咖啡廳會有一片煙霧瀰漫的畫面，因為當地人習慣至咖啡廳抽水煙，早年僅會見到男性在此抽水煙，後來隨著兩性平權意識提高，女性也會將赴咖啡廳抽水煙一事，視為追求平等的象徵；而台灣的咖啡廳則是讓民眾休憩「喝咖啡，聊是非」之處。

參考書目

小磨坊國際貿易股份有限公司（2013）。香料產品。檢索日期2015年8月1日，http://www.tomax.com.tw/

中國回教協會。伊斯蘭教資訊。檢索日期2015年8月16日，http://www.cmainroc. org.tw/

台灣清真產業品質保證推廣協會。清真商品資訊。檢索日期2015年8月16日，http://www.thida.org/

Bazerkan (n.d.). *Bazerkan Restaurant*. Retrieved August 24, 2015, from http://www. bazerkandubai.com/

Chaudry, M. M., & Riaz M. N. (2013). Safety of Food and Beverages: Halal Food Requirements. *Encyclopedia of Food Safety, 3*, 486-491.

Goldschmidt, A., Jr., & Davidson, L. (2009). *A Concise History of the Middle East Arthur Goldschmidt* (9th ed.). Colorado: Westview Press.

Kiple, K., & Onuelas, K. C. (eds) (2000). *The Cambridge World History Offood* (Vols. 2). New York: Cambridge University Press.

Kittler, P. G., & Sucher, K. (2000). *Cultural Foods: Traditions and Trends*. CA: Wadsworth/Thompson Learning

Pew Research Center (2015). *The Future of World Religions: Population Growth Projections, 2010-2050*. Retrieved August 12, 2015, from http://www.pewforum. org/2015/04/02/religious-projections-2010-2050/

Quran.com (n.d.). *The Noble Qur'an*. Retrieved August 15, 2015, from http://quran. com/

Stephenson, M. L. (2014). Deciphering 'Islamic hospitality' Developments, challenges and opportunities. *Tourism Management, 40*, 155-164.

Tajkarimia, M., Ibrahimb, S. A., Fraser, A. M. (2013). Food safety challenges associated with traditional foods in Arabic speaking countries of the Middle East. *Trends in Food Science & Technology, 29*, 116-123.

Tannahill, R. (1989). *Food in History*. New York: Crown Publishers.

University of Massachusetts Amherst (n.d.). *Culture and Food*. Retrieved August 12, 2015, from http://www.morethanameal.info/manual/chapter5/chap5_sec1.html

Notes

CHAPTER
8

美國飲食文化

俞克元

第一節　美國簡介

一、自然地理

　　美利堅合眾國（United States of America）位於北美洲中南部，東臨大西洋，西瀕太平洋，北接加拿大，南靠墨西哥及墨西哥灣。連同北美洲西北端之阿拉斯加及中太平洋的夏威夷，共五十州；總面積為9,629,091平方公里，約是台灣的260倍大。

　　美國大陸約在北緯25度至50度、西經65度至125度間，全境由東向西可分為五大自然地理區：東南部沿岸平原分大西洋沿岸平原和墨西哥沿岸平原兩部分。由東北部南下，平原由窄變寬，這一地帶多由河川沖積而成，特別是密西西比河三角洲，是世界上最大的三角洲，土質油黑，土壤肥沃。位於這一地理區的佛羅里達半島是美國最大的半島。

　　阿帕拉契山脈位於大西洋沿岸平原西側，與東岸平行，長約2,400公里。內地平原呈倒三角形，北以五大湖與加拿大為界，五大湖綿延1,600公里，水量約占全世界淡水之半，南達大西洋沿岸平原的格蘭德河一帶。西部山系由西部兩條山脈所組成，東部為落磯山脈，西部為內華達山脈和喀斯喀特山脈。西部山間高原由科羅拉多高原、懷俄明高原、哥倫比亞高原與大峽谷組成，為美國西部地質構造最複雜的地區。

　　美國河流湖泊眾多，水系複雜，從總體上可分為三大水系：凡位於落磯山以東的注入大西洋的河流都稱為大西洋水系，主要有密西西比河、康乃狄克河和哈德遜河，而密西西比河為美國第一大河，發源於明尼蘇達州，南匯入墨西哥灣。凡注入太平洋的河流稱太平洋水系；主要有科羅拉多河、哥倫比亞河、育空河等。北美洲中東部的五大湖群，分別是蘇必略湖、密西根湖、休倫湖、伊利湖和安大略湖，總面積245,000平方公里，為世界最大的淡水水域。

二、氣候

美國的氣候大部分地區屬溫帶和亞熱帶氣候，但由於美國幅員遼闊，地形複雜，各地氣候差異較大。大體可分為五個氣候區：

1. 東北部沿海是溫帶氣候區，主要為東北部及五大湖區，冬季大雪寒冷，1月平均溫度為零下6℃左右，夏季溫和多雨，7月平均溫度為16℃左右。年平均降水量為1,000毫米左右。

2. 東南部屬亞熱帶氣候區，主要為東南部及墨西哥灣，氣候溫暖濕潤，1月平均溫度為16℃，7月平均溫度為24～27℃，年平均降水量為1,500毫米。

3. 中央平原是大陸性氣候區，氣候乾燥，冬季寒冷，1月平均溫度為零下14℃左右，夏季炎熱，7月平均氣溫高達27～32℃；年平均降水量為1,000～1,500毫米。

4. 西部高原是乾燥氣候區，這一區域是內陸性氣候，高原上年溫差較大，科羅拉多高原的年溫差高達25℃，常有龍捲風出現。年平均降水量在500毫米以下，高原荒漠地帶降水量不到250毫米。

5. 太平洋沿岸地區，北部為海洋性氣候，南部為地中海型氣候，冬暖夏涼，雨量充沛。1月平均氣溫在4℃以上，7月平均氣溫在20～22℃左右。年平均降水量為1,500毫米左右。

三、歷史發展

美國人民原本來自世界各地，有不同的文化、種族和宗教，經過長時期的共存結合而形成，故美國短短二、三百年的歷史可以說正是一部移民史，美國的各種政治、社會、經濟、文化的發展均與移民脫離不了關係。以下是美國歷史的一些重要階段概述。

(一)殖民地時期（1565～1763年）

美國最早的原居民是印第安人，1565年西班牙人已在佛州建立了美國最古老的城市聖奧古斯丁（St. Augustine）。而於1607年英國第一批移民到達維吉尼亞州，建立詹姆士鎮（Jamestown），這是英國在北美所建的第一個永久性殖民地。在其後一百五十年中，陸續湧入許多移民者，幾乎都來自英國，只有少部分來自法國、德國、荷蘭、愛爾蘭及其他國家。1733年英國於大西洋沿岸的新罕布夏到南部的喬治亞，共建立了十三個殖民地。而法國人則控制了加拿大及路易斯安那，包括廣大的密西西比河流域。18世紀期間，法國和英國之間發生了幾次戰爭，每次戰爭都將北美捲入了漩渦。1763年結束的七年戰爭，使英國控制了加拿大和密西西比河以東的北美全部地區。

(二)獨立戰爭時期（1764～1783年）

英法戰爭結束後，英國向殖民地徵收新的稅收，部分是為了支付七年戰爭的軍費。殖民者們不滿新增的稅收，他們堅持認為，只有他們自己的殖民地議會才可以向他們徵稅。因此18世紀中期，英國與美洲殖民地間有了嚴重裂痕，殖民地的人民因此萌生獨立的念頭。1775年殖民地代表舉行會議，任命喬治‧華盛頓（G. Washington）為總司令，並於1776年7月4日之大陸會議，通過共同宣言，宣布獨立。1781年，美軍贏得決定性的勝利；1783年9月3日，英美簽定巴黎和平協議，英國承認殖民地於1776年在波士頓的獨立宣言，結束了獨立戰爭。

(三)南北衝突時期（1850～1869年）

1860年，反對奴隸制度的亞伯拉罕‧林肯（A. Lincoln）當選美國總統。南方在全國政治上的主要方針，是保護並擴大「棉花與奴隸」制度所代表的利益；而北部各州主要是製造業、商業及金融中心，並無須依賴奴隸，因此南北之間為奴隸問題爭執衝突已久。1861年，

十一個州脫離聯邦，於阿拉巴馬州的蒙哥馬利另組政府，改稱美國邦聯，至此內戰終於爆發，南方更是遭到嚴重破壞，留下深刻的傷痕。1865年南方投降，四年之久的內戰終告結束，並組成一個真正獨立完整的國家。

(四)戰爭與和平時期（1914～1970年）

美國歷經1929年的世界經濟大恐慌、獲得第一次及第二次世界大戰的勝利，並於1959年將夏威夷收併為第五十州後，儼然已成為世界強權。從1945～1970年，美國經濟持續不斷地成長，其間只經歷過幾次輕微和短暫的衰退。1960年，美國全部的家庭中擁有洗衣機的約占55%，擁有汽車的約占77%，擁有電視機的約占90%，幾乎所有家庭都有冰箱。與此同時，美國緩慢地走向建立種族正義，真正成為種族的大熔爐。除了週期性的不景氣，其經濟、外交、軍事、科技等方面仍不斷蓬勃發展，對於世界各國的發展、影響，有著舉足輕重的地位，至此美國已是世界上最強勢的國家。美國速食業的巨人，如麥當勞、肯德基、必勝客等都是創建於1950年代。而1965年移民法的修正，也

▲速食業巨人麥當勞創建於1950年代

為世界各地的大廚開啟了美國大門,讓各種異國美食得以在美國發揚光大。

(五)世界霸主時期(1970年迄今)

民主黨人連續二十六年的執政後,終於在1980年被打破紀錄,當時共和黨人在參議院中獲得了多數席次,共和黨人羅納德·雷根(Ronald Reagan)當選美國總統,並推行所謂「供應面經濟學」,使美國於1982年開始了非常茁壯的經濟成長;在國際政治上他則對蘇聯採取對抗政策,並大幅擴張軍備。而蘇聯則於1991年宣告解體,美國遂成為全世界唯一霸主。1990年代中期,美國經濟雖然表現強勢,但越來越多的企業裁減工人數,以減少成本支出。在許多行業,公司行政主管與一般工人在年度補助金上的差距極大。因此大多數生活舒適的美國人也擔心會出現生活水平下降,以及家庭、社區或社會的力量減弱。近年來美國一直企圖扮演維護和平與權利分配者的角色,因此常涉入其他國家間的紛爭,這些國家的激進分子也視美國為仇敵,時時計畫著發動各種形態的攻擊,希望能藉此阻斷美國的干預。在2001年9月11日蓋達組織於美國紐約市發動恐怖攻擊,摧毀美國地標世貿中心大樓,此一舉動令全世界譁然,美國總統布希於2003年3月正式對伊拉克宣戰,雙方鬥爭對峙直到今日仍無法完全平息,而美國世界霸主的地位受到來自歐洲及伊斯蘭教國家的嚴峻挑戰,美國國內各界也爭議四起,美國文化的普世價值因此廣受質疑。2016年川普當選美國總統後,採取美國優先,移民緊縮的政策,也將對美國的社會與文化發展產生深遠的影響。

四、移民與人口

美國人口組成複雜,是一個多元種族移民後裔所組成之社會,根據美國人口普查局(U.S. Census Bureau)每十年進行一次的人口調查顯示,2010年美國現有總人口是308,745,538人。其中包括了72.4%的白

種人，以及12.6%的黑種人。黑人以往一直是這個國家少數民族中之最多數，然而現在已經被拉丁美洲後裔的16.3%所超越；而亞洲後裔的比率也快速增加中。根據推估，到2030年時，拉丁美洲後裔（Hispanic）將大幅成長至美國總人口的17.15%，亞洲後裔將占4.8%，黑人只微幅成長至13.26%，而白種人的比率將降至62.49%。

美國各種族人口比率（2010）

總人口	308,745,538
白人	72.4%
黑人或非裔美人	12.6%
美洲印第安人及阿拉斯加	0.9%
亞洲人	4.8%
夏威夷原住民及太平洋島嶼	0.2%
其他種族	6.2%
兩個或更多種族	2.9%
拉丁美洲後裔（任何種族）	16.3%
非拉丁美洲後裔	83.7%

資料來源：U.S. Census Bureau, Census 2010.

　　每一個美國人基本上都是移民或是移民的後裔，除了印第安人、愛斯基摩人和夏威夷人是最早安居在美國土地的原住民之外。美國最早期的移民多半來自於北歐及西歐，但到美國獨立戰爭前後，大批移民由各地蜂擁而至，他們分別是分布在賓州的德國人、分布在紐約的荷蘭人、分布在路易斯安那的法國人及在佛羅里達與加州的西班牙人。同時南方也有許多由非洲輸入的黑奴，進行耕作。1840～1860年間將近四百四十萬的移民湧入美國。他們被發展中的城市與工業、肥沃的土壤、西部未開發的土地，以及自由、財富吸引而來。移民們不斷地湧入美國，一直到20世紀初期，美國才通過限制移民人數的法律。第二次世界大戰使成千上萬的歐洲人無家可歸，於是美國再一次打開大門。

　　在1960年代以前，美國的移民主要來自於歐洲與加拿大，而在1960年代以後，這種移民的形態則起了很大的改變，拉丁美洲及亞洲

的移民逐年快速增加。至2010年時，美國的非本土出生人口中來自於拉丁美洲出生的已達53.1%，而亞洲出生的也超過了25%，其中如墨西哥、中國、越南、印度等都是近年主要移民來源。在2015年，有約73萬人歸化為美國公民，前三名國家為墨西哥、印度、菲律賓。

美國移民之來源地區分布比率

來源地區	1820～1860	1861～1900	1901～1930	1931～1960	1961～1970	1971～1976
北歐及西歐	95%	68%	23%	41%	17%	7%
加拿大	3%	7%	11%	21%	12%	4%
南歐及東歐	--	22%	58%	17%	15%	13%
亞洲	--	2%	3%	5%	13%	32%
拉丁美洲	--	--	5%	15%	39%	41%
其他地區	2%	1%	--	1%	3%	3%

資料來源：McWilliams, M. & Heller, H. (2003). *Food Around The World: A Cultural Perspective* (p.331). Prentice Hall.

美國之境外出生人口（foreign-born population）出生地分布比率

出生地	1850	1900	1930	1960	1970	1980	1990	2000	2010
歐洲	92.2%	86%	83%	75%	61.7%	39%	22.9%	15.3%	12.1%
加拿大	6.7%	11.4%	9.2%	9.8%	8.7%	6.5%	4.0%	2.5%	2.0%
拉丁美洲	--	--	5.6%	9.4%	19.7%	33.1%	44.3%	51%	53.1%
亞洲	--	--	--	5.1%	8.9%	19.3%	26.3%	25.5%	28%
其他地區	1.0%	2.6%	2.2%	0.7%	1.3%	2.1%	2.5%	5.7%	4.5%

資料來源：U.S. Census Bureau, Census 2010.

　　美國經常被視為一個「大熔爐」（melting pot），人民分屬不同的種族，來自不同的國家，然而他們卻孕育出共同的文化。多數人都順應美國的風俗，遵循她的傳統，但是也有一部分的人，仍遵循著其祖先遺留下來的獨特風俗習慣與各種節慶，另有一部分人則勇於冒險創新，挑戰傳統，特別是那些接受過現代化廚藝訓練的新移民。美國這種「同中有異，異中有同，復古與創新並重」的多元移民文化豐富多姿，自然也會表現於其餐飲文化與美國料理當中，因此欲瞭解美國的餐飲與料理，必先對此種移民文化特質有所掌握。各時代來自不同

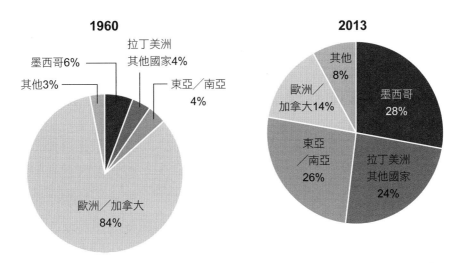

1960

墨西哥6%
其他3%
拉丁美洲
其他國家4%
東亞／南亞
4%
歐洲／加拿大
84%

2013

其他
8%
歐洲／
加拿大14%
東亞
／南亞
26%
墨西哥
28%
拉丁美洲
其他國家
24%

美國移民來源地的劇烈轉變

資料來源：Pew Research Center tabulations of 1960 U.S. decennial census data and 2013
American Community Survey (IPUMS) / PEW RESEARCH CENTER

地區的移民，在實現美國夢的過程中，不但把媽媽的味道帶進美國家庭，更引入到高檔餐廳、快餐店、超市，甚至是近年流行的美食餐車（Food Trucks），讓各種異國美食深入到每個美國人的口腹中，不斷地形塑與調整美國飲食文化與餐飲業的新風貌。

▲兼具經濟性與便利性的美食餐車廣為流行

第二節　美國飲食文化的形成

一、什麼是美國料理？

　　究竟什麼是美國料理（American Cuisine）？是漢堡加薯條？是牛排加烤馬鈴薯？是熱狗加酸菜？還是⋯⋯？大多數的人對這個問題的答案可能都有如盲人摸象，可能只看到局部；而事實上這個問題也確實很難清楚的回答，因為就連很多專業人士也認為美國料理並無一個明確的定義。以下我們就嘗試著從不同的看法來瞭解何謂美國料理。

　　就傳統上而言，大家習慣把美國料理視為如同其文化一般的是「大熔爐」，也就是將當地的食材和民族，與來自於世界各地的食材和民族相融合在一起。美國人類學者明茲（Sidney Mintz）則認為：「沒有所謂的美國食物，因為當我們開始列出美國食物時，我們不是列出一些地方性的菜色，要不就是提到一些如義大利麵、披薩、熱狗等異國食物。然而正因為沒有所謂美國料理，反而凸顯了美國的民主與種族的多元異質性。」

　　美國的一位餐旅管理顧問努斯鮑姆（Eric Nusbaum）認為，與其將美國料理視為一個「大熔爐」——所有的內容物均為同質的，

▲美國料理凸顯了美國的民主與種族的多元異質性　圖片來源：TGI FRIDAYS星期五餐廳

不如將它視為一個「沙拉碗」（salad bowl）——每一種內容物都互有不同，各具特色。最簡單的來說，美國料理即是「移民料理」（immigrant cuisine）。

而根據另一群美國知名的主廚在美國料理聯合會議（American Culinary Federation）中，針對「美國料理」之意涵討論後所做出之註解，他們認為：「美國料理意味著多重人格特質，不受傳統所束縛，是一種風格與哲學。」或許此乃定義美國料理的最好方式：不是只看呈現在餐桌上的是什麼，而是看之前過程中的思考及行為方法。

在瞭解美國料理時有兩大主軸概念，一是文化多元主義（multiculturalism），另一則是地區主義（regionalism）。因為美國占地遼闊，各地區的地理環境、氣候、農產、居民的生活習俗與文化傳承等均有所差別，因而自然會產生許多深具地方色彩的菜系，諸如南方菜、加州菜、德墨菜（Tex-Mex）、凱郡（Cajun）菜、新英格蘭菜等等。而某些地方菜在自成一家後，藉由美國強大政經、傳媒與文化力量的推波助瀾下，甚至跨越地域與國界限制，成為國際上引領流行的熱門菜。

二、移民對美國料理的貢獻

美國料理既然可稱為「移民料理」，其形成自然可歸因於來自世界各個角落的移民，他們各自將家鄉的食材與佐料，烹調方式與技巧，烹飪器皿與工具，乃至於對食物傳統概念都帶到了新大陸，然後因應新環境的自然條件與社會情境發展，而加以調整改良，或是就地取材，或是師法其他民族之長。

以下我們就分別來看不同移民對美國料理的一些主要貢獻：

(一)美國原住民印第安人（Native American）

1.印第安人長久食用的玉米類（maize）、豆類（beans）及南瓜類（squash），成為美國本土料理的神聖「三位一體」（Holy

Trinity）。

2.馬鈴薯、洋蔥、向日葵、花生、李子、楓糖漿等。

3.叉烤（spit-roasting）的技巧、煙燻及乾燥魚類與肉類的技巧、
燉豆玉米肉（succotash）的製作。

(二)歐裔美國人（European American）

烹飪技巧如烘焙（baking）、燉煮（stewing）、燜煮（braising）
及煎炸（frying）。

1.英格蘭：雞肉派、蘋果派、布丁（plum pudding）。

2.法國：影響了湯類、醬汁（sauce）的製作，番茄的運用，在加
州釀葡萄酒，以及冰淇淋的製作。

3.西班牙：BBQ的技巧、在佛羅里達種植柑橘。

4.荷蘭：油煎螺旋餅圈（cruller）、甜甜圈（doughnut）、包心菜
沙拉（coleslaw）、煎薄餅（pancake）、華夫餅（waffle）。

5.德國：各類豬肉製品、香腸（sausages）、熱狗（hot dog），以
及密爾瓦基啤酒、鹹脆餅（pretzels）。

6.蘇格蘭：燕麥粥（oatmeal）、大麥肉湯（barley broth）。

7.義大利：各種義大利麵類及披薩、番茄肉醬（tomato-meat
sauce）。

8.東歐：猶太貝果麵包（bagel）、醃燻牛肉片（pastrami）、燻鮭
魚（smoked salmon）及魚餅（gefilte fish）。

(三)非裔美國人（African American）

1.鐵鍋烹調及蘸浸麵糊油炸（fritters）的烹調方式。

2.各種辛辣醬料的製作。

3.西瓜、秋葵（okra，最初源自衣索匹亞）、黑眼豆（black-eyed
pea）、番薯、棕櫚油、栗、高粱等。

(四).墨西哥人／拉丁裔美人（Mexican/Latino）

美國西南部的加州、新墨西哥州及德州原為墨西哥所轄，在1848年美墨戰爭結束之後方歸美國所有，故這些地方的菜色與墨西哥菜有許多相似之處。

1.大量運用玉米、豆類及辣椒（chilies）。
2.莎莎辣醬（salsa）、酪梨醬（guacamole）、玉米脆餅（nachos）、法士達（fajita）、玉米薄餅（tortilla）、回鍋豆（refried beans）、龍舌蘭酒（tequila）等。

(五).亞裔美國人（Asian American）

炒（stir-frying）、燻（pan-smoking）、蒸（steaming）等烹調技巧；許多種類的香料及米食。

1.中國：湖南、四川、廣東料理，豆腐類及醬油。
2.日本：鐵板燒、天婦羅（tempura）、壽司（sushi）、生魚片（sashimi）。
3.東南亞：椰奶、魚露、各式酸辣醬汁。

▲不同移民的飲食對美國料理都有其影響

第三節　菜單與餐廳的類別

　　美國菜餚由於民族多與地域廣，再加上商業經營之競爭激烈，菜色分類極為複雜，在此將依其菜單歸為五大類加以說明：

一、傳統菜

　　傳統菜（Traditional Cookery）指的是可以在下列餐廳找到的菜單（不論其為連鎖或獨立型）：牛排館、漢堡店、炸雞店、咖啡館、熟食店（deli）、自助餐廳（cafeteria）、巴士休息站、海鮮餐廳及家庭風味的鄉村餐廳等。它們共同的特質是溫馨、非正式的氣氛，並且所針對的是極為廣泛的客層。

二、新美國菜

　　新美國菜（New American Cookery）主要包括兩大分支：一為haute American，也就是高單價、高品味的正式餐廳，其食物及服務均極為講究；另一為American bistro，也就是中等價位、有趣味、非正式的餐廳，其食物及服務強調價廉物美。

三、地方菜

　　美國地方菜（Regional Cookery）有多種不同的分類方式，如予以詳加細分的話，可以列出十一種美國地方菜系（或稱區域料理）：

1.新英格蘭菜（New England）。
2.中大西洋菜（Mid-Atlantic States）。
3.南方菜（Deep South）。
4.佛州加勒比菜（Floribbean）。

5.凱郡及克里歐菜（路易斯安那州）（Cajun and Creole—
　Louisiana）。

6.中央平原菜（Central Plains）。

7.德墨菜（Tex-Mex）。

8.落磯山脈菜（Rocky Mountain States）。

9.西南菜（American Southwest）。

10.加州菜與夏威夷菜（California & Hawaii）。

11.太平洋西北菜（Pacific Northwest）。

在各個區域內，可能有小區域（micro-regional）菜色的出現；
而各種地方菜之間，亦有跨區域（pan-regional）、相互融合的現象產
生。

四、折衷菜

折衷菜（Eclectic Cookery）包含了兩種不同的菜單：其一為融
合菜（fusion cuisine），也就是主廚利用自己的廚藝及創意，將兩種
或以上的菜系特質融合創造出獨特的混合體，例如像French-Asian、
Floribbean、Chino-Latino、Italian-Asian等。其二為熔爐菜單（melting-
pot menu），也就是把美國各地或世界各國知名的菜餚放在同一份菜單
上。這兩種概念上是有區別的，融合菜需要的創意及技巧更高。

五、另類菜

另類菜（Alternative Cookery）包括了像素食餐廳、半素食餐廳、
健康飲食餐廳、有機食品餐廳等的菜單。而在前述各種菜色均強調健
康飲食的觀念時，另類菜的生存空間即會受到擠壓。

第四節　區域料理

　　正如同中國傳統上有所謂的「川、粵、蘇、魯、閩、浙、湘、徽」八大菜系，地大物博的美國也可細分出各種不同的區域料理（Regional Cuisine）。而各個區域之所以形塑出獨具風韻的地方飲食，主要是受到兩類因素的影響：一類是所謂的「自然因素」，也就是各個區域的地理環境、氣候變化、土壤水質、農漁畜產等；一類是所謂的「人文因素」，也就是各地區的移民種族、宗教信仰、社會經濟、歷史傳承及烹調習慣等。以下茲列舉幾個最具代表性，且對台灣而言較感陌生的區域做一介紹。

一、新英格蘭區

　　範圍包括美國東北角的麻薩諸塞州、緬因州、康乃狄克州、新罕布夏州、佛蒙特州、羅德島州。

　　新英格蘭地區沿著大西洋有崎嶇的岩岸與密布的海灣，孕育了豐富多樣的漁產與甲殼類海鮮（例如舉世聞名的緬因州龍蝦）；內陸起伏的山谷與丘陵則發展了美國最古老的果園、農莊與牧場；河流、小溪、冷水湖泊則有著豐富的淡水魚類。由於此一區域的緯度高，氣候變化劇烈，冬季長而酷寒，農作物的生長季節短，故葉菜類較少而根莖類較多。

　　新英格蘭地區不但是美國歷史發展的源頭，很多人也認為新英格蘭料理是美國區域料理的基石。英國的清教徒自1620年於麻州普利茅斯岩（Plymouth Rock）登岸後，將他們嚴謹的宗教教義與簡僕的生活方式帶到了新大陸，他們的飲食方式也崇尚簡單健康，這就是新英格蘭料理的基本哲學；而許多菜餚都是燉煮或烘焙成一鍋，例如眾所熟知的蛤蜊巧達湯（clam chowder）、燉海鮮（seafood stew）、焙碎豆（hash and baked beans），以及有印第安風味的燉豆玉米肉

▲蛤蜊巧達湯是廣受人們喜愛的新英格蘭料理

圖片來源：http://www.sanjose.com/boudins-legendary-clam-chowder-in-
a-bread-bowl-e2225551

（succotash）。

除了保留傳統的英國烹飪方式外，這些移民也向印第安原住民學習如何種植及運用玉米、南瓜、豆類等本地食材，以及在森林中採集各種水果、莓類及根莖蔬菜。而由於冬季的漫長與酷寒，他們也必須運用各種保存食物的方法，如醃製、煙燻、乾燥等來處理各種肉類、海鮮與蔬果。傳統的英國甜點，如水果派（cobbler）、派（pie）、布丁（pudding）及蛋乳凍（custard）仍是家常點心，只不過用蔗糖蜜（molasses）及楓糖漿（maple syrup）取代了糖；此外，新英格蘭人也非常善於製作蘋果汁（cider）、起司、果醬及罐裝水果等。

19世紀時，大量的愛爾蘭、義大利及葡萄牙移民遷入本區，他們也從家鄉帶來傳統的飲食文化與料理方式，並融合於本地食材的烹飪方法。近年來，更有許多中東、遠東以及拉丁美洲的後裔移入此區，這也使得新英格蘭的料理與飲食文化呈現更多彩多姿的風貌。

典型新英格蘭料理常見的食材有蛤蜊、鱈魚、蔓越莓、龍蝦、楓糖漿、貽貝（mussel）、蠔、南瓜、干貝、火雞、醃牛胸肉（corned beef）、藍莓、羊齒蕨嫩芽（fiddlehead fern）、佛蒙特起司（Vermont Cheese）。

二、中大西洋區

範圍包括德拉瓦州、馬里蘭州、紐澤西州、紐約州、賓州、維吉尼亞州、西維吉尼亞州。

中大西洋區在地理特質上，有著山巒起伏的阿帕拉契山，為居民提供了豐富的鹿、熊及野生火雞等各式禽鳥野味；大西洋沿岸的切薩皮克灣〔Chesapeake，當地語意為大量甲殼類的海灣（great shellfish bay）〕有超過四十條河水注入，在此淡水與海水的交會處，為各式海鮮魚類提供了最佳的生長環境，盛產藍蟹（blue crabs）、青魚（blue fish）、蛤蜊、蠔、貽貝等；內陸密布的淡水湖泊與溪流則有許多淡水魚，像溪鱒（brook trout）、鯰魚（catfish）、鮭魚（salmon）、白鮭（whitefish）、鯡魚（shad）等。由於中大西洋區的氣候遠比新英格蘭區溫暖宜人，再加上肥沃的土壤，使得本區的農產品更為豐富，質量均佳的各式蔬果造就了食品加工業的發展，像紐澤西州的卡姆登的坎貝爾（Campbell's of Camden），賓州的海因茨公司（H. J. Heinz）以及赫希（Hershey）都是跨國性的食品業巨人。

中大西洋區初期的移民主要來自荷蘭、德國與英格蘭，這三種民族由舊世界帶來的飲食文化與烹飪技巧交互激盪，並吸納融合當地的食材後，遂形塑了本地區料理的特色。荷蘭人主要居住在紐約地區，他們於17世紀中葉將小麥引進此一地區，並種植大麥、蕎麥、裸麥及玉米等。他們也最早引進糖、白蘭地、巧克力及各式香料，而現今許多十分普及化的美式食物如包心菜沙拉、甜甜圈、煎薄餅、華夫餅亦源自於荷蘭人。

德國人主要居住在賓州一帶；17世紀末葉時，賓州的建立者William Penn陸續邀請了許多德語民族遷入本區，像孟諾教徒（Mennonites）、艾米許教徒（Amish）及摩拉維亞教徒

（Moravians）。這些人除了向西遷移的以外，繼續留在賓州的被稱為賓州德裔（Pennsylvania Dutch）；這些人由於宗教教義因素，在飲食上崇尚樸質而豐足（plain and plenty），豬肉、雞肉、各式蔬菜則是他們主要的食材。知名的菜色有雞肉派（chicken pot pie）、玉米肉餅（scrapple），以及各式豬肉製品如火腿、培根、鹹豬肉、醃豬腳、豬腳凍（sauce）、法蘭克福香腸（frankfurter）等；此外，蘋果醬（apple butter）與德國酸菜（sauerkraut）亦為世人所熟知。

與賓州德裔簡單的生活風格有著強烈對比的是英格蘭移民，這些上流社會紳士主要居住在德拉瓦州、維吉尼亞州與馬里蘭州，他們充分的利用了此一地區豐富的食材，並將英國傳統帶入飲食之中。而這些地主所有的奴隸多來自於美國南方，遂又將南方文化中的一些飲食習慣也帶到此一地區，像是芥末辣味蟹（deviled crab）、鄉村火腿鑲青蔬（country ham stuffed with greens）、香腸佐蘋果（sausage with apples）即是典型的南方菜。

特別值得一提的是人文薈萃的紐約市，由於數百年來它聚集了來自全世界的移民，不但在19世紀結束以前已成為美國的美食重鎮，近年來更配合它在世界上政治、經濟、金融、媒體的影響力，以及時尚流行的領先地位，已逐漸凌駕巴黎之上，而成為新世界美食之都。紐約的五大行政區各有不同的民族聚集，亦代表了多元的飲食文化，像是曼哈頓的小義大利及中國城，下東區的俄國人、波蘭人、德國人與烏克蘭猶太人，還有哈林區的黑人、加勒比海人與波多黎各人，皇后區阿斯托里亞（Astoria）的希臘人，布魯克林區布萊頓海灘（Brighton Beach）的俄國人等。近年來亞洲、中東、拉丁美洲移民的遷入，使得紐約美食呈現更迷人的風貌。

東歐猶太人於1880年代所引進紐約的熟食店（delicatessen），現在已成為世界各地所熟知的一種餐飲經營方式。而早期紐約市著名飯店與餐廳主廚所創造的菜餚，也已成為美國的代表菜，像是華爾道夫—阿斯托里亞（Waldorf-Astoria）飯店的華爾道夫沙拉

（Waldorf Salad）、麗池一卡爾頓（Ritz-Carlton）飯店的青蒜洋芋奶油冷湯（Vichyssoise），以及德蒙尼可（Delmonico's）餐廳（建立於1831年，為美國最早的獨立高級餐廳）的紐堡風味龍蝦（Lobster Newburg）、火燒冰淇淋（Baked Alaska）、班尼迪克蛋堡（Eggs Benedict）等。發源於紐約市經典名菜的清單，仍持續經由不同文化背景主廚們的創意在不斷地增加當中；而在此同時，各國移民在街頭所擺設的風味小吃攤，也早已成為紐約市迷人特色之一。

三、南方區

美國的舊南方（Old South）指的是南北戰爭（1861～1864年）發生前，從1820～1860年間的北卡羅來納州、南卡羅來納州、喬治亞州、密西西比州以及阿拉巴馬州。而在今日，除了上述五州外，阿肯色州、肯塔基州及田納西州亦包含在以飲食觀點定義的南方區內。此外，佛羅里達州、路易斯安那州及德克薩斯州雖然在地理上屬於美國南方，但因其飲食文化與料理獨具風味，自成一格，故均各自獨立為一區。

南方區的地理環境多變，有肥沃的大西洋沿岸平原、墨西哥灣區及密西西比河沖積平原；有自北方綿延而下的阿帕拉契山脈，有著丘陵起伏的皮德蒙特（Piedmont）山、奧扎克（Ozark）高原及沃希托（Ouachita）山；有面積廣大的沼澤與低地。由於地形的變化再加上夏長冬短氣候溫暖，雨量充沛，遂孕育了豐碩的各種天然農林漁牧產品。而來自歐洲的移民早期則在此大量種植與其家鄉互補的經濟作物，像棉花、煙草、稻米、甘蔗及槐藍（indigo）等；特別是棉花，在1860年時，美國出口總值超過60%是來自於南方區所生產的棉花。

南方區的農業經濟，當時主要是仰賴莊園（plantation）制度；莊園多為英國的貴族移民所有，並從非洲進口黑人充作農奴及僕役。第一個黑人於1619年抵達維吉尼亞州，而到18世紀初起則有大量的黑奴被帶到南方。在1910年時，89%的美國黑人住在南方；而到了最近，

仍然有約50%的美國黑人住在此區域。正由於上述的歷史背景，非洲裔黑人對南方區的社會文化，乃至於飲食及音樂，有著深遠而巨大的影響。

南方菜的形成主要受到三種民族的影響，一是印第安原住民，二是歐洲移民，三是前述的非洲裔黑人。

印第安原住民與最初的歐洲移民分享了他們的燉豆玉米肉、鹿肉及各種莓類，並且用開放式的火焰燒烤肉類及海鮮（許多人認為這是最原始的BBQ形態）；而各種野味、甘蔗、南瓜、印第安玉米也是當時菜餚的主食。印第安人並且向新移民介紹如何種植及使用玉米。

歐洲移民從家鄉帶來了豬隻、紅蘿蔔及蕪菁種子。法國人帶來各種醬汁、焗烤（gratin）及肉類菜餚；西班牙人帶來無花果、石榴、桃子、紅豆、稻米等；其他如荷蘭人、德國人亦各有其影響。

非洲人則帶來番薯、芝麻、花生、秋葵、黑眼豆等，以及他們傳統的烹飪方法與風格。黑人僕役在為他們的主人備餐時，融合了歐洲與非洲的飲食特色；而這些奴隸在為自己的家庭煮菜時，則用的多是品質較差的下腳料，像是豬油脂（lard）、脆炸豬皮（cracklings）、炸豬腸（chitterlings）以及豬蹄、豬尾、豬耳等。這些南方黑人特有的菜餚世代口耳相傳，形成了另一種菜色，稱之為soul food（來自於靈魂，came from the soul）；此一名詞亦可用來指稱比典型南方菜更辣、更鹹、更甜，且具有非洲血統的南方菜餚。提供soul food的餐廳大都位於南方區，但在有些黑人多的大都市如芝加哥及洛杉磯亦可見。

整體而言，豬肉、玉米及家禽類（特別是雞）是南方菜的重要材料。南方菜中的炸雞、比斯吉麵包佐肉汁（fried chicken and biscuit with gravy），已藉由連鎖速食餐廳推廣至全世界。其他著名的南方菜餚有：起源於喬治亞州的布倫維克菜肉燉（brunswick stew）、肯塔基什錦濃湯（burgoo）、起源於南卡羅萊納州的chicken country captain及黑眼豆燉火腿飯（Hoppin'John）、鄉村火腿（country ham）、香煎鯰魚（pan-fried catfish）與各種玉米麵包（corn breads）。最後值得一

提的是一些著名的飲品，如以玉米裸麥釀造的波本威士忌（Bourbon Whiskey）是於1789年發源於肯塔基州的波本郡；著名的可口可樂於1886年起源於喬治亞州的亞特蘭大；而全球普及的冰紅茶（iced tea）亦發源於南方。

四、佛羅里達地區

佛羅里達半島東臨大西洋，西為墨西哥灣，南有加勒比海；其地勢平緩，多湖泊、濕地與沼澤而少山巒。由於四季氣候溫暖，很適合許多亞熱帶水果生長，故此地所產柑橘類、酪梨、番石榴、芒果、木瓜、鳳梨等均很出名；其中最特別的是位於半島南端的佛羅里達珊瑚群島（Florida Keys）所生產的萊姆（Key limes）。此外，長達一萬三千公里的海岸線及諸多的湖泊與水路也富藏海鮮與野生動物，諸如像多種蝦子、紅鯛魚（red snapper）、鯧鰺魚（pompano）、鯡鯢鰹（mullet）、石斑魚（grouper）、刺龍蝦（spiny lobster）、短吻鱷（alligators）等。這些天然物產都已成為佛州美食中常見的食材。

佛州加勒比海料理（Floribbean cuisine）亦被稱為新紀元料理（new era cuisine）；它之所以成為美國最具創意的區域料理之一，乃歸功於佛州精彩的移民歷史與獨特的地理位置，它與加勒比海上西印度群島諸國近在咫尺，距古巴僅90哩，遂成為各種異文化與美國交會的門戶。

自1513年西班牙探險家萊昂（Ponce de Le）發現佛羅里達起，西班牙文化即不斷地影響此一區域，其中當然包含了飲食與烹飪；西班牙人除了引進柑橘外，並將牛與豬等牲口帶到新世界，使得當地新增許多肉類菜餚，而不僅限於原有的野味與魚類。而相對的，印第安人則教導他們採集與使用當地土產的蔬果及海鮮。

法國人於1560年抵達佛州，法式烹飪與既有的西班牙方式相混合，遂奠定了佛州料理的基礎。而在17世紀中葉，被西班牙人引進到

此的非洲黑奴則帶來他們的烹飪方式與慣用的食材，像是秋葵、茄子、芝麻、番薯等。

其後，英國人於1760年代初期起取代西班牙人控制佛州約二十年。在南北戰爭後被解放的黑奴大量湧入佛州，當時幾乎占佛州總人口的一半，他們也將南方黑人所特有的soul food引入此區，並混合辛辣開胃的西班牙菜及平淡無味的英國菜。

在佛州工業發展前，交通建設吸引許多來自美國各州的鐵路工人及其家庭遷居到此，他們帶來各州傳統食譜，並運用佛州當地豐富的食材。在1920年代，許多猶太人開始移居佛州，並帶來猶太熟食店與合乎猶太飲食法規的食物。

對於佛州加勒比料理產生巨大影響的，是從1950年代起大量移入南佛州的古巴人。古巴亦曾為西班牙統治多年，因此古巴菜將西班牙風味的番茄、洋蔥、大蒜、胡椒等與加勒比海的食材如海鮮、萊姆、芒果等巧妙的結合在一起。近年來，中南美洲與東南亞的新移民也紛紛進入此區，因而促進佛州加勒比料理持續不斷演化，並成為美國最具創意的區域料理之一。

佛州加勒比料理中著名菜色有：古巴雞肉飯（arroz con pollo）、

▲古巴雞肉飯是佛州加勒比海料理著名菜色之一
圖片來源：https://en.wikipedia.org/wiki/Arroz_con_pollo

基韋思海螺巧達湯（key west conch chowder）、佛羅里達萊姆派（key lime pie）、柑橘椰絲甜點（ambrosia）、西班牙雞豆臘腸湯（garbanzo）、古巴三明治（Cuban sandwiches）、西班牙黑豆飯（Moros y Cristanos）、焦糖蛋乳凍（flan）等。

在台灣較為人所熟悉之美國區域料理

加州菜	除了沿襲美式餐飲之基礎外，口味上近似義大利菜，烹調方法上偏近法國菜，菜式上更包含墨西哥、中國、日本、韓國料理，甚至越南菜的特色。呈現方式自由隨性，勇於創新，且以融合菜著稱；因受嬉皮文化的影響，在餐飲上追求自然健康，取材當季當地之新鮮原味食材，拒絕繁複加工。著名菜色如：San Francisco Cioppino、Monterey-Style Penne Pasta with Calamari and Baby Artichokes、Deep-fried Monterey Bay Calamari with Lemon Butter sauce、California Roll、Guacamole、Sauteed Pacific Sole、Sourdough Bread等。
紐奧良菜	曾為法國殖民地的紐奧良，同時受到西班牙與非洲移民及印第安人之影響，兼容了各民族之所長，著重於蔬果及海鮮等食材與香料的運用；同時為期因應濕熱的氣候，辛辣的口味形成它最具獨特的風味。兩大菜系分別為Creole（都市菜）及Cajun（鄉村菜），前者特色在醬汁的變化，口味較辛香厚重；後者則偏重濃郁香辣，運用麵粉和油調成濃稠的醬汁，以增加食物口感及風味。著名菜餚如：Andouille Sausage、Bananas Foster、Crescent City Breakfast、Creole Onion Soup、Chicken and Sausage Jambalaya、Dirty Rice、Eggs Hussard、New Orleans Gumbo Soup、Muffuletta、Cajun Fish Beignet、Fried Okra等，廣受歡迎的Tabasco辣醬亦來自紐奧良。
夏威夷菜	夏威夷為太平洋島嶼，盛產各種海鮮及水果，在飲食文化上融合了波里尼西亞、日本、菲律賓、中國及葡萄牙的特色；其菜餚擅長海鮮料理，並以水果做的沾醬及醃料來作豐富變化，正如海洋一般熱情奔放。著名菜色如：Macadamia-Encrusted Mahi Mahi with Tropical Fruit Salsa、Citrus Ponzu Pork Chops、Malasadas、Luau、Hawaiian Pupu。
德墨菜	其名稱來自於德州與墨西哥的融合，也就是將墨西哥菜調整成適應美國德州的口味，但已非正統之墨西哥菜；其特色是大量使用牛肉、豆類、玉米餅、香料及辣椒。著名菜餚如：Chicken-Fried Steak、Chili Con Carne、Quesadillas、Burrito、Enchilada、Fajita、Flan、Flauta、Refried Beans、Taco、Tamale等。

第五節　餐飲趨勢與食材新走向

　　美國長久以來由於各國移民融入的關係，一直是最大的飲食文化輸入國，但同時由於其強大的政經與文化力量，透過全球媒體與跨國連鎖餐飲業的拓展，已成為最具影響力的飲食文化輸出國，故其飲食與餐飲演變之軌跡與趨勢，或可作為預測台灣餐飲未來發展之參考指標。

美國前25大速食連鎖（2012年，營業額總排名）

速食連鎖名稱	內容	全美家數 （直營＋加盟）	整體營業額 （百萬美金）	比2011年 增加據點數
1. McDonald's	burger	14,157	35,600.0	59
2. Subway	sandwich	25,549	12,100.0	956
3. Starbucks	snack	11,128	10,600.0	341
4. Wendy's	burger	5,817	8,600.0	-34
5. Burger King	burger	7,183	8,587.0	-21
6. Taco Bell	mexican	5,262	7,478.0	25
7. Dunkin' Donuts	snack	7,306	6,264.2	291
8. Pizza Hut	pizza/pasta	6,209	5,666.0	156
9. Chick-fil-A	chicken	1,683	4,621.1	77
10. KFC	chicken	4,556	4,459.0	-162
11. Panera Bread	sandwich	1,652	3,861.0	111
12. Sonic Drive-In	burger	3,556	3,790.7	-5
13. Domino's Pizza	pizza/pasta	4,928	3,500.0	21
14. Jack in the Box	burger	2,250	3,084.9	29
15. Arby's	sandwich	3,354	2,992.0	-83
16. Chipotle Mexican Grill	mexican	1,410	2,731.2	180
17. Papa John's	pizza/pasta	3,131	2,402.4	130
18. Dairy Queen	burger	4,462	2,300.0	-23
19. Popeyes Louisiana Kitchen	chicken	1,679	2,253.0	69
20. Hardee's	burger	1,703	1,900.0	8
21. Panda Express	asian	1,533	1,797.4	119
22. Little Caesars	pizza/pasta	3,725	1,684.0	207
23. Whataburger	burger	740	1,476.8	12
24. Carl's Jr.	burger	1,124	1,400.0	8
25. Jimmy John's	sandwich	1,560	1,262.8	229

資料來源：QSR網頁，https://www.qsrmagazine.com/reports/qsr50-2013-top-50-chart

一、美國人外食消費比例日增

1. 美國餐飲業是全世界規模最大的餐飲業，1970年總收入是428億美元，到2015年則快速成長至7,092億美元。2015年春季時，美國總餐廳數為628,720家，其中45.9%為連鎖經營。

2. 1955年時餐飲業收入占居民食品消費的25%，到2015年時則成長為47%，這代表著美國人逐漸偏向外食消費。

二、異國餐飲普受歡迎

1. 根據Foodwire Survey（1997）調查，90%的商業餐飲設施經理人說，他們同時提供典型的美國菜與異國餐飲（ethnic food）。

2. 義大利菜、墨西哥菜、亞洲菜已成為美國人習以為常的異國餐飲，即所謂的「三大料理」（Big Three Cuisine）。

3. 根據PROMAR International統計，美國人在2008年前將有七分之一花在食物上的錢是用在品嚐異國餐飲，預計全美花在異國餐飲將達二百億美元。

4. 由於拉丁美洲後裔已成為美國最大的少數民族，此一偏好西裔口味的族群自然成為餐飲業與食品業的重要目標市場；例如像莎莎醬已超越番茄醬，成為美國最受歡迎的調味品。

5. 美國人越來越喜歡異國美食，但通常不是道地風味，多半是經過融合調整的。

三、中國菜地位不再，日本菜、東南亞菜異軍突起

1. 以往中國菜在美國的亞洲菜中獨占鰲頭；但由於亞洲各國移民大量湧入，現在中國菜受到其他國家菜系的嚴厲挑戰。

2. 根據ZAGAT 2004年的調查，紐約的消費者最喜歡的各國料理，分別是義大利菜（32%）、法國菜（18%）、日本菜（15%）、

美國菜（9%）、泰國菜（8%）、中國菜（7%）。

3. 2001年的同一調查顯示，日本菜只有4%、泰國菜有2%，而中國菜有9%。

4. 中國菜在1980年代是紐約客最愛的異國料理，但現在據調查幾乎在各國際都市均呈現下滑；許多人認為傳統中國菜較不符合現代健康飲食觀念。

5. 由於移民人口漸增，印度菜及菲律賓菜也逐漸興起，受到更多美國人的歡迎。

四、健康飲食風興起

1. 整體健康產業的繁榮：健身減肥、美容SPA、醫療、生技食品等。

2. 提倡「三低一高」飲食：低糖、低油、低鹽、高纖。

3. 許多餐飲新品牌主打輕、瘦、低、少。

4. 速食餐廳被迫公布營養成分，而且食品的營養成分標示也更嚴謹。

5. 漢堡、炸雞、薯條等傳統主食逐漸為三明治、沙拉、手捲（wrap）等取代。碳酸飲料為茶、鮮果汁、優格等取代。根據NDP Group的報告顯示，2003年薯條在速食餐廳的銷售額下滑11%，沙拉銷售額則增加12%。

▲碳酸飲料逐漸被健康飲品所取代
圖片來源：TGI FRIDAYS星期五餐廳

▲各種餐廳都不斷開發生菜品種及創新料理方式
圖片來源：TGI FRIDAYS星期五餐廳

6.餐桌綠化運動：各種餐廳（包含速食店在內）都不斷開發生菜
品種及新的搭配使用方法。

7.各種特殊的健康飲食方式的流行，像是SPA Food、Low-Carb
Diet（LCD低碳飲食）、South Beach Diet（南灘減肥飲食）等，
均風靡一時。

8.為了針對素食者或乳糖不耐症的消費者，除了牛奶、羊奶、椰
奶外，有更多不同原料製成的優格。

五、速食業面臨瓶頸，休閒速食業茁壯

1.以麥當勞為首的速食連鎖業已進入飽和期而亟思轉型；而休閒
速食業（fast-casual chains）如Boston Market、Au Bon Pain、
Chipotle、Corner Bakery等則快速成長。以Chipotle為例，主要產
品是墨西哥捲餅、墨西哥飯等，截至2014年，全美共有1,783家
分店，收入及淨利都保持高速成長。

2.休閒速食店兼具了「快速」、「健康」、「可依顧客喜好訂

製」之特點。

3. 儘管休閒速食業只占美國餐飲市場一小部分，但正在快速成長中。

4. 曾在1980～1990年代前後紅極一時的披薩店，由於經濟情勢及削價競爭，已幾乎沒有降價空間；業界預估除非經濟好轉，否則披薩速食業生意很難有所改善，且披薩店受到美國人口老化的影響，將比其他速食業受到的影響大得多。

5. 為抗拒速食文化的風潮，有所謂慢食運動的推廣（可參考www.slowfood.com）。

▲休閒速食業正在快速成長中
圖片來源：https://studentlife.umich.edu/article/au-bon-pain-open

六、高檔餐廳降價，平價、外賣餐廳受歡迎

1. 2003年美國餐飲業者推出各種手法，包括降價、換菜單、推活動或削減材料成本等，以免走上關門之路。

2. 高價餐廳降價以求，並放下身段積極推出各種促銷活動，而簡餐及速食業不但增加外帶服務，外帶內容也越來越多元化，使

得社區型的中價位餐廳遭受擠壓。在激烈競爭下,平價餐廳反而容易避過不景氣的衝擊。

七、開放式廚房蔚為風潮

1.餐廳內外場界限撤除,從供餐區、烹調區,乃至於前處理區及儲藏區均漸次開放在顧客眼前。
2.廚師的角色更加多元化,身兼備膳者、表演者、服務員、業務銷售員、管理者與美食顧問等數職。
3.更重視作業團隊的分工、動線規劃的流暢、廚房設施的美觀清潔與時尚感,以及整體氣氛的營造。
4.由於現代化科技的發展,使得廚師可運用最新式之廚具生產創新的菜色,並將節省下的時間用來與顧客互動。

八、兒童餐飲市場受到重視

1.美國兒童每年直接消費額平均約為三百五十美元,並還影響父母每年達三千美元的消費(兒童五歲時,就參與了家庭用餐場所的決定過程)。
2.特別針對兒童需要來設計菜色、服務、餐具、整體用餐環境,乃至於活動設施及行銷計畫的餐廳漸增。
3.受到健康飲食風潮的影響,餐飲與食品業者(不論是主動或被迫)正逐漸調整其兒童菜單設計的觀念。

九、餐飲通路多元化與整合

1.除了傳統店面直接販賣之外,更與宅配業者合作新增了網路訂購、電視頻道購物、型錄銷售等。
2.外賣、外送、外燴占餐飲業總營收比例增加。

3.與百貨公司、量販店、便利商店等零售通路的結合。

4.獨立小型創意餐廳與連鎖大型標準化餐廳的長期競合關係。

5.基於經濟性、機動性、便利性的理由，美食餐車開始流行，不但在大都會，甚至在郊區也常見。2014年上映的一部賣座電影《五星主廚快餐車》就是最佳的寫照。

6.1990年代中期，網際網路興起後，加上智慧手機普及化，如臉書、推特等各式手機APP成為飲食文化傳播及餐飲業促銷之重要通路。

▲各種手機APP成為餐飲業促銷的重要通路

十、美國餐飲食材新走向

美國餐飲食材新走向，主要是受到各國移民飲食及健康風尚的影響，例如：

1.東方佐料：如味噌、魚露、八角、椰汁、薑黃、芥菜子、冬蔥等中國、日本、東南亞、印度之佐料。

2.由吃「紅」到吃「白」、由吃「陸」到吃「海」：由牛、羊、

豬逐漸轉到海鮮及禽肉。

3. 有機食品盛行：美國是世界最大有機食品市場，在2012年全美有機食品銷售額為284億美元，2015年增加到397億美元，主要是蔬菜、水果、牛乳為主。

4. 半成品食物：越來越多的餐廳與美國家庭充分利用食品加工業科技與廚房設備的進步，採用半成品而將廚房加工程序與時間減少，提高效率，此即所謂的郊區料理（Suburban Cuisine）。

5. 蔬菜熱賣及素食種類也越來越多樣化，罐頭食品越用越少。

6. 由吃「精」到吃「粗」：如糙米、粗麵、黑米、雜糧麵包等。

7. 由吃「家」到吃「野」：更傾向天然食品，如無汙染的野果、野菜、野菌等。

8. 大豆類食品漸受歡迎：如豆腐、豆漿、醬油等。

9. 添加人工甘味與色素的飲料消費減少，以健康為訴求之非酒精性飲料大受歡迎。

▲以健康為訴求的非酒精性飲料越來越受到消費者青睞
圖片來源：TGI FRIDAYS星期五餐廳

十一、千禧世代成為美國餐飲市場的主要顧客群體

千禧世代（Millennials）是指誕生於1980年至2000年間，被認為是往後十年全球經濟的中堅力量，目前約占美國人口的四分之一，此一群體在餐飲消費上的主要特色有：

1. 更加頻繁的餐廳用餐，特別是較偏好休閒速食餐廳（fast-casual restaurants）。
2. 偏好天然、新鮮、較少加工的食材。
3. 習慣於在智慧型手機上使用餐廳類APP。
4. 較可接受嘗試異於傳統的異國美食料理。

第六節　結語

不論吾人把美國的餐飲文化比喻為「大熔爐」或是「沙拉碗」，它都是全世界規模最大也最具代表性的「移民料理」。從16世紀起北歐、西歐、南歐、非洲、亞洲、拉丁美洲的移民陸續將他們的飲食傳統與食材帶到新大陸，調適（adaptation）與融合（fusion），傳承（inheritance）與創新（innovation）的過程周而復始不斷進行著。由於美國地大物博，人種眾多，「文化多元主義」及「地區主義」乃是掌握美國餐飲文化的兩大主軸概念。

除了移民之外，社會經濟的發展也對餐飲文化的演進扮演著重要角色；美國在全球的超級政經強權的地位，也使得它很自然的成為重要餐飲文化輸出國。只要美國繼續吸納各國移民，保持繁榮壯大，它的餐飲文化透過各種商業與非商業媒介，對於全世界的滲透力與感染力將與日俱增，也會直接或間接的影響到你我的生活，不管你喜歡與否！

參考書目

張瑞奇（1996）。《美洲觀光地理》。台北：品度。

張德譯（1997）。Elizabeth Riely著。《主廚專用字典》。台北：品度。

程安琪（1998）。《ORDER美洲菜輕鬆又愉快》。台北：橘子。

葉中嫻（2008）。《天方夜譚——窺視中東》。香港：三聯書店。

蘇布西亞・瑪塔（2011）。《中東媽媽的私房菜》。台中：白象文化生活館。

Defining American Cuisine (1994). *Restaurant Hospitality, 78*(5), 58-60.

Farb, P. & Armelages, G. (n.d.). How north american cuisine came to be. Retrieved April 4, 2004, from http://www.foodsiteoftheday. Com

Freeman, N. (n.d.). Ethnic cuisine: United States. Retrieved April 11, 2004, from http://www.sallys-place.com/food/ethnic_Cuisine/ US.htm

Hamid, S. (1999). Evolution of American Food. *The New Asia Cuisine & Wine, 3*(5), 16-19.

Kittler, P. & Sucher, K. (2000). *Cultural Foods: Traditions and Trends*. CA: Wadsworth.

Liddle, A. (1994). The multiple personalities of American cuisine. *Nation's Restaurant News, 28*(35), 11-12.

Liddle, A. (2004). Top 100. *Nation's Restaurant News, 38*(26), 61-84.

Ryan, N. R. (1994). Five unique U.S. cuisines. *Restaurant and Institutions, 104*(2), 36-60.

Sloan, A. E. (2004). The top 10 functional food trends 2004. *Food Technology, 58*(4), 28-51.

The Art Institute (2002). *American Regional Cuisine*. New York: Wiley.

Tillotson, J. E. (2003). Fast-casual dining-Our next eating passion? *Nutrition Today, 38*(3), 91-94.

CHAPTER
9

澳紐飲食文化

陳意玲、楊昭景

　　澳洲與紐西蘭同為太平洋區域中世人所矚目的天然勝地,就各方發展而言,澳洲的現代化及其立足世界重要地位的企圖心是有目共睹的,而紐西蘭則是世人心目中的世外桃源,自然、潔淨、安適,實現了各種不同族裔追尋樂土的夢想。澳洲和紐西蘭在先天上有豐富的自然環境資源,廣大的面積可以種植大量穀物,發展畜牧,還有綿延的海岸線可以取得海洋的資源,這些都是澳紐兩地飲食的主體資源。此外殖民和移民的歷史塑造出以英國、歐洲飲食為基礎,又有許多其他國家飲食元素的風格影響。本章將分別介紹兩國的地理環境、歷史發展及飲食特色。

▲澳洲可愛的有袋類動物——無尾熊　圖片來源:sputniknews

第一節　澳洲飲食文化

一、自然地理環境

　　澳洲是世界上最小的大陸,最古老的陸地,在三萬五千多年前已有原住民的遺跡存在,直到二百多年前英國庫克(James Cook)船長登陸雪梨植物灣(Botany Bay),才揭開了沉睡在遙遠南半球的古老夢田。澳洲四面環海,東臨南太平洋,西瀕南印度洋與非洲遙遙相

望，全國面積約7,682,300平方公里，是南半球上最大的國家（世界上第六大國家）。全澳分為維多利亞州、新南威爾斯州、昆士蘭州、南澳大利亞州、西澳大利亞州、塔斯馬尼亞州、北部特別行政區（北領地）、首都（坎培拉）特別行政區。澳洲人口約七成分布於東部、東部沿海以及西澳的伯斯。在這廣大的土地上，約有70%的內陸土地多為乾燥沙漠型氣候或大草原氣候，形成荒無人煙的沙漠，乾旱少雨，氣溫高，溫差大；相反地，在沿海地區，則雨量充沛，氣候濕潤，呈現明顯的海洋性氣候，所以是主要城市的集中區域，如布里斯本（Brisbane）、雪梨（Sydney）、墨爾本（Melbourne）、首都坎培拉（Canberra）（資料來源：澳大利亞旅遊資訊網）。廣闊的澳洲大陸，蘊育了多樣貌的自然資源及獨特的環境景觀，這些特徵也反映在澳洲

▲澳洲地圖

人的飲食、生活、文化等的生活體驗與實踐。

二、歷史與文化

　　澳洲大陸包容了多國文化，有最早期居住於此的原住民族群，而後於18世紀英國庫克船長登陸後，歐洲人即將此地視為海外領地，英國更在18世紀末起將犯人流放到澳洲，故其文化表現，深受英國影響，例如在建築、音樂、戲劇、美術等方面，都可看到英國的文化元素。而後尚有不同時期的移民來到，包括義大利裔、荷蘭裔、希臘裔、德裔等歐洲人種，亞洲移民，如中、韓、日、印度、越南等國，尤其是中國者眾多（http://www.australia.gov.au/about-australia/australian-story/austn-gold-rush）。

(一)與大地融合的原住民歷史

　　澳洲重要的文化資產，源自於最早在此地定居的澳洲原住民（Aboriginal Australians）。他們以家族群居方式過著狩獵與採集的生活，與大自然平衡相處，重視人與自然、人與大地的關係，以資源保護共榮共存的方式過活。17、18世紀歐洲國家陸續前來，原住民的生活和地位開始有了重大的改變。

(二)移民歷史

◆英國文化殖民時期

　　澳洲在1788年由英國亞瑟·菲利浦（Arthur Phillip）艦長押解犯人移民澳洲，至此被英國人作為海外監獄長達近百年時間，當時的移民即以東部沿海為拓荒地。澳洲即被英國殖民，因此英國文化開始在這片土地生根、發揚，無論在藝術、建築、音樂、美術、教育方面，英國文化一直深深影響著澳洲的生活與文化。直到1890年代以後才有所突破，澳洲文學的自我意識興起，帶領澳洲人尋找自己的文化路線，發展自己的藝術文學等文化。

◆美國化時期

1920～1930年代初期，澳洲自英國文化中解放，卻又走入美國文化的影響中，尤其是美國藉大眾傳播及電影事業的優勢，美國文化逐漸進入澳洲社會，也促成了美式餐飲文化的形成，以及流行生活文化的風行。

◆新移民潮期

第二次世界大戰後，澳洲政府有鑑於人口稀少的缺陷，因此展開新移民計畫，這些移民的進入活絡了澳洲的生活形態及飲食口味。

1945年澳洲實施吸收移民計畫，第一波非英國裔的移民是來自歐洲的地中海與波羅的海，如希臘、義大利，1970年代第二波移民來自全世界。自實施移民計畫以來，有五百萬以上的新移民進入澳洲，其中超過40%來自亞洲。因此，多元文化思潮對澳洲社會的發展相互影響。1990年代以後，政策影響移民趨緩，但2000年後大量來自中國的移民潮和中國觀光潮又帶給澳洲許多的變化。

(三)族群遷移對澳洲飲食文化的影響

澳洲曾是英國的殖民地，因此傳統的澳洲菜和英國菜雷同，本身並沒有非常特別的菜餚，但在英國移民登陸澳洲前，澳洲本土上就已存在原住居民，原住民的文化、藝術、飲食、習俗，為本地歷史文化發展的重要一環，再加上後來不同的移民族群接踵而至，對近代澳洲的飲食習性或烹調方式產生重要的改變與影響。

◆原住民飲食風格

澳洲原住民在這塊蠻荒大地上，所有飲食的材料以狩獵和採集的方式取自大自然，以肉類和野蔬為主，對於食材的活用性及安全性，也是經過祖先多次的嘗試而確定下來，藉著日常生活或以故事的方式傳留給後代子民，漸漸累積出原住民的飲食風格。原住民烹調食物最主要的做法，一是生食，如生吃蔬果、昆蟲幼蟲、蛆芽；一是火烤方

式,即熟（熱）食。從歷史考證上,這兩種方式都是人類飲食進化史上最先開始的烹調法,而後再發展出其他較多程序的做法,基本的調味仍是以鹽鹹為主。

▲澳洲內陸紅色中心──烏魯魯（Uluru）巨石,是澳洲原住民的神聖之地　　圖片來源：Lynn Chen

◆英國文化模式時期

　　在英國人眼中這塊土地是貧瘠的,由於不熟悉氣候及土壤環境,初期移民者幾乎所有的食物均自英國船運而來,但由於路途遙遠,食物品質會敗壞,故將肉類醃製,豌豆以海水煮熟,以致鹹肉及蘇打麵包為傳統食物達一世紀之久。

　　一般而言,19世紀前,澳洲人的烹調方式是相對簡易的。殖民時期的澳洲,因深受英國文化影響,生活飲食很貼近傳統英國飲食文化,烹飪方法漸有變化。一般來說,澳洲菜的英式風格內容大約是兩菜一肉式,兩菜指的是燙煮的兩種青菜（如花椰菜、紅蘿蔔和馬鈴薯）,加上烤牛肉或烤羊肉,佐以調醬,然後附上布丁或甜點就是很好的一餐了,一派鄉村風味,自然、簡單甚至粗獷,澳洲人嗜吃肉類,早期的畜牧牛羊是取之不盡的廉價資源,所以消費也多;常見的

▲甜點搭配咖啡或茶，是澳洲民眾休閒或下午茶時常見的
飲食習慣　圖片來源：蔡欣佑

菜單食物還包括海鮮、蔬菜沙拉、當地水果及堅果。隨著英國第一艘
船艦在1788年登陸，同時也引入了飲料文化，啤酒、蘭姆酒（rum）等
開始進入澳洲生活文化，咖啡豆、葡萄陸續種植，咖啡及餐飲佐酒等
形成流行文化；飲料工廠亦開始設立，薑汁啤酒（ginger beer）、甜香
酒（cordial）及檸檬汽水（lemonade）亦深受澳洲人喜愛。

◆淘金熱潮引入多樣食材

　　繼英國移民後，1850年代南方大陸的淘金熱湧進了許多歐裔、美
裔及華裔人士。歐美移民潮的匯流讓咖啡文化
蔚為風尚，派餅（pie）及餡餅（pastry）也變
成重要的生活主食。自1880年代起，高檔及精
緻的餐廳及咖啡店開始新興，甚至有氣氛的酒
吧也開始盛行。到1920年以後，咖啡吧更發展
出搭配現代爵士音樂，服務生不乏可見歐美裔
人士。此時期新食材的引進又開啟澳洲飲食的
另一次創新，特別是新式點心、蛋糕和小餅乾
（biscuit），例如甜點或薑餅搭配一杯咖啡或
茶，變成普及的生活文化。

▲受歡迎的國民美食「澳洲肉派」，讓消
費者有飽足感，作為主食或點心皆可
圖片來源：Lynn Chen

　　隨著中國人進入澳洲大陸，中國的香料及綠色蔬菜開始在澳洲栽培，擁有五千年飲食文化的中國料理對澳洲飲食習性及烹調習慣的影響既深且廣，各地唐人街中餐館林立，來品嚐中國料理的澳洲白人很多，甚至家庭外帶中式料理的比例也多，可見除了黃種人對中式料理的接受外，白人對它喜愛的程度。在澳洲，中式料理中最常見的是廣式點心的茶館及川味館，這與世界其他國家中所見到的情形大致雷同，只是在澳洲更可以感覺到澳洲白人對中式料理的喜愛，在各大都市中可以很容易地找到專賣東方食品或香料、乾貨商品的地方。

　　第二次世界大戰後（1939～1945年）開放的移民計畫，移民潮引入了許多新式食材與新口味，澳洲烹飪技術也隨之創新，新型態的美食（如地中海、亞洲、印度、非洲）悄悄地登陸澳洲大陸。

◆20世紀後的移民計畫對飲食文化的影響
　　20世紀歐洲希臘人與義大利人大量移入，義大利和希臘的移民為澳洲飲食注入了地中海飲食風味，澳洲得天獨厚，有豐富且多種類的

▲澳洲的希臘海鮮美食（燻鮭魚、生蠔、小章魚、蝦、沙拉、烤麵包），佐以風味醬汁，並講究盤飾的優雅和美感　圖片來源：Lynn Chen

海鮮，但過去澳洲人對海鮮的運用較局限於部分熟悉的種類，外來族群為此地帶來不同的烹調做法和食材運用，除了水煮、汆燙、蒸、烤外，尚可運用多種香料，做出不同的醬汁來搭配。

繼希臘移民後，亞洲族裔（中國人、印度人、越南人、香港人、日本人）、黎巴嫩和中東的移民也陸續來到澳洲，1976年越南難民安置於北部達爾文，1998年中國天安門事件，又開放了許多中國留學生，而在1990～2000年間，由於國際化的腳步快速交流，商業經濟的擴展亦不分國界，澳洲本地湧入不少商業金主，多數來自於亞洲、香港、日本、新加坡等地，這一連串的移民潮，所帶進來的飲食習性，對飲食內容的影響已進入澳洲人的日常生活，不只是賣食物的商店已經亞洲化，連餐廳都是。常見的餐廳料理包括中式（江浙、川辣、新疆風味等）、港式飲茶、黎巴嫩燒烤、馬來西亞沙嗲、泰國酸辣料理、越南河粉、印度咖哩、日本生魚片、哇沙米和壽司、韓國烤肉及泡菜鍋等東方風味特色；然而，飲食風味也融入澳式飲食偏好，如增加甜味，減少酸辣度；食材也部分改良，融入在地化混搭，例如日式壽司或手捲常可見放入新鮮酪梨搭配其他內餡或鮭魚，混搭口感特別搶鮮，滑順容易入口；又如炸雞（豬）柳壽司手卷，東洋西方食材混搭，形成絕配的澳式風格大眾美食。近來，台灣美食也受到歡迎，如珍珠奶茶、滷肉飯、炸雞排等在澳洲主要大城的商圈多可見。本時期多國料理影響澳洲菜最明顯的應是香料、調味料的運用，以及烹調方法的變化，香料如羅勒、檸檬草、芫荽、茴香和咖哩的使用，特別是咖哩烹調，幾乎已生根於此地的日常飲食中，又近期流行的泰式酸辣風味、日式的魚料理，都可在餐廳中看到。

這一連串的移民飲食融合變化再加上澳洲環境生態佳，農產業興盛，蔬果及畜產豐富，品質優良，加上澳洲四面環海，亦有新鮮的海產資源，因而造就澳洲今日多元化的飲食風貌。現代的澳洲充滿了美式、歐式、亞洲、東南亞等風貌的餐廳，當然仍有堅持英國傳統風格的餐廳，如烤雞、魚片及薯條已普遍成為澳洲的生活主食。

三、澳洲食材與飲食特色

(一)食材特色

◆琥珀色的寶藏

澳洲在英國殖民時期，即有歐洲移民將葡萄品種帶至澳洲並且繁殖成功，因此澳洲的葡萄酒產量豐富，品質佳，極負盛名，是世界第四大葡萄酒出口國，主要葡萄品種有Shiraz、Cabernet Sauvignon、Chardonnay三種，知名的酒區有Hunter valley、Margaret River、Grampians Barossa Valley都是頗有名氣的酒區。澳洲人承自歐洲飲食特性，重視酒與餐點的搭配，尤其嗜好葡萄酒與啤酒，酒類消耗量很大。在殖民時期，澳洲新南威爾斯的蘭姆酒最暢行，後來冰箱發明後，19世紀以來啤酒已取代蘭姆酒，為澳洲最暢銷的飲料，知名的品牌有Four X、Swan Lager、VB（Victoria Bitter）、Crown Lager、Cascade Premium Lager啤酒。

◆豐富的海產

澳洲四面環海，東部及東南部海岸線長達約四萬公里，水質清澈，鮮少汙染，海產種類多且品質鮮美，堪稱世界極品。如牡蠣、鮑

▲澳洲水質佳、污染少，擁有種類繁多且品質肥美的海產；漁市場海鮮陳設亦很美觀
圖片來源：Lynn Chen

▲南澳酒莊，遊客可參觀酒莊及參加品酒體驗　圖片來源：Lynn Chen

魚、扇貝、龍蝦、帝王蟹、鮭魚、鮪魚等海產,均可稱是世界上最好的品種,此類海鮮美食方式多以生食佐檸檬或酒醋,或是燒焗烤為主,以保留原味。

◆各種氣候的蔬菜水果

澳洲對於農產品的輸出入非常嚴格控管,深怕未經檢查的物種侵入當地,破壞了環境的純淨度及物產,這是值得台灣政府及人民自律、學習的政策。澳洲蔬果的種類繁多,舉凡國內市場上所能見到的蔬果,大都能在澳洲市場看到,因為澳洲天氣屬於亞熱帶至溫帶,所以水果豐富,主要的有木瓜、香蕉、鳳梨、芒果、柳橙、蘋果、油桃、水蜜桃、杏桃、梨子、桃子、杏子、李子、櫻桃、柑橘類(橘子、檸檬、萊姆)、葡萄、草莓類、酪梨等水果;蔬菜則以馬鈴薯、紅蘿蔔、西洋芹,番茄、萵苣、西生菜、蘆筍、各色椒類、洋蔥、黃瓜、蕪菁等為大宗。蔬果品質佳,因此,澳洲新鮮蔬果吧(現榨新鮮蔬果小舖)十分盛行,講求健康,清爽,從單一水果到多樣蔬果組合榨汁,價格雖不貲,由於口味創意獨到,深受消費者喜愛。

▲新鮮蔬果吧　圖片來源:Lynn Chen

▲市場蔬果鋪　圖片來源:Lynn Chen

另外近期流行的亞洲料理中，不少的辛香料蔬菜也見於市面上，如九層塔、檸檬草、山葵、香草（芫荽），一些亞洲蔬菜則在華人商店多有陳列販售，如苦瓜、佛手瓜、空心菜、茼蒿、芥藍等。前節也提到，澳洲人對酪梨的喜愛，顯現於澳洲各項主食中，成為重要的搭配元素，例如融入沙拉、壽司材料、越南腸粉捲、搭配海鮮或烤肉類、熬湯等。

◆品質佳的肉類

澳洲供應了全球約三分之一量的肉品，以牛肉、羊肉為主，說明了在澳洲當地的飲食習性中，肉品的消費是相當大量且重要的。而且澳洲所食用的肉品種類非常多，一般如牛、羊、雞、鴨外，其他如當地特產的袋鼠肉已不算稀奇，肉品的供應量豐富充足，也製成許多加工肉品，如香腸、火腿、培根等。

◆品質香濃的起司

由於澳洲大陸的畜產業發達，加工製成澳洲另一重要的物產——起司，是烹調中菜色變化的鎖鑰。不管是清香軟滑或濃味質厚的起司，種類繁多，口感綿密，滋味難忘。

(二)飲食特色

◆傳統英國式飲食

澳洲原為英國移民地，英國文化可以說是澳洲的母體，這樣的關係和各方面的影響是永遠存在的，不會因歲月流逝或族群複雜化、國際化而消失殆盡，澳洲傳統的英式菜餚為肉派（meat pie）、炸魚和薯條（fish and chips）簡單且粗獷的味道，約克夏布丁是較令人喜愛的傳統甜點，外皮酥脆而內餡軟滑。

◆傳統的澳洲菜餚

澳洲人嗜吃肉品，肉類的消費量很大，牛排、小羊排都是取之不盡的廉價資源，此外還有袋鼠肉。除了英式老菜外，澳洲人餐桌上

▲萊明頓　圖片來源：薛妃娟

常見的是魚鮮類食物和世界聞名的大生蠔，這些食材多半以生食、水煮、清蒸、鹽烤為主，不加太多的修飾及調味，但盤中堆滿充足的食物，給人極飽足的享受，也算是澳洲菜餚的一大特色。

　　澳洲有幾個聞名的傳統的飯後點心，如帕芙洛娃（pavlova），是派皮裡包裹著水果與奶油（它的發明至今仍為紐澳之爭議），以及萊明頓（lamingtons）點心（以巧克力及椰子覆蓋裝飾的海綿蛋糕）。另外「戶外野餐」（outdoor picnics）體現出典型的澳洲休閒文化，逐漸在反映一種新價值，自1901年澳洲進入聯邦時期，澳洲逐漸形成民主自由的國家，澳洲人喜歡體育與戶外休閒活動，假日時澳洲人喜歡到戶外，海邊或國家公園山區等戶外區域，甚至是家庭式的旅遊方式，從事休憩、散步、衝浪、玩水、登山、健行或露營活動；因此，戶外設施不乏可見燒烤台及公共廚房的設置，大家聚在一起燒烤（barbecue），主食包括了烤肉串、肉派餡餅及三明治等。另有一道家庭私房菜「澳式混合沙拉」，由醃牛肉、火腿片、煮熟的雞胸肉片放盤中，周圍放三片萵苣葉，一片上放馬鈴薯沙拉，另一片放番茄片淋澳式美乃滋（由煉乳、醋、胡椒做成的醬汁），以及第三片放上醃甜菜根。每片萵苣葉間放上厚片起司及橘子片。

▲登山、健行或露營是澳洲常見的戶外休閒活動，野餐及野炊增加自然山野體驗樂趣
圖片來源：Lynn Chen

有一項傳統的澳洲佐醬產品Vegemite，在1923年由Dr Cyril P. Callister發現啤酒製造過程中產生的酵母，可以拿來塗抹麵包，這項產品到現在頗受澳洲家庭的鍾愛，營養價值高，是澳洲早餐中經典的搭配佐醬，亦可拿來作為燒烤佐醬。

◆多元化的飲食風貌

由於移民潮的洗禮，因此澳洲各地可見各個民族的飲食餐廳，對澳洲飲食發展及烹調習慣有著重要的影響，各地唐人街中餐館內，澳洲白人很多，甚至家庭用餐外帶中式料理的比例很多，而在各大都市中都可容易地找到專賣東方食品或商品的地方，香料、乾貨的品項齊全。澳洲菜餚從中國菜中學得了更多變化的烹調法和複雜的調味，也使得澳洲菜有嶄新的風貌。

義大利和希臘的移民為澳洲飲食注入了地中海風味，這股潮流引進對澳洲海鮮的烹調技術應有重要的影響。澳洲得天獨厚豐富的海

鮮，除了水煮、汆燙、蒸、烤外，尚可運用多種的香料，做出不同的醬汁來搭配清淡的做法。澳洲一般餐廳或市集（market），多可見到油炸魚類或海鮮（如炸墨魚），這是較為傳統的普遍做法，然而，在市區或一些較高檔的餐廳，則可嚐到焗烤、燒燴，色彩與外形吸引人的精緻海鮮料理。

繼希臘移民後，亞洲族裔（中國人、印度人、越南人、香港人、日本人）、黎巴嫩和中東的移民也陸續來到澳洲，這一波的影響已深入澳洲人的日常生活，不只是賣食物的商店已經亞洲化，各國風味美食餐廳開始出現，加上豐富水產肉品蔬果和品質優良的酒類，這些因素逐漸形成現代澳洲美食特色和優勢。

◆健康趨向及發展主體意識的新澳洲菜

經濟穩定成長讓澳洲人自我信心增強，澳洲這塊充滿多元族群與多元文化的大陸也孕育澳洲人包容、尊重與崇尚自由的特質。澳洲人開始探索美食，澳洲廚師開始發揮創意，試驗性的設計不同佳餚，漸漸走出自我特色，取代了傳統的英美飲食文化。此外，一般常民正盛行早午餐的飲食方式，緩慢的生活步調，在9-11點之間享受一盤豐盛的餐食和美味的咖啡，再開始一天的工作。隨著近十多年來國際飲食融合及講究健康的飲食風潮，澳洲挾著多元化飲食風貌的優勢，融合各國菜餚特色，加上廣大土地有著豐富的物產和優質的酒區，朝精緻化及自然健康的趨勢發展。更有一些澳洲米其林餐廳的主廚，尋找當地特別的食材（如wattle seeds、finger lime、saltbush），再融入澳洲的文化故事，形成特殊風味的澳洲料理，推展也提升了澳洲飲食在世界的標竿性。

第二節　紐西蘭飲食文化

一、自然地理環境

　　紐西蘭與澳洲隔著塔斯曼海，相隔約2,000公里，東臨南太平洋，西臨塔斯曼海，全國包含北島、南島兩大島和一些小島嶼，兩大島以庫克海峽區隔，總面積約267,800平方公里，人口密度低，多集中在北島，全國約僅四百多萬人，首都是威靈頓。整體地理環境和自然景觀非常多元，北島北部有高峰及活火山、草原風光等為其特徵，屬於亞熱帶氣候，是原住民毛利人最多的地方。位於北島的奧克蘭市是紐西蘭的大門，氣候溫暖。北島中央有火山台地，有廣大的森林。南阿爾卑斯山中年為冰雪覆蓋，所以有冰河湖泊等美景，且長期與外界隔離使得紐西蘭具有多樣性的生態環境和潔淨的大自然。

▲紐西蘭北島的陶波湖（Lake Taupo）支流湯加里羅河（Tongariro River）水域水質純淨，是垂釣鱒魚的好地方　圖片來源：Lynn Chen

二、歷史發展

　　紐西蘭的背景與發展模式和澳洲極為相似，甚至環境、資源、物產都非常類似。紐西蘭原為無人島，後來在十四世紀時毛利人遷徙至此定居。17世紀中期，歐洲探險家來到此地，最早的是荷蘭人，將此地命名為紐西蘭，其意思是「新海上的島」。約在一百年後，英國人也發現此島，此後白種人逐漸增加，1788年將紐西蘭劃入澳大利亞新南威爾斯殖民地，後來進入的白人和原住民毛利人之間紛爭不斷，為了解決毛利人和白人的紛爭，在1840年訂定了懷唐伊（Waitangi）條約，英國代表和毛利族酋長代表在北島北部的懷唐伊訂定此條約，將原屬於澳洲新南威爾斯州領地的紐西蘭變成了英國的殖民地，從此確定英國在紐西蘭的主權，也確立毛利人的土地所有權。但兩個種族間的爭吵還是不斷，時常為了土地而鬧出爭端，在1845～1872年甚至發生毛利戰爭，戰爭的結果由白人獲得勝利。

　　在19世紀中後期時，紐西蘭發現金礦，淘金熱潮使得南島獲得開發，並使紐西蘭的經濟由自給自足的酪農業擴大為貿易農業，羊毛及酪農製品開始出口。

▲紐西蘭極為純淨自然，蔚藍的天際、廣闊的草原、清新的雪山，孕育了遍地牛羊，畜牧資源成為重要出口產業　圖片來源：蔡欣佑

　　第二次世界大戰後，英國的殖民地紛紛獨立，紐西蘭也終於在1947年脫離英國，完全獨立，今日紐西蘭的海外市場不再倚靠英國，已轉為以美國和日本為主。

　　紐西蘭的文化是混合著毛利文化（玻里尼西亞文化）及英國文化而成的，毛利文化不但表現在毛利人身上，也滲入白人生活中。1970年代後許多亞洲國家人民移居此地，如日本、韓裔、中國、越南等國，但其人口的組成仍以白人居多，約占70%，毛利人約15%，其餘為太平洋島民以及亞洲人（11.8%）。

三、紐西蘭食材與飲食特色

　　紐西蘭以畜牧、酪農業為主，所以用餐以肉類為主，尤其是羊肉和牛肉的消耗量甚大，該地蔬菜水果也相當豐富，如奇異果、櫻桃、柑橘、蘋果，均是很不錯的水果，其他還有木瓜、葡萄、鳳梨等。紐西蘭的奇異果經濟堪稱世界農業之冠，透過政府單位的內部整合外部一體行銷的方式，幾十年來奇異果成了紐西蘭的代稱，從早期綠色果肉的奇異果到現在市面上可見的高價金黃色奇異果，都有政府的力量

▲奧克蘭饕客美食──香烤豬肋排、焗烤淡菜、脆薯條，配上冰啤酒
圖片來源：Lynn Chen

在協助引導，所以儘管有中國或法國的奇異國同在市場上競爭，但紐西蘭的奇異果還是較能獲得消費者喜愛，後來研發培育的金黃色奇異果更是拉開市場競爭的利器，標榜甜度高營養更好價錢也高昂，幾年的世界經營推銷，早成為紐西蘭獲利頗高的經濟水果。其他農作蔬菜則有甜薯、蘆筍、朝鮮薊、南瓜等。

紐西蘭的乳業和肉品也是重要的外銷品，牛奶、奶油和乳酪，肉品則以羊肉、牛肉為最大宗。

海鮮食物則多為淡菜、貝類、龍蝦及魚，紐西蘭鱒魚很多，著名的彩虹鱒魚，肉質鮮美，但必須在規定的時期才能釣取，這規定主要是維護彩虹鱒魚的永續生存，而紐西蘭人為維護其生活的環境物種，多半能確實遵守規定。奧克蘭北端的島灣一帶盛產牡蠣，完全無汙染的牡蠣，非常新鮮，體型碩大。龍蝦、羊排是紐西蘭最普遍的菜色之一，尤其是紐西蘭的羊小排品質非常優良。

由於紐西蘭被英國長期殖民，且因地緣關係，與澳洲有深刻的連結，因此飲食方式保有英國風格，炸魚片和薯條在餐廳及市井小販上時常可見到，與澳洲傳統飲食特色相似，如淋了醬汁的烤羊肉，搭配三

▲紐西蘭與澳洲的咖啡休閒文化蓬勃發展，其中 Flat White 以濃縮咖啡打底，均勻融合了平滑細緻的蒸打奶泡，相當受紐澳人喜歡
圖片來源：Lynn Chen

道蔬菜，並以pavlova為飯後甜點，這是一種以蛋白泡沫作為基底的蛋糕，據說是為了紀念1920年代訪問紐澳的蘇聯芭蕾舞演員所做的甜點。

　　毛利族人在紐西蘭占有相當的地位和影響力，這是少數國家中少數族群能對優勢族群產生影響的國家，包括飲食、習俗、文化、政治面等，所以紐西蘭的飲食除了英式風格外，還有毛利人的烤羊肉、鳥類、野菜，充滿原始風味的餐食，至於野蟲或特殊原始食材的飲食，已較少見，除了英國和原住民族群的影響外，也受到日後移民族群的影響，像韓國人、日本人、台灣人、其他亞洲人對其落腳的地區，飲食風格及食材的運用和改變是有相當影響。

第三節　澳紐與東方飲食文化利基觀察

　　文化是需要時間的累積，且由歷代的居民經由人與人、人與制度、人與環境的互動、激盪、沉澱而成。台灣約四百年發展歷史，紐澳則約有兩百多年歷史，兩處皆有原住民在地文化，而後受到殖民和移民的影響，接收各種不同族裔的飲食文化融合影響，再慢慢發展成為當地的飲食特色。有幾個面向的異同：

　　第一，台灣主要受中華飲食文化的影響，次之為日本飲食文化，這兩種截然不同的飲食系統早已融為台灣人民共同的飲食生活。中華文化有五千年的歷史傳承，激盪出深厚的飲食文化，飲食對中華民族而言不僅僅是吃而已，更蘊藏著宗教、思想、體制、儀禮等等的價值意識在內，傳統的儒、釋、道思想深深影響著台灣人民日常的飲食烹調，如養生哲學、陰陽五行禁忌說等對食材搭配的影響，儒家的儀禮制度對餐飲禮儀、進食方式的影響，佛家宗教思想對飲食祭拜的影響等，其中「致中和」的思想對飲食的影響最大，造成中華飲食追求天、地、人、時、境合一的最高境界，而使菜餚在「味」的掌控上永遠站在世界的頂端。

　　日本的飲食富有禪佛精神及崇尚清淡自然，中日兩派的飲食文化及烹調技法堪稱世界之最，卻同時融匯於台灣的飲食系統中，這些飲食哲學是紐澳飲食無法相比的。

　　第二，在食材選擇度上，紐澳除了豐富的海鮮外尚有多樣的肉品及乳品可運用之，然而，台灣的肉品以豬肉、雞、鴨為主，牛肉、羊肉多需進口，取得成本較高，紐澳則是牛羊肉品及乳品的出口國，這也顯示其廣大的土地就有大量農作生產的條件和能力，但台灣則無此項利基。

　　第三，紐澳的飲食內容中，很重視酒食的搭配，成就了紐澳在葡萄酒原物料、酒品的研究和種植技術，也成為世界重要葡萄酒產地。而台灣的飲食文化中較不注重酒食的搭配，至於引以自傲的茶文化實際上也未能發展出一套食與茶的搭配理論，這或許是未來台灣飲食文化研究中可努力的地方。

　　第四，至於餐飲製備者，是傳承也是創造新飲食文化的重要人物，比較上，台灣廚師較有沉重的文化包袱，傳承發揚的能量勝過於創新台灣美食的行動，必須很努力才能跳脫傳統的窠臼，而又不陷入強勢的媒體引導下的西餐文化影響，這是當今台灣飲食在國際舞台上競爭的隱憂；而紐澳廚師，特別是當代的澳洲廚師，雖在傳統的英式菜餚風格影響下，卻體現出澳洲飲食歷史文化發展過程中的創新、包融與自由的多元特質，具備開闊的條件，更能大膽地實驗，恣意地揮灑創意，隨意取材各國不同的材料而轉化出自己的特色，發揮其獨創性。澳洲美食充滿想像，廚師的創意技巧與盤飾美學，搭配餐飲氛圍的環境設計，形成了澳洲飲食文化的一種國際定位，這是較難能可貴之處！

（感謝台南應用科技大學餐飲系王瑤芬老師提供第一版資料）

參考書目

毛佩芳（1998）。《澳洲旅書》。桃園縣蘆竹鄉：長榮國際。

王文珊（2000）。《邂逅澳大利亞》。台北：商智文化。

李龍華（2003）。《澳大利亞史：古大陸‧新國度》。台北：三民書局。

林小安、黃曉青（1998）。《澳洲：Australia》。台北：墨刻出版。

林明慧（2001）。《Culture Shock! 澳洲》。台北：精英出版社。

侯為之譯（2000）。APA Publications著。《知性之旅──澳洲》。台北：協和國際。

張慧倩譯（1997）。Kelvin Aitken著。《大地之美──澳洲》。台北：台灣麥克。

許鐘榮（1988）。《澳洲、紐西蘭》。台北：錦繡出版社。

劉必權（2000）。《澳大利亞》。福州：福建人民出版社。

歐陽子晴譯（2000）。APA Publications著。《知性之旅──紐西蘭》。台北：協和國際。

澳州網通旅行公司。〈澳洲旅遊〉。檢索日期2004年5月30日，http://www. newworldtour. com.au/food.htm

繆紗坊譯（1999）。Eyewitness Travel Guides著。《雪梨》。台北：遠流。

Australian Bureau of Statistics（2003）。Australian Social Trends 2002: population（〈澳洲社會趨勢〉）。檢索日期2003年5月30日，http://www.abs. gov.au/ausstats/

Huntley, R. (2008). *Eating Between the Lines: Food & Equality in Australia*. Melbourne: Black Inc.

Hutton, W. (2001). *The Food of Australia*. Australia: Peripluss Ltd.

Pemberton, S. & Phillips, A. (2003). *From Water to Plate: The Essential Fish and Seafood Cookbook*. Australia: New Holland Publishers Pty Ltd.

Rick, S. (2003). *Yesterday, Today and Tomorrow: The Best of Australian Food*. Australia: Lothian Books.

Shaw, J. (1984). *Australian Encyclopedia*. Sydney: Collins.

Wells, K. (2015). Australian Food and Drink. http://www.australia.gov.au/about-australia/australian-story/austn-food-and-drink

Notes

CHAPTER
10

日本飲食文化

陳紫玲

第一節　日本簡介

一、地理位置及氣候

　　面積約有377,815平方公里的日本約為台灣的11倍大。它的地理位置位於亞洲東部,是一個島國。由北海道、本州、四國、九州四個主要大島以及三千多個小島組成。地理位置為東臨太平洋,西瀕日本海,北面為鄂霍次克海,南面則為東海。政治的體制為君主立憲制;首都是東京(Tokyo),人口約有一億兩千四百萬人,人口密度相當高。日本列島南、北相距三千多公里,分布於亞熱帶以及溫帶間,各區域的氣候差異極為顯著。各月份的季節如下:3月至5月為春季、6月至8月為夏春季、9月至11月為秋季、12月至2月為冬季。梅雨季分布在6月上旬至7月中旬,颱風季則在8月至10月之中,大多發生在西南部,總體而言是屬於潮濕的海島型氣候。

二、歷史發展

　　日本的歷史可由八個時代來呈現,分別為「飛鳥時代」、「平安時代」、「鎌倉幕府時代」、「南北朝時代」、「安士及桃山時代」、「江戶時代」、「明治時代」、「大正昭和時代」。

三、日本料理特色及精神

　　時代的變遷,日本料理深受各國影響而有了變化。在日本菜餚亦稱為「日本料理」或「和食」,形成日本料理非一日之功,也和其他國家的菜餚一樣經過千錘百煉,雖然日本菜餚與中國屬完全不同的風格,但日本菜餚受中國的影響最大,從菜餚的名稱、內容、材料、調味料,都可見到中國文化的影響。在中國文化的薰陶下,日式料理的素材,乃至於烹飪及食用的器具,都跟中華飲食十分相似。平安時代

日本地圖

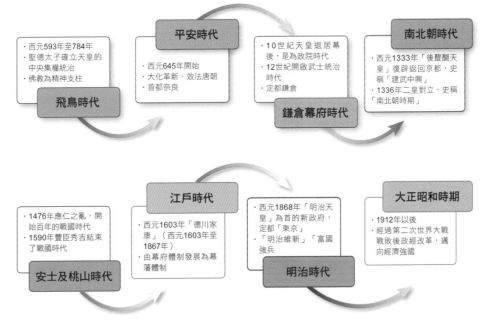

飛鳥時代
· 西元593年至784年
· 聖德太子確立天皇的中央集權統治
· 佛教為精神支柱

平安時代
· 西元645年開始
· 大化革新、效法唐朝
· 首都奈良

鎌倉幕府時代
· 10世紀天皇退居幕後，是為政院時代
· 12世紀開啟武士統治時代
· 定都鎌倉

南北朝時代
· 西元1333年「後醍醐天皇」復辟返回京都，史稱「建武中興」
· 1336年二皇對立，史稱「南北朝時期」

安士及桃山時代
· 1476年應仁之亂，開始百年的戰國時代
· 1590年豐臣秀吉結束了戰國時代

江戶時代
· 西元1603年「德川家康」（西元1603年至1867年）
· 由幕府體制發展為幕藩體制

明治時代
· 西元1868年「明治天皇」為首的新政府，定都「東京」
· 「明治維新」「富國強兵」

大正昭和時期
· 1912年以後
· 經過第二次世界大戰戰敗後政經改革，邁向經濟強國

日本歷史朝代速寫

以後，各式各樣的日本料理已大致齊備，亦製作了唐式的餐桌，有逐漸邁向華麗的趨勢，每道菜不但講究色香味俱全，更注重食物的外觀擺置，不同的季節也會用不同的器皿來盛裝，可說是精緻到了極點。直到鎌倉、室町時代，由於武人得勢而形成質樸簡易的風氣，於是又恢復古時那種自然的飲食方式。當時狩獵變成一種普遍的活動，人們也都吃肉類食品。但隨著時代的變遷，又逐漸傳衍成模仿京城風味的飲食方式，並且產生各種流派。正式料理是從廚師料理傳下來的，通常被用於婚禮或祭祀等場合。另一方面，由於禪僧而使素料理普及，便衍生了精進及懷石料理。以下，便依料理的特色及精神加以闡述。

1. 從繩文時代到西元前後，日本民族基本上以採集野生食物和狩獵為生。最初只食用植物性食物，後來發展為食用鳥獸等動物性食品，進而到大海捕撈魚鱉。隨著文明的發展，學會用火烤、用水煮並加佐料調味。

2. 從西元初期到7世紀，日本民族從遊牧轉到定居，開始農耕生活。這給飲食生活帶來一大變革。在這一時期，日本人學會了種稻、飼養牲畜，並將主副食分開。剩餘的穀物便用來釀酒，在做菜餚時加些佐料。也就是在這個時期，奠定了日本菜的基礎。

3. 奈良時代，日本上層人物開始與中國交往，帶回中國的飲食文化和宴請制度。食品不僅種類增加，而且內容豐富。人們有餘力過節慶舉辦祭祀活動。

4. 平安時代，貴族勢力興旺，社交活動頻繁，促進日本菜系形成。食品有了剩餘，需要保存下來。保存獲得成功，食品種類自然增加。

5. 鎌倉時代，武士興起，經營莊園，促進了農耕的發展，飲食從粗米進化到吃半精米。後來出現戰爭，需要能長時間保存食品，因此有了鹹菜的醃製。人們為了增強體質，開始尋找藥物食品和用茶來養生。

6. 室町時代，禪宗和茶葉從中國大陸傳入日本，從而誕生了日本

菜的主流懷石料理。而在國際交往中，日本也吸收了外國菜的
長處。

7.江戶時代，是日本菜去粗取精的集大成時代。這一時期，既發
展了日本自古以來的飲食文化，又依日本情況將中國菜、南蠻
菜日本化。江戶時代出現宴席菜，日本稱會席菜。

8.明治維新使日本人的飲食得到了解放。日本人把西餐帶進自己
的生活中。1905年，日本人發現了維生素，營養食品增多。很
多的日本料理也受到西方飲食文化的影響而變得豐富多彩，這
也意味著文化和健康水準的提高。

第二節　日本食材與飲食特色

　　日本人的飲食生活，素有主食與副食之分，主食約以米麵為主，
而副食則為魚肉與蔬菜類為搭配。近年來，日本食物因為其營養均衡
而受到重新評估。特別是在各國開始注重減肥食品時，日本料理被視
為是一種理想的選擇，主要歸因於飲食均衡、少油、食用食材原味的
烹調特色。

一、日本料理常見食材

(一)主食與副食

1.主食：以米飯、麵條為主，日本人的米食歷史悠久，始於彌生
時代。而今日所吃的米飯，據說是從平安時代開始的。

2.魚貝類：主要副食，也是動物性蛋白的重要來源。魚貝類的烹
調方法有燒、煮、蒸等多種多樣。肉食雖然早已有之，但由於
佛教的盛行，曾被視為禁忌，但隨著時代變遷，受西方文化的
影響，則又恢復大量的使用。

3.豆製品：有豆腐、油豆腐、豆豉等，是日本菜中不可缺少的重

要植物性蛋白來源。

4.其他蔬菜：亦經常食用，做法有燉煮、涼拌、醋拌、浸、燙等
多種多樣。

(二)主要調味料

1.鹽：日本鹽分為食鹽、家庭用鹽、普通鹽；另有再加工鹽分為餐
桌鹽、精鹽、特級精鹽；以及特種鹽，例如芝麻鹽及大蒜鹽。

2.醬油：與中華飲食類似的是，醬油的使用量很大，可說是日本
調味料之王。醬油的主要原料是大豆，將大豆蒸熟後添加麴黴
菌，經發酵熟成而製成醬油。一般可分為五種：濃口醬油、淡
口醬油、純大豆醬油、再釀造醬油、白醬油。

3.豆醬：豆醬（日文寫成味噌）是典型的大豆發酵食品。由於飲
食習慣及原料的不同，日本各地的豆醬也就不一樣。從顏色來
分，有紅色、淡色及白色豆醬；從口味來分則有甜口、淡口、
鹹口豆醬。而按麴種所用原料，可分為米味醬、麥味醬以及豆
味醬三種。

4.醋：醋是以穀物和水果等為原料，經發酵和熟成而製成的。醋
是一種酸味強烈的調味料，在菜餚中添加醋，可以改菜餚的風
味以及促進食慾。日本的醋可分為米醋、酒糟醋、葡萄醋及蘋
果醋。

5.米酬：是一種甜味的米酒，與中華料理一樣，日本料理喜歡在
菜餚中加上料理酒，而米酬便是廚房中不可少的料理酒。

二、日本料理特色

(一)五味五色五法的日本菜

日本飲食是精工細作的菜餚，注重保持原料的原有風味，講究色
香味，重視春夏秋冬的季節感、材料的時令性。並且盛菜時，不同的

菜餚，在不同的季節，還會選用顏色、形狀、質地相應的盛器。特點是加工精細，量少質高，講究色彩的搭配和擺放的藝術化。精美的餐具使人在用餐時，不光滿足了飲食要求，還彷彿同時又欣賞了一件件藝術品，得到一種美的享受。因此，歸納各種特色，日本的料理被譽為講究五味、五色及五法。五味指的是：甜、酸、辣、苦、鹹；五色指的是：白、黃、紅、青、黑；而五法則指的是生、煮、烤、炸、蒸的烹調方法。

(二)各地菜系的特色

日本的地方菜系大致可分為關東菜及關西菜兩大派別，二者之間有明顯的不同。

1. 關東菜：主要指京味，即東京菜系，有味濃、偏甜的特點。江戶時代曾是武士的天下，在菜餚上也顯示出武士的氣質，因此人們說關東菜是男性菜。
2. 關西菜：主要指京都、大阪有代表性的菜餚。京都由於水質特別好，加上是千年古都，寺廟多，所以菜餚呈宮廷、寺廟的特點，用蒸煮法做出來的菜占多數，如湯豆腐、蔬菜類的菜餚。而大阪菜則與京都菜略有不同。大阪是商人聚集地，在忙碌的生活環境下，誕生了一種節約時間的料理，茶泡飯便是一例。

三、每日用餐型態

日本人傳統上每日用三餐，有些人會加一份小點心。

(一)早餐

傳統的早餐是米飯，配上海苔、味噌湯和醬菜，最有特色的食品則是黏呼呼的納豆。有些人會加上一顆蛋，而最簡單的則是佐以一顆非常酸及鹹的梅子，或是有一碟豆腐，豐盛者一定會有魚。但現代工

▲豐盛的和式早餐，搭配白飯食用　圖片來源：陳紫玲

商業化的日本社會，早餐外食的人口愈來愈多，便利商店或電車站的拉麵館、飯糰亭常是上班族的充飢站，西式早餐也愈來愈常見。華人喜歡在早餐時吃稀飯，在日本則是病人才會吃的食物。

(二)午餐

午餐通常也是以白米飯及魚肉蔬菜為配飯的菜餚，有人會以熱茶來泡飯，作為一餐。工商業社會的日本，各式料理店因運而生，不但有各式的蓋飯、拉麵，體貼的店家會設計出飯量菜量充足的套餐來供應給上班族；而規模大一些的公司（會社），有自己的員工餐廳，供應員工自助式的餐點，菜餚的設計也是以傳統的和食為主；通常有白飯、蔬菜類、肉類以及魚類外加上一碗簡單的湯。

(三)晚餐

晚餐是最豐盛的一餐，除了基本的白米飯外，主菜的內容就更豐富了，生魚片或烤海鮮及肉類，在晚餐時刻才是主角，細心的家庭主婦每天會做變化，讓家人有更好的胃口。工商社會的日本，料理店則

多不勝數，種類就更多了，許多上班族每天以到料理店聚餐為上班生活的延伸，不但為了同事間感情更融洽，也為了有些工作上的事能繼續溝通，吃完飯不夠，還要到居酒屋一類的店裡續攤。所以，在東京一帶，各式的餐館、居酒屋便成了上班族的晚餐解決中心；如此的生活型態，使得許多男性不到十點以後是不回家的。而女性，除非是單身，否則難以配合如此的上班型態，因此，許多大型的公司有結了婚的女性便需辭職的慣例。

四、料理分類

(一)小菜類（otsumami）（おずまみ）

大致上可分為漬物及涼拌小菜：

1. 漬物（tsukemono）：以鹽、醋或調味料將蔬果浸漬數小時到數年不等，使其能長期保存，可作為開胃或下酒菜。
2. 涼拌小菜：又分為酢物（sumono）及各式沙拉（sarada），清爽可口。

▲各式各樣的小菜佐開胃酒　圖片來源：陳紫玲

(二)湯類（suimono）（すいもの）

在日文中被稱為「吸物」或汁（Jiru），大多做法簡單，口味清淡，一般常見的是清湯或味噌湯，懷石料理的套餐中常會穿插一至二道湯，但份量通常不多，主要功能是在清除前道菜的餘味，好品嚐下一道料理。

(三)炸物（agemono）（あげもの）

在日文中亦寫作「揚物」，食材種類繁多，在烹調時是以中式油鍋油炸，料理方式則大致可分為：

1. 素炸：食物不沾裹任何粉類或麵糊，直接油炸。
2. 乾炸：將食物略醃後拍上一層藕粉或麵粉再炸，可保持食物的形狀或色彩，常用在炸魚或豆腐。
3. 麵衣炸：將食物完全沾裹在以雞蛋、水、麵粉調合成的麵糊中再油炸，表層鬆脆，又能保持食物的水分及鮮嫩，亦稱為天婦羅（tempura）料理。

▲許多人都喜歡的炸蝦（櫻花蝦）天婦羅　圖片來源：陳紫玲

▲新式的炸物——鮭魚帶子串揚　圖片來源：王少奇

▲新式的炸物——炸可樂餅　圖片來源：王少奇

4.麵衣變化炸：將食物沾上蛋白或蛋黃，再沾滿麵包粉、粉絲、芋頭絲、杏仁等素材下鍋油炸，風味特殊，口感相當脆又有嚼勁。

(四)燒物（yakimono）（やきもの）

燒烤料理在菜餚中算是主食類，烹調食材以魚蝦貝及肉類為主，燒烤方式五花八門，口味豐富多變，烹調方式可分為直火燒及隔火燒兩種。

1.直火燒：將食物於火上直接燒烤，包括素燒、鹽燒、味噌燒、照燒、蒲燒、雲丹燒等。
2.隔火燒：食物與火間隔的燒烤方式，包括包燒、串燒、鐵板燒、鐵鍋燒、岩燒、殼燒、姿燒、壺燒、松葉燒、網燒等。

▲烤鱘龍魚　圖片來源：王少奇

(五)煮物（nimono）（にもの）

日本料理中的「煮物」是以燉煮或紅燒方式所烹調而成的菜餚，種類方式繁多，命名方式也各有不同，例如：

1. 白煮：以砂糖及鹽烹煮。
2. 櫻煮：以醬油、砂糖、料酒煮成赭紅色。
3. 青煮：以少量醬油、砂糖、鹽大火快煮，讓蔬菜能保有青綠鮮嫩的顏色。
4. 照煮：以味醂、醬油、砂糖調成的煮汁將菜餚熬煮到出現光澤。
5. 艷煮：以大量砂糖長時間熬煮至食物光滑潤澤。

▲白蘿蔔及鮮蝦煮物　圖片來源：陳紫玲

(六)蒸物（mushimono）（むしもの）

以清蒸方式烹調的菜餚，特色是清淡鮮嫩，蒸物多半以魚類、海鮮以及雞蛋為素材，因為主要是品嚐食物的原味，因此食材必須非常新鮮，依調味來分有以料酒調味清蒸海鮮的「酒蒸」、以少許鹽調味的「鹽蒸」、以醋去腥提味的「酢蒸」，另外還有以器皿來分類的蒸

物，如土瓶蒸、茶碗蒸等。

五、正統料理分類

(一)本膳料理（Honzen Ryori）（ほんぜんりょうり）

正統的日本料理包括本膳料理、會席料理及懷食料理三大類，其中以本膳料理的起源較早，是日本禮法制度下的產物，故被定位為上流社會的宴會料理，形式由三菜一湯到十一菜三湯不等，不過在歐風飲食文化盛行的20世紀後便逐漸式微，在今天的日本也僅能在少數婚喪喜慶或祭典上才能看見。現在雖然只作為冠婚葬祭（成年、結婚、喪葬及祭祀的儀式）等禮節中的料理而存留著，但卻成為其他傳統的日本料理的基本形式及做法。

(二)會席料理（Kaiseki Ryori）（かいせきりょうり）

會席料理是由日本古代文人吟詩聚會時舉行的宴席而來，由於性質為附庸風雅的主題聚會，必須依循正規禮儀進行，而後由於其餐飲之實用性取代了主題性，因此逐漸演變成為隨性、吃法較自由的宴席料理，在今日的日本則將不受制式規定約束的宴席料理均稱之為會席料理。

(三)懷石料理（Kaiseki Ryori）（かいせきりょうり）

據日本古老禪宗的傳說，「懷石」一詞是由禪僧的「溫石」而來，那時候，修行中的禪僧必須遵行戒律，只食用早餐和午餐，下午不可吃飯。可是年輕的僧侶耐不住饑餓和寒冷，將加熱的石頭包在碎布中，稱為「溫石」，揣在懷裡。

懷石料理與茶道文化有著密切的關係。有客人來訪時，主人會把珍藏的茶具拿出來泡茶，但因為空腹飲濃茶會使人感到不舒服，所以為了達到愉快的飲茶，需要在喝茶前吃一些簡單的料理，適當地填飽

肚子，這就是茶懷石料理。

最早的茶懷石料理是三菜一湯（三菜一汁），但由於這種師法禪宗精神、尊崇自然的料理受到貴族的喜愛，因此演變為七菜一湯的「懷石料理」，懷石料理強調季節性及食材本身的美味，每個季節的食品搭配都不一樣。此外對於食器、座席、庭園、掛軸畫、花瓶等所塑造的空間美也都很講究。在各種日本傳統料理中，懷石料理的品質、價格、地位均屬高等級，在品嚐清淡可口的四季懷石料理的同時，更可獲得超脫的心境空間。在台灣也有專賣懷石料理的日本餐廳，價格及品味都不低，一般的日本料理店懷石套餐大約都會有七種食物以上，但是食材、餐具、景緻都會影響其價格。而到底懷石料理

▶懷石料理中，必定會有的生魚片、在秋天楓葉就是最好的裝飾
圖片來源：陳紫玲

◀懷石料理因單價不同，而有不同道的菜餚，價位愈高，食材愈好，且料理菜色也愈多道
圖片來源：陳紫玲

包含多少菜色，並無固定，但一定會包含前菜（至少一種）、湯、生魚片與主菜（烤、煮、炸物至少一種）。

(四)精進料理（Seisinryori）（せいしんりょうり）

在日本，因佛教的影響，有些信徒不食用魚貝類及肉類，只採用大豆加工製品和蔬菜海草等植物性食品的料理，此為精進料理。精進料理是一種齋飯，與懷石料理一樣發源於京都。不使用魚貝類和肉類，是只用豆製品、蔬菜和海苔等植物性食品做成的菜餚。日本雖然不是純粹的佛教國家，但在世界風行素食的今天，日本人認定素食不但是養顏減肥的良方，也是實現健康的有利途徑。

精進料理的極意被認為「由無生有」，由於材料有侷限性，所以更需要製作功夫和獨特的創意。一切都是從「心」出發，這和禪心是一脈相同的。雖然所有材料皆與肉類食材無關，但仍重視五色五味，京都的延曆寺是佛教的發源地，其會館的精進料理相當受歡迎，若未預定，有時還吃不到。

▲在寺廟中可吃到的精進料理，雖無肉類材料，但仍重視五色五味，相當可口　圖片來源：陳紫玲

(五)節慶料理

日本的新年原是農曆的一月一日，但近年來也改成以陽曆為主。為慶祝新年的料理，在五個相疊的方形漆器（重箱）裡裝入各式料理。在從前是用來供奉神明的一種料理，每道菜都象徵不同的祝福，例如：魚卵代表多子多孫，地瓜泥和栗子為避邪，黑豆表示願意努力流汗工作並保健康。而有祭祖習慣的日本人會在供桌上擺年糕及橘子，並吃什錦雜煮，有點像中國人的火鍋，另外會喝一種祭拜的米酒，祈求一年來都平安。

六、特色料理

(一)刺身（Sashimi）（さしみ）

刺身即生魚片，是日本料理中最有代表性最具特色的食品。日本人吃刺身始於15世紀，在江戶時代以前，生魚片主要以鯛魚、旗魚、鰈魚、鱸魚為材料，這些魚肉都是白色的。明治以後，肉呈紅色的金

▲五感並重的美味生魚片　圖片來源：王少奇

槍魚、鰹魚、鮪魚成了生魚片的上等材料。現今的日本則把貝類、魚卵、龍蝦等切片也稱為刺身。

正確的刺身吃法是先用筷子取一小撮山葵泥輕抹生魚片上，再將生魚片直接夾起或對折，以魚片側邊沾適量醬油入口即可，如此才不會掩蓋生魚片的原味。

(二)壽司（Sushi）（すし）

壽司在日本亦寫作「鮓」、「鮨」，在古時指的是以鹽醃漬的魚類，在西元3世紀時由中國沿海傳至日本，起先僅有以鹽醃漬的鹹魚，後來改以米飯醃魚，製成後將魚與米飯一同食用，這便是壽司料理的前身。

在日本料理中，壽司算是半正式的餐點，不包含在套餐的菜餚中，屬於可吃飽的輕食，並擁有豐富的變化，最常見的有握壽司、卷壽司、手捲、豆皮壽司等。

壽司的種類如下：

1.握壽司：壽司中最講究的一種，將醋飯製作成適口大小，再將片狀或塊狀的主料覆蓋其上，一般以生鮮魚貝類最多，另外也

▲ 創意壽司，酪梨也可作為主角哦！　圖片來源：王少奇

有為體積較小主料而設計的「軍艦捲」。

2. 捲壽司：口味樸實且份量足，通常在品嚐完握壽司與菜餚後才點一份來填飽肚子，種類有太捲、鐵火捲及棒壽司等。

3. 手捲：以醋飯、柴魚、生菜、美乃滋加上主料，以燒海苔捲成甜筒狀的簡便壽司，具有水分少、易於咬斷的特性。

4. 押壽司：源自於關西地區的大阪，造型方正，味道濃郁，醋飯中加入海帶汁為一大特點。

(三)拉麵（らぁめん）

西元1912年，日本和滿清簽訂了「日清友好條約」，使得大批華僑遷徙定居在三大港口──橫濱、神戶和長崎，因此中國人聚居的地方便有了「中華街」的形成，而拉麵的技術也就是從這些地區流傳出去的，當時的日本人稱拉麵為「龍麵」或「支那麵」。

住在橫濱中華街的華僑，大都來自廣東或福建，因為南方人習慣以鹽調味，所以中華拉麵以鹽調味，而以雞骨或豬骨熬湯的湯麵為主流。但是為了迎合日本人的口味，有些拉麵後來改以醬油調味，因此才有日本拉麵的誕生。因此日本拉麵是截取中國麵食的精華，加以研究製作出來的日本式中國拉麵。

配料中最主要常見的有以下數種：筍片、叉燒肉、魚板、海苔、蔥花、白煮蛋、各式青菜、白芝麻、紅薑絲、豆芽菜、大蒜泥、木耳絲。其中，叉燒、筍乾和青菜是拉麵不可缺少的配料。

◆四大地區拉麵

日式拉麵大抵來說，可依北、中、南三大地理區來區分，由於氣候及地域的影響，日本各地的拉麵皆極具特色。種類非常的多，由北至南大致可以分成北海道、東京、函館及九州四大地區。

1. 北海道：擁有極佳的氣候、土壤以及水源，以重口味的「味噌拉麵」聞名，特色為甘醇香濃，加上寒帶特有的粗麵條，油脂

豐富、香濃順口。

2.東京：「正油味拉麵」（醬油拉麵）是日本拉麵的始祖，屬於關東風味。湯頭是以雞骨為主原料，配以昆布去除肉腥味，再加上風鰹節（柴魚）、小魚干、醬油一起熬製，整體的口味較為清淡不油膩。

3.函館地區：以「鹽味拉麵」（蔬菜拉麵）聞名，鹽味拉麵加了多種蔬菜，湯頭口味清淡，更能使人感受到拉麵的真正滋味，是最健康的拉麵。

4.九州、博多地區：位於日本南部，以「豚骨拉麵」為特色，用豬骨以大火長時間熬煮出乳白色濃湯，又稱為「白湯」，加上蔥、蒜、麻油調味的湯頭以及咬勁十足的細麵，濃厚的口味令人讚不絕口

◆拉麵的吃法

若是單獨只吃麵不配小菜，湯麵上桌時先均勻攪拌一下，讓麵條充分吸收湯汁，吃麵時先喝一口湯，讓味蕾活躍起來後，再一口湯一口麵唏哩呼嚕的吃，盡可能在十分鐘之內吃完，因為麵條泡在湯汁中

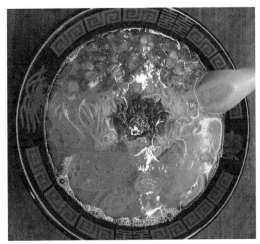

▲受到台灣及各國自助旅行遊客喜愛的排隊美食——一蘭拉麵，拉麵碗底寫著喝完最後一口湯，便是表達對產品最高的喜愛　圖片來源：陳紫玲

太久也就缺乏彈性了。

　　一般認為，吃麵時發出的聲音越大只是表示越好吃，事實上，這是一種品嚐拉麵的最佳吃法，用力的把麵連同湯汁一起吸上來，才能感受到湯汁和麵條的共鳴。所以吃的時候一定要唏哩呼嚕的很大聲，而且是一口氣的吸進去，太過秀氣的吃法反而不過癮。有名的一蘭拉麵，強調喝完最後一口湯，就是對製麵人最大的敬意。

(四)和菓子（おかし）

　　「和菓子」是日式點心的總稱，起源於平安時代，日本的遣唐使將「唐菓子」的製作技巧傳入日本後，又加上代表日本的「和」字，就成了日式糕餅的總稱。

　　豐臣秀吉時代，隨著日本喝茶習慣及茶道的興起，和菓子已成為喝茶時的點心，所以又有「間食」之稱，而且日益講究精緻，到了明治時代，西洋糕點的傳入，使得和菓子種類更多。

　　此外，在日本的傳統中，和菓子也常常用於各種節慶中作為祭祀用。

◆和菓子的分類

1. 蒸菓子：經過蒸的菓子，通常冰的吃，例如葛菓子（くずかし），是由葛根粉做成的包子形狀包上甜餡料，蒸熟後冰在冰箱二十分鐘左右再吃，是夏季最佳的點心。
2. 饅頭（まんじゅぅ）：日本的饅頭指的是有餡料的甜包子。其做法與中國的包子不同，皮較緊密，重點是各種的甜餡料，小紅豆餡是最常見的。而在京都有一種古習，即新嫁娘必須捧著書寫名字的紅盤分送白饅頭給左鄰右舍及親朋好友作為初次見面禮。白色代表著新娘的純潔，圓的外型，則代表著圓融和睦。
3. 羊羹（ようかん）：約莫鎌倉至室町時代，有些日本僧人為了滿足口腹，便模仿在中國看到的羊肉燉湯，用小紅豆及葛粉與

糯米粉混合蒸熟，看起來便像羊肝，為了求高雅，便改名為羊羹。曾為皇宮儀式的獻禮，而明治時期因糖價貴曾轉為鹹口味，直到糖價下跌才又恢復為甜口味的點心。台灣由於曾受日本殖民，對此種點心也不陌生，花蓮一帶還把羊羹作為當地名產。

4. 燒菓子（やきかし）：最有名的是卡通人物多拉へも（小叮噹）所愛吃的銅鑼燒（どらやき），有如其名的銅鑼燒，便是一種麵皮夾著紅豆餡的甜點，早期的銅鑼燒麵皮因未加發酵粉而較緊實，後來演變成麵皮呈鬆軟類似於蛋糕的口味，但外表仍像以前一樣。御手洗糰子（みたらしだんご）是另一種暢銷的平民點心，在廟前常可見攤販現場烤來賣，形狀像烤丸子，不同的是內包著紅豆沙或黃豆沙，吃之前還要沾上甜醬油，通常四個一串。而另一種常見的菓子為搔餅（かきもち）是用蒸熟的糯米餅，切薄片塗上醬油加上配料去烤的一種或甜或鹹的菓子，在台灣叫做米菓。現在已可見包裝好販賣的搔餅，搶攻世界各地的餅乾市場。

5. 飴（あめ）：即台灣所稱的糖果，麥芽糖是常見的型態，屬於水飴，而若反覆拉至呈白色變成堅硬則成為固體狀，便稱為白飴。在許多日本的名勝地或廟前，都可以看到此類菓子，有些店家會給予吉祥的名字，如千歲飴，便成為民眾的喜好品了。

6. 大福（だいふく）：即是紅豆麻糬，其前身即是腹太餅——在古老的時代，將糯米糕拿去烤，因為體積頗大，吃一個就飽，所以名為腹太餅，後來便縮小體積，以符合現代人要求精緻的目標。

◆和菓子的吃法

吃和菓子時，要依日本人的「五感藝術」來享受，即視覺、聽覺、觸覺、嗅覺、味覺，茲說明如下：

1. 視覺：外觀要賞心悅目。

▲和菓子重視美感的呈現，享用時會搭配上好的日式抹茶

圖片來源：陳紫玲

2.聽覺：傾聽和菓子的典故及吃和菓子時所發出來的聲音為和菓子的聽覺享受。

3.觸覺：吃在口中舌頭的感覺、拿在指尖的感覺、用刀子或竹籤切開時的感覺，主要為觸摸和菓子的細緻質感或彈性。

4.嗅覺：和菓子本身會散發出一種微香，能嗅出當季食材自然清香的味道。

5.味覺：綜合前述幾點後，以口品嚐細緻精巧的和菓子。

搭配飲料以有解膩作用的半生綠茶或抹茶為佳。

(五)佐餐飲料

◆抹茶（まちゃ）

中國茶葉約在唐代時，便隨著佛教的傳播進入到朝鮮半島和日本列島，因而最先將茶葉引入日本的，也是日本的僧人。隨著唐宋時期中國的茶葉與飲茶藝術、飲茶風尚引入日本的佛教寺院後，又逐漸普及到廣大民間，使吃茶的習俗進入了日本平民的生活，並日益興盛。

著名的日本茶道起源自禪宗，其精神在追求人與人的平等相愛和人與自然的高度和諧，在生活上恪守清寂、安雅、講究禮儀，被日

本人民視為修身養性,學習禮儀,進行人際交往的一種行之有效的方式。

　　茶為日本茶道的正統茶類,屬於未炒過的「生茶」,因此茶湯呈碧綠濃色,正統的抹茶泡製過程繁複,飲茶時間長,空腹飲用有傷胃之虞,因此通常於餐後飲用。

　　飲用抹茶的正確方式是以右手端起茶杯置於左手掌上,以右手將茶杯於左掌中轉兩圈後,端起鑑賞茶香與茶碗,再慢慢飲下第一口,細細品味茶味後,繼續分三、四次喝完。

◆ 清酒(さけ)

　　清酒是用秋季收穫的稻米,在冬季經發酵後釀成的,含有淡淡的米香與甜味,冰溫飲用皆宜。亦是日本人公認為最適合日本料理的酒類。依等級可分為純米酒、本釀造、普通酒、吟釀酒、大吟釀酒。

　　在飲酒的禮儀上,斟酒時必須先幫別人斟,別人再幫自己斟,在接受別人斟酒時,必須雙手捧杯,要意示杯中酒量已足夠時,只需輕輕揚起右手指即可。

▲各式各樣的清酒,在用餐時,是最好的搭配飲品　圖片來源:陳紫玲

(六)飯類及蓋飯（丼どんぶり）

日本人的飲食總是講究精緻，漂亮的餐具，配上少少美美的食物，視覺的享受總是先過味覺，但像丼這一類的料理，卻在日本的平民文化中，占有一席之地，看起來粗魯，卻讓人意猶味盡，每日沉醉其中，不可自拔。其來由原是在17世紀時，盛裝大碗食物如大碗飯、大碗麵的器皿的稱呼，後來就演變成大碗食物，特別是蓋飯的稱呼，而其代表的是平民而勞力階級的食物。通過漫長歷史的考驗，目前在日本聞名的是五大丼及三大飯：牛丼、親子丼、天丼、鰻丼、勝丼；牛肉燴飯、蛋包飯及咖哩飯。

1. 牛丼（ぎゅうどん）：古早源於牛肉火鍋殘餘用來拌飯，且最早是用來餵狗，但竟然意外地讓人喜愛其口味，到了今天，牛丼的做法多由洋蔥炒牛肉絲佐以甜醬油口味，蓋在白飯上，即成了大受歡迎的牛丼。

2. 親子丼（おやこどん）：雞肉加上蛋，佐以洋蔥及甜醬油汁，便成了親子丼，重要的是那湯汁，以及打蛋的時間，上桌前，

▲親子丼料理，搭配漬物，是常見的日式簡餐　圖片來源：陳紫玲

蛋只能五分熟，蓋上蓋子送到客人面前，蛋便完美的凝固了，要做到如此的功夫，還真得經過時間的淬鍊，才能辦到。

3.天丼（てんどん）：號稱丼界的國王。其材料為炸蝦及炸魚，淋上完美的醬汁，與飯融合，口味令人無法忘懷。

4.鰻丼（うなどん）：鰻魚飯雖然俗名（蝮蛇）挺嚇人的，但其地位絕不輸給天丼，紅燒後的鰻魚，鋪排在高貴的漆器中，顯示其在大眾食堂中的不凡，價格當然也較高。

5.勝丼（かつどん）：即炸豬排飯，裹上麵包粉的炸豬排，淋上醬汁，再佐以高麗菜絲，很對味，吃起來頗像台灣的排骨飯，只是少了配菜及魯蛋。在日本或在台灣，受歡迎的程度都相同。

6.牛肉燴飯（ハヤシライス）：頗有歐式的紅酒燉牛肉的風味，只是口味加上了味醂和番茄醬，相當的日本味。

7.蛋包飯（オムライス）：譯自Omelette rice，除了飯要炒得好之外，最外層的蛋包，是考驗廚師功力之處，傳說要做過二千客，才有辦法真正的出師。

8.咖哩飯（カレライス）：明治時期進入日本的咖哩，影響了日本人的料理，當然口味已大大的改變，一樣甜美好吃，與辣的境界離很遠，尤其經過食品公司所研發的速食咖哩的洗禮，家家戶戶，都做得出日本式的咖哩飯，就連台灣也受到影響，許多人還以為所謂的咖哩就是塊狀的，而非粉狀的。

▲大阪有名的自由軒咖哩飯，純粹的咖哩加飯，打上一顆生蛋，受到大家的歡迎　圖片來源：李駿宏

(七)便當（べんどう）

明治五年，日本的第一條鐵路啟用，之後的五年，陸陸續續完成各條路線，火車站便當便產生了，不同於台灣的鐵路便當，日本的火車便當，只在火車站販賣，而不是在車箱內叫賣，而便當的內容，與一般家庭給外出上班或上學的人所帶的便當是類同的，特色是冷的，與台灣相當不一樣。筆者記得第一次到達日本，因過了用餐時間，來接機的公司人員體貼的準備了便當，只是打開一看，失望透頂，嗜吃熱食的我們，望著冷冷的飯糰及壽司，搖頭興嘆，想起台灣的排骨便當或者雞腿便當，只能三聲無奈。

日本早期的便當業，因應外出人的需求，不斷在革新，只是，變來變去，不離其宗，不是飯糰就是壽司，偶爾配上蘿蔔乾或是梅子，也算是豐盛了；但近年來，由於異國料理的影響，比較多的口味也出現在便當上，例如：辣味章魚飯、越前蟹飯、小鍋菜飯、炭烤牛舌便當、草莓便當、烏賊飯、河豚飯。這些口味特別的便當，配上日本人善於包裝，美美的便當，不買來吃吃看實在可惜，尤其有些業者精心設計可以回收使用的便當盒，吃完便當後，濃濃的記憶長存於心。莫怪乎媒體近年來，也以這些便當作出一系列的報導，台灣也有作家以火車便當為主題探討這獨特的飲食文化。

▲近年來在日本火車站販售的便當外觀及內容物都相當美觀可口，吸引遊客駐足購買，帶上火車享用　圖片來源：陳紫玲

(八)鍋類料理（なべりょうり）

日本的鍋類料理源自中國東北，冷冽的氣候中，大家圍在爐邊，將食物用柴火加熱後食用，對於祛寒有絕大的幫助。但經過時代的演進，火鍋料理不再只是大雜膾，除了填飽肚子之外，日本人還要求吃得講究。在日本各地，因著特色食材，衍生了不同的鍋類料理，接下來，便依各地特色來作介紹。

1. 壽喜燒（すきやき）：這是全日本都流行的鍋類料理，在鐵製的鍋中以柴魚醬油、味醂和糖來炒牛肉，加上青菜及豆腐，食用時可沾上蛋液來吃。日本全國性的喜愛，使得這種食物甚至成為一首流行歌曲的名稱。

2. 水煮鍋（チリなべ）：源於長崎，主要以海帶來作調味，味道與海鮮最搭配，用來煮鯛、鱈魚及河豚等魚類。此種火鍋

▲牛肉壽喜燒，使用頂級的神戶牛肉，加上菇類，滋味更豐富　圖片來源：李秉綸

口味清淡，卻最能吃出海鮮的美味，回想起水煮鍋的源起，原來是為了在長崎的外國商人不敢吃生魚片而創造出來的，沒想到最後卻成為全國性的受歡迎火鍋。

3. 鮟鱇鍋（あんこぅなべ）：日本稱「南河豚，北鮟鱇」，鮟鱇其實是一種長相醜陋，甚至有點恐怖的魚類，平時不會在淺海被發現，只有產卵時才會到岸邊來。日本人對待鮟鱇的方式，看了似乎有點殘忍，整條魚吊起來宰殺，每個部分經過肢解後，都不浪費，尤其是內臟中的肝，會用來與味噌拌炒，變成美味的味噌肝醬，加入湯中，便成為最佳的湯底，至於魚肉在

入鍋前會先汆燙兩秒鐘，才可以去腥，並且保持魚肉的彈性，對於茨城縣水戶一帶的居民，鮟鱇鍋可說是其引以為傲的名產。

4. 櫻鍋（さくらなべ）：櫻肉是馬肉的別稱，別以為日本人生性殘酷，竟拿可愛的馬隻入菜，實在是因戰後死傷的馬隻，是戰時缺糧的唯一選擇，但為何最後卻成為少數日本人的最愛，可能與馬的勇猛有關，少許的日本人迷信吃了馬肉便會像馬一樣勇猛，因此，在風化區附近便有櫻鍋的料理店，吸引著性好漁色的登徒子，當然現在的馬隻來源不再是傷馬，而是專門畜養的北海道品種肉馬。馬肉色澤似櫻花，櫻鍋的美名便因此流傳了下來，想起來與台北萬華附近到處賣著壯陽的蛇湯及補品，有著異曲同工之妙。

5. 石燒鍋（いしかきなべ）：石燒鍋顧名思義，是將石頭燒熱，加入有著魚貝類的味噌湯中，上桌開動的剎那，將燒熱的石頭放入湯中，嘶嘶作響，不僅味覺、嗅覺，連聽覺都加入了享受的行列，這樣的烹調法，在台灣的原住民食文化，或者是蔥油雞中，都有同樣的視覺、聽覺經驗。

6. 牡丹鍋（ぼたんなべ）：其實是一種山豬肉火鍋，為何有著美麗的花名？跟其色澤有關，如櫻鍋一般，為了在禁止肉食的時代能一飽肚皮，所以取了一個不易聯想的名字，引人遐思，蔥段及味噌是其傳統的原味，而現在野山豬已不復見，只有人工飼養的山豬可入菜。

7. 泥鰍鍋、柳川鍋（ドジョウなべ、なながわなべ）：二者都是以泥鰍為主角，只是煮法不同，前者是以味噌湯汁慢燉兩小時，到皮軟骨酥，再加上調味料及海帶醬油略煮；而後者則以柴魚醬油煮兩次，食用時需淋上蛋液，蓋上蓋子送到客人面前，二者都是精氣神的絕佳補品。

8. 牡蠣鍋（カキなべ）：2、3月是牡蠣的旺季，日本人會以味噌

湯為底,將用蘿蔔泥清洗過的牡蠣在滾湯中繞個三圈,便能吃到最佳柔軟度的牡蠣,而紅褐色的味噌湯底也是冬天絕佳的熱湯。

9. 石狩鍋(いしかりなべ):有名的北海道名火鍋,以當地捕捉的鮭魚為主角,湯底則是赤味噌加上柴魚高湯,在札幌還會加上鮭魚卵,彷彿親子同堂,而若以北海道的起司入鍋同煮,則會有濃濃的乳香。

七、用餐禮儀

1. 儀態:姿勢要正確,以左手端碗盤、挺胸,將碗盤拿到口邊,如此不但看來美觀,還有利於消化。

2. 擺設:日式餐點的擺設,最基本的形式是以食用者的方向來看,左側置湯碗右側放置飯碗,並呈一橫線排列,而筷尖朝左置於面前。

3. 上菜順序:在較正式的場合,首先上飯、湯點以及生魚片、涼拌料理等前菜,而後配合用餐的進度,再依煮燉料理、燒烤料理的順序出菜。

4. 喝湯:用筷子輕輕壓住湯料,聞一聞香味,先喝口湯,再吃湯料,湯碗如果有蓋子吃完後需蓋回。

5. 煮燉菜:用左手拿好菜皿,味重和味淡的燉菜交替食用。

6. 魚類:由上側開始食用,吃完上側後,把魚骨剔除放在盤子的內側再吃下面的肉,絕不能把魚翻過來,魚刺則集中放置。

7. 油炸菜:用左手拿著沾汁,一邊沾一邊吃,一口吃不完的菜則在盤中先用筷子分成適當的大小再吃。

8. 禮貌語:用餐前要說いたたきます(開動了);用完餐要說ごちそさまてした(辛苦了)。

八、日本料理廚師的工作分工及廚房組織

一般而言，一家料理店的靈魂人物為料理長，亦即廚師長，關西地區還把年長的廚師稱為老爺子。廚師長不謹要編制菜單、訂購原料、還要負責分配及管理協調廚房中大大小小的事，而在廚師長之下，會有負負煮燉菜的廚師、刺身廚師（負責壽司的製作）、司烤廚師（負責燒烤料理）、司炸廚師（負責炸的料理）、裝盤擺花師（擺盤及洗切材料）；另有清洗員及見習生，負責協助清洗及打雜的工作。

九、日本餐廳的分類

日本的餐廳分類，界限其實並非很明顯，加上美食地球村的影響，食物全球化的效應，各類的料理都已有了統合，若要以菜色來區分，大致上可分為和食料理、中華料理、義大利料理、法式料理及其他國家的風味料理。而若就和食本身而言，可因其販賣的主角菜色分為下列幾類：

1. 高級料理亭：走高價位路線，通常在大都會附近，從裝潢到菜色，都非常的講究，服務或上菜的方式，以懷石料理的方式居多，不但講求用餐的氣氛，連餐具的搭配都是異常的精緻，食物與餐具加上裝潢，講究一種意境，通常用餐下來，價格也是不菲的。在京都鴨川的納涼料理，源自於店家在鴨川上用竹子搭建起夏季限定的川床，即遊客可在川上一邊納涼，一邊用餐，這種納涼傳統已成為一種文化遺產，獨特而珍貴。一頓道地的納涼料理至少三千台幣起跳，更奢華者，還有藝妓在旁起舞相伴。

2. 壽司專賣店：以販賣現做的壽司為主，通常餐廳會有一個半開放的吧檯，壽司師傅會現場握捏壽司給顧客，現做現吃，講究

▲在京都鴨川的高級料理亭，夏夜特別美麗　圖片來源：陳紫玲

食材的新鮮，以及師傅與客人之間的互動，通常是熟客居多。除了壽司之外，生魚片也是販賣的主角之一。

3.拉麵專賣店：專門賣拉麵，客人上門，也是為了吃麵，不同的地方，有不同的口味，例如：北海道的味噌口味拉麵、東京的醬油拉麵以及九州的豚骨拉麵。

4.燒肉店：專門賣烤肉的店，客人上門也專為吃烤肉而來，日本的燒肉強調碳烤的香味，各式各樣的肉類及魚貝類都是烤肉的主角，有時動物的內臟也可以拿來烤，最受歡迎的便是豬舌及魚肝。烤好的食材沾上各店的特製醬汁，配上啤酒，便是客人的最愛。

5.火鍋店：專賣各式各類的火鍋，即是涮涮鍋，日本的火鍋與中華式的什錦火鍋不同之處在於高湯以及食材的處理方式，日式的火鍋講究各種材料主從及先後，絕對不是一次全放進鍋中，而是依材料的味道濃淡來進行，而且主材料一次只有一種。

6.蓋飯專賣店：以賣丼料理為主的料理店，除了單品之外，通常

店家會設計以套餐的型態來販售，一來方便客人，二來可提高單價，是雙贏的策略。

7.和菓子專賣店：以販售日式點心為主的店家，現在也有給合茶飲的販售，讓客人一邊喝茶一邊食用和菓子的店家，算是一種外帶店的另類開發。

8.居酒屋：日本人喜歡在晚餐過後繼續飲酒作樂，居酒屋是最佳去處，除了各式的配酒菜之外，酒當然是主角，日本人喝的酒大部分以啤酒為主，但也有以傳統的清酒來配菜，而年輕一輩也可以接受一些洋化的雞尾酒作為其飲料。

9.連鎖餐飲店：除了專賣日式料理之外，日式連鎖店的開發在集團的推波助瀾下，已用許多種面貌呈現，例如：摩斯漢堡，還有專賣咖哩的CoCo壱番屋，都是日式體系的連鎖店，該類的餐飲店不僅以日本當地為主要市場，尚有開拓國外市場的野心。

十、食器的種類

在日本，食器不只是用來盛裝食物而已，更是食物的一部分，負責使菜餚更添加風味，所以一道會席料理或是懷石料理所用的器皿，林林總總，各式各樣，讓人大開眼界。常用的食器有陶器、瓷器、漆器和玻璃器皿等，使用時，要把握各種器皿的特色，配合不同的菜餚才能相映成輝。

1.陶器：日本著名的陶器有織部、志野、黃瀨戶、瀨戶黑、信樂、備前、唐津、樂燒等。

2.瓷器：著名的日本瓷器有伊萬里、鍋島、九穀。日本市場上常見的外國瓷器有白瓷、古染、祥瑞、吳須赤繪、南京色繪、李朝等。

3.漆器：以木材為料，經成形，反覆塗漆最後乾燥而成。漆器耐熱、耐水、輕而結實，使用壽命很長。使用前必須用溫水清

洗,用後也必須反覆用溫水清洗,清洗後用乾布或紙包好,避免濕氣及日照。日本料理店常用的漆器是各種碗類,如湯碗、煮物碗、飯碗及茶碗等。

4. 木器:日本的木製食器大部分選用杉、扁柏、山毛櫸、花柏等木材,木材食器除了會散發木材獨特香氣外,亦讓人有溫和厚實的穩重感。

5. 竹器:此種食器的使用期限短,蓋因其為竹子削片編成或直接對剖來盛裝食物,因此,一旦褪色或者變黃變黑,便須更換。使用時,宜在夏季,讓人產生清涼的感覺。

6. 玻璃食器:清澈的玻璃使用方便,價格亦便宜,但因為不耐熱,大部分用來盛裝甜點。

7. 塑膠食器:與台灣一樣,塑膠食器的使用在日本料理餐廳愈來愈頻繁,其質材輕又耐水,但對於過熱的食品亦不建議使用,另外,過多的塑膠食器,易讓人產生廉價感。

第三節　中日飲食文化之比較

雖然日本飲食文化受中華文化影響很深,但是,經過時間及空間的淬鍊,細細品嚐後,仍可發現其中的差異,現就下列幾點描述:

1. 熱食與冷食:中華民族是個嗜吃熱食的民族,無論是點心或正餐都比較喜歡熱食,彷彿食物不冒煙就不可口,相較起來,日本料理許多部分都是冷食,如生魚片、壽司、麵條等,就連便當也是冷冷地吃,在緯度高的日本當地而言似乎是不合邏輯的,但是,這樣的習慣似乎全日本人都可接受,為了袪寒,頂多配著熱熱的茶來吃。

2. 口味不同:日本人的料理中,以口味而言,不但較清淡,味道完全與傳統的中華料理不同,日本的口味是偏甜的,因著不同

的材料，日本人比較喜歡以甜口味的醬料入菜，如照燒味，加入各種菜餚中，都呈甜甜的味道，難怪日本人最愛的中華料理之一為糖醋排骨，而就連以麻辣著稱的麻婆豆腐，到了日本，口味也在地化的成了甜豆腐。

3. 用餐習慣的不同：日本人的飲食禮儀，與茶道中的「和敬清寂」要求一樣，除了個人的用餐是要合乎禮儀，各種用餐的習慣也是專注地吃著自己的食物，不東張西望，不製造太多的噪音，而華人似乎喜歡在用餐時熱熱鬧鬧的，彷彿太安靜是一種罪過，尤其是主人，為了要帶動氣氛，還要起身走動到處敬酒，這樣的習慣與日本人是不太相同的。

4. 熟食與生食：日本人是全世界生食吃得最多也最精的民族，無論是魚或蝦，各類的海鮮，日本人都能生吃，而且日本民族以吃到新鮮的生魚片為樂。除此之外，日本人對海鮮的利用，幾乎是每個部位都不浪費，例如：魚的內臟，拿來烤一下，據日本人的說法：可比擬法國的煎鵝肝般的美味。

5. 菜單的不同：日本人的菜單，常常為了方便客人，將圖片都放在菜單上，一目了然，有的店家甚至將實品的模型放在入口處的櫥窗內，不但是一種導覽服務，也是一種廣告的方式。現在台灣許多餐廳也都仿效這種做法。

6. 美食雜誌及節目推波助瀾：日本人的美食節目，對於美食的推展，功不可沒，小到食材的介紹，大到餐廳的經營，經過美食節目的報導，使得全世界對日本美食更為瞭解之外，也抱著有朝一日要親身去日本嚐嚐各式的美食，媒體的侵略洗腦，實在不可小覷；而這種影響，不只針對外國人，連日本當地人也常拿著美食指南，朝聖式的排著隊伍，就為一嚐其味，小至拉麵，大至懷石料理，只要看到有人排隊的地方，群眾的盲目心態，常會像磁鐵一般，將食客吸過去。

7. 餐具的多樣性：吃過懷石料理的人，常會讚嘆日本食器之多樣

化及精緻化；不同於中華料理，日本的食器多元而精緻，食物本身除了切割外，便是以食器來襯托其美味，相較之下，中華料理不是圓盤、腰子盤，就是碗，單調許多。不過，想起事後得清洗及保養這麼多類的食器，不免又佩服起日本人的勤快了。

第四節　結語

　　日本料理擅長於吸取各國文化精髓，加以革新，同時又不遺餘力地維護自身傳統料理文化，此一傳統與創新並存的特點正是日本料理之所以能成為全球著名飲食的最大原因，在每個季節的大自然中尋求合乎時令美味的日本料理，極其講究形與色，極工盛器，每一道菜都猶如中國的工筆畫，細緻入密，美不勝收，飲食文化總是能反映一個民族的特點，日本料理就如同溫柔似水的日本女子，在秀色可餐和可餐秀色之間，讓人們對日本的文化有一種爽朗卻又朦朧的感覺，但在我們一味的想瞭解日本料理的同時，日本料理界卻也急於向外伸出其觸角，吸收他國料理的專長，融入在日本料理之中。再者，食材的全球化，口味的普及化，使得日本料理不斷地進步，而我們很難再說咖哩不是日本味，就連在超商，也可以買到日式甜口味的麻婆豆腐，更令人讚嘆的是，源自於法國的可麗餅，經日本人改良，再遠渡重洋，傳到了台灣，竟成了夜市中需排隊購買的美食之一。青出於藍，更甚於藍，這便是日本料理界所有達人的目標及唯一的想法，追求完美的日本人，使得日本料理在世界飲食文化中永遠占有一席之地。

參考書目

王美玲等（2000）。《東京2000》。台北：墨刻出版。

田村暉昭（2003）。《日本料理完全手冊——吃法・樂趣・禮儀》。台北：漢思出版社。

劉茵等譯（1999）。仲田雅博著。《日本料理廚師手冊》。香港：萬里機構•飲食天地出版社。

全中妤審譯（2004）。Pamela Goyan Kittler & Kathryn P. Sucher原著。《世界飲食文化傳統與趨勢》。台北：桂魯。

吳素馨等（1999）。《北海道》。台北：墨刻出版。

吳素馨等（1999）。《京都》。台北：墨刻出版。

周美江（2000）。《日式小菜》。台北：台視文化。

林嘉翔（2000）。《食樂日本》。台北：遠流。

林嘉翔（2002）。《日本鄉土料理》。台北：遠流。

林嘉翔（2002）。《走看日本名物》。台北：遠流。

林嘉翔（2003）。《日本夢幻火車便當》。台北：遠流。

畑耕一郎（2002）。《プロのためのわかりやすい日本料理》。東京：株式會社柴田書店。

陳佩雲譯（1991）。《日本萬象》。台北：旺文社。

謝明蓉、柯珊珊（2000）。《箱根・伊豆・富士》。台北：墨刻出版。

CHAPTER 11

韓國飲食文化

黃薇莉、陳紫玲

第一節　韓國簡介

一、地理位置與氣候

(一)地理位置

　　由中國東北向南延伸的韓國呈現著半島地形，自古以來稱之為朝鮮半島，起因於韓民族由古代神話中檀君建朝鮮國，而後人李成桂於西元1319年改國號為朝鮮。「朝鮮」兩個字有另一個說法，因其半島位於亞洲本土的最東邊之一，而有個美麗的說法是在此塊陸地上，每個新鮮的早晨均由這個地方為最先開始，而有朝（ㄓㄠ）鮮之名的由來。到後來曾被日本所兼併，成為日本的殖民地，直到二戰後才脫離日本殖民成為現代的南北韓時期。

　　此半島國家三面環海，北邊與中國隔有鴨綠江；另以圖們江與俄羅斯為界；與中國山東半島則隔著黃海相望；東瀕日本海；東南端有朝鮮海峽與對馬海峽，與日本相隔僅約200公里。整個朝鮮半島南北走向約有1,000公里，東西約有200公里，是一狹長形的國土，總面積有22萬平方公里，約為台灣的2.8倍。

　　朝鮮半島呈南北走向，境內有70%為山脈、丘陵和河川所磐踞，屬於世界上山地最多的國家之一。山脈緜延不絕，壯麗秀絕，有「東方的阿爾卑斯」之稱，北起有高達2,000公尺以上的險峻山脈，如摩天嶺山脈、咸鏡山脈和狼林山脈；偏東則是由北向南延伸的太白山脈，其為朝鮮半島的中央骨幹，山勢未如北邊高，但分支頗多，大多分布於南韓境內。南韓境內有80%為太白山脈的分支，卻未造成東西向的交通阻隔，山脈間多有河川谷地，可作為交通通道。

　　由於山勢偏東，故半島上許多河川多發源於東北方的山谷地中，在向西流去的途中，造就了山間谷地與沖積平原，平原地因此利於人們生活與耕作，於是朝鮮半島上的菁華區也就多集中於半島的西部，

這個發展與我們生活的台灣島有著類似的情形。因此風景秀麗，富麗的山野景致因而落於美麗的東半部，平衡了大自然的發展。韓國深藏於太白山脈中的著名山岳如五臺山、雪嶽山、金剛山等就是在東部山區裡。

(二)氣候

　　韓國境內多山，其合宜耕作的田地相對就少了些。地理位置也決定了氣候，而人們賴以為生的農產與物產就連帶受到影響。

　　半島位於北緯33度到43度之間，屬於亞洲大陸隆出於海中的陸塊，韓國氣候介於大陸性氣候和海洋性氣候之間。可由境內首爾作為兩種氣候的分野點，首爾以北屬於大陸性氣候，溫差大，愈向北行，其冬季愈長愈寒冷；而首爾往南，海洋性氣候愈濃，氣候也較溫和。韓國境內四季分明，冬季具有「三寒四暖」的特色。「三寒四暖」是韓國冬天常見的現象，即連續三個酷寒的天氣後必有四個陽光溫暖天的到臨。雖然韓國的冬天酷寒難以忍受，但在山岳地區，卻可享受冬季最熱門的滑雪運動。因著滑雪活動所消耗的體力，要補充熱量與營養之最受歡迎的方式，當然就是進補熱騰騰且具食療功效的人參雞和各式火鍋及韓國烤肉。

二、歷史發展

　　用「地緣文化的命運與挑戰」來描述這曾與我國合稱亞洲三小龍的韓國，其地理位置形成了不得不有的歷史宿命。南韓整個西邊隔著黃海（韓國稱西海）與中國相望，北邊隔北緯38度與北韓相鄰，東邊則隔著日本海（韓國稱東海）被日本環繞，國土三邊環海，造就了海產豐饒，食物中充滿了海味，但也造成了韓國具備半閉海國的特質。

　　韓民族在歷史上所陳述其開國源自天神桓因，派其子桓雄下凡，欲將朝鮮半島變成一個有生氣的沃土，而後代檀君的出生，為其建國的開始。這樣的解讀很類似於我中華民族由黃帝時期開始。檀君有其

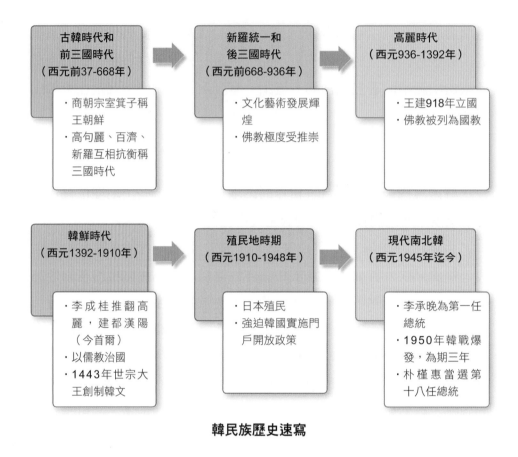

韓民族歷史速寫

神話意義的記錄，韓民族因而稱其歷史有四千餘年的悠久文化。

綜觀韓民族的歷史，大約可分為六個代表時期，分別為「古韓時代和前三國時代」、「新羅統一和後三國時代」、「高麗時代」、「朝鮮時代」、「殖民地時期」、「現代南北韓」。

第二節　韓國食材與飲食特色

韓國過去處於農耕社會，自古便以米為主食。韓國飲食由各種蔬菜、肉類、魚類共同組成。而其發酵產品種類繁多，例如泡菜（發酵的辣白菜）、海鮮漬物與醬料（鹽漬海產品）、豆醬（又稱黃醬、味噌醬，黃豆的發酵品）等各種發酵保存食品。原本是為了保存食物以

過嚴冬，到後來需求與技術的發達，發展出各類食品，並以營養價值和特別的味道而聞名。

一、常見的韓國食物

依照日常生活常見的韓國食物，大約可分類如下表。

代表性的韓國食物類別

肉類食物	銅盤烤肉	烤五花肉	辣炒春雞	燉雞	炸雞	
特色韓國料理	泡菜	飯捲壽司	韓式拌飯	辣炒年糕	韓式煎餅	
養生料理	參雞湯	排骨湯	雪濃湯	牛肉湯		
鍋類料理	大醬湯	泡菜鍋	豆腐鍋	部隊鍋		
麵類料理	拉麵	冷麵	炸醬麵	蕎麥麵	刀削麵	麵疙瘩
路邊小吃	黑米腸	甜不辣	烤魷魚	鯛魚燒	雞蛋糕	糖餅

而除了前述表列的食物，日常的飲食中，常見的飲食代表描述如下：

(一)米飯、粥

飯是韓國飲食的主食，一般人吃白飯，然而時常在飯中加入其他的五穀，如大麥、紅豆、大豆、高粱等，也會放入一些堅果，增加營養。添加了南瓜、紅豆、鮑魚、人參、蔬菜、雞肉、黃豆芽、蘑菇等營養價值高所烹調的各類粥品，也是韓民族相當重要的飲食之一。與華人較相近的是，一般傳統的早餐都會備有粥品，以增添一天工作的能量。

(二)湯

湯是餐桌上必定提供的餐食。由各類食材製成不同口味的煲湯，有各式芽菜湯、乾明太魚湯、海帶湯與牛骨湯等。韓國人習慣在生日時喝海帶湯，據說跟產婦也喝海帶湯有關，感覺在生日時喝海帶湯有感謝母親生產的辛苦。

(三)涼拌菜

涼拌菜是加入鹽、醬油、椒鹽、芝麻油、蒜、洋蔥後拌調而成。在韓國用韓式定食時，通常還沒點菜，就會看到服務人員很有效率地上了四至五盤的開胃涼拌菜。在全州有些專門賣馬格利酒的店，甚至只計算酒的價錢，所有的涼拌菜都是附贈的，點的酒愈多，所附的涼拌菜就愈高檔。而據說在餐館內負責涼拌菜的阿姨，被稱為「饌母」，一個餐館成不成功，饌母肩負有相當高比例的因素。

(四)泡菜

韓食以泡菜為其飲食文化特色，幾乎每一餐都離不開泡菜。泡菜的歷史很短，七百多年前稱「沈菜」，四百五十年前稱「沁菜」，三百年前稱「浸菜」，一百多年前才開始稱「泡菜」。其種類因地區與主材料而有不同，各有其特色。常見為白菜泡菜、白蘿蔔泡菜、黃瓜泡菜等。泡菜富含酵素，可補充維他命C，使人富有活力，因此韓國人視泡菜為最高食品。

泡菜原本是韓民族過去為了保存蔬菜過冬，在白菜上添加鹽、蒜、薑、蔥、蘿蔔等調味品醃製發酵而成的食物，為最具韓國代表性的傳統料理之一，是典型的發酵食品。由於朝鮮半島山多田少，農作多只能一種，冬季沒有青菜可食用，故在秋季收成後，人們便將合適的大白菜，醃製保存以便在漫漫的冬季中食用，長久傳衍成為韓食中重要的飲食文化，發展成為今日舉世聞名的韓國泡菜。至韓國各種餐廳用餐，每餐必見的食材，便是泡菜。

(五)海鮮醃製發酵品

此類醃製品是用魚、海蠣子、蝦、魚子、魚內臟等發酵製作。可當作佐餐開味，或是烹煮菜餚的調味料。

(六)砂鍋

在餐桌上除了一般的湯品之外，會有比湯還濃的醬砂鍋，其味道較重辛辣，一般是煮好後端到桌上享用。

(七)拌飯

在農村時代，妻子會做飯讓出外的丈夫帶著或送到田裡，為了食用上的方便，則是將所有認為可口有營養的菜料，如泡菜、野菜、生蘿蔔，或為了增加營養，再放入一顆生雞蛋，混合著辣椒醬、芝麻油等，攪拌入味而食。

▲在市場中，各式生菜拌飯，由客人自己選擇喜愛的菜色加入，也是受歡迎的韓國庶民飲食　圖片來源：陳紫玲

(九)煎餅

為家家戶戶的家常點心，用麵粉和雞蛋攪拌製成的麵糊，加入不同的材料如青蔥、蘑菇、角瓜、青椒做成蔥煎餅，而加入墨魚、蟹肉、鮮蚵等海鮮食材，則製成海鮮煎餅，後有人應用泡菜，做成泡菜煎餅。

(十)韓菓

為韓國傳統甜食，平時很難得有機會吃到，多半是在年節、祭祖、婚禮喜慶時，才會

▲海鮮煎餅在韓國各式餐廳的菜單中常可見到
圖片來源：陳紫玲

特別做來食用。這種甜味又香脆可口的點心，多使用糯米粉、麵粉、乾果、堅果、麥芽、五穀等多樣化的材料，再拌入蜂蜜製成。香脆的口感發出卡卡的咀嚼聲音，傳說在過年時吃可以嚇走妖魔鬼怪。

▲韓菓一般傳統使用黑、白芝麻，此處則是應用米花　圖片來源：巫維中

(十一)九折板

原意為分成九格用來盛放食品的盒子。周圍分為八格，分別放入八種不同顏色與種類的配料，中間的一格放置麵皮，用以包裹周遭的配料。此料理原為宮廷料理之一，後流傳於民間。九折板的八角形，象徵八卦吉祥，也象徵朝鮮八道融合，國家太平。現在成為一般正式韓國料理宴客料理的頭盤。進食時，由主人家為客人包裹好後，分送給客人享用，此為韓民族待客之禮。其滋味頗像台灣的潤餅捲。

(十二)參雞湯

出名的補身湯之一。不同於中國人煮雞湯的部分是，雞首與雞腳均會除去，而在雞的腹腔放入糯米、蒜頭、紅棗、栗子、人參與薑後燉煮。韓民族習慣在夏天以參雞湯調理虛弱身體。許多餐廳現在也以人參雞作為招牌菜。台灣人必到的首爾名店：陳玉華一隻雞。陳奶奶已七十多歲了，1978年創業至今，現已成為台灣人必吃的排隊美食之一。吃的時候，店家會協助以剪刀把一隻全雞有效率的分解，方便客人食用。而景福宮附近的土俗村的參雞湯更是觀光客必訪之處，其選用三十天大的仔雞，一人一鍋，雞肉相當嫩，方便客人食用。

▲一小鍋參雞湯配上人參酒，是韓國有名的排隊餐廳土俗村吸引觀光客的
不敗美食　圖片來源：陳紫玲

(十三)糯米糕或米製餅類（deok）

由於主要農產主食是稻米，故韓國傳統的糕點多用米來製作。自古以來主要是在親朋好友街坊鄰居間的連繫感情與傳遞關懷的媒介，從大家藉著吃餅一同分享生活中人生皆有的快樂或哀傷情感，延續到今天仍為婚喪喜慶主要的社交禮物。這樣的米製品象徵著韓民族生活歷程中團結的情感。其種類非常多，可做成甜點或糕點，不僅用來慶祝結婚，也會在小孩子滿一百天、一歲時，各有不同的米糕類食物分享給親友，在另外的節日也有祭祖專有的型式與口味。

(十四)韓式粿條（辣炒年糕）（Tteokbokki）

用米做成各式長短不同類型的粿條，常見的是短型的粿條，這種食物是街頭常見的點心麵食，用紅蘿蔔、竹筍、洋菇與黃瓜等，用燉煮的方式。看起來可能賣相不是太美觀，但卻是如同台灣小吃大腸麵線般受大眾喜愛。

▲隨處可見的路邊美食——韓式粿條　圖片來源：陳紫玲

二、韓國飲食特色的成因

韓國飲食有以下幾個特點：(1)種類繁多的發酵食品；(2)藥食同源的韓味；(3)重視五色花彩呈現美食。而形成這些特點的原因，則均與這塊土地之先天條件、與其人民的風俗文化有著很密切的影響關係。

(一)天候與物產的影響，發展了各類的發酵食品

韓國自古以來，因應自然環境之限制，很早就發展了許多發酵的食品，發酵食品原來是為了延長食物保存期限，後因製作技術提升，種類發展逐漸增多，遂形成韓國料理的飲食特色。

地形與氣候宜於穀物種植，很早就以農耕為主的韓國，後來普遍種植水稻，因此穀物也成為韓國飲食文化的重心。其飲食形態，在三國時代發展為飯、菜，分為主食與副食。而後有飯、粥、糕餅、麵條、餃子、麵片湯等，而新羅統一時期發展了以穀物釀酒的技術，酒也因此被應用於農業社會的各項儀式中。之後黃豆也開始被栽培種植，因此相關黃豆加工製品也開始增加，如黃醬（就是味噌醬）。而寒冬季節長，因此蔬菜的取得不易，為了儲存過冬而有了醃製青菜的方法，而有了今天聞名世界的韓國泡菜。

北部多山,夏短冬長,旱田,合適栽種穀類,以雜糧飯、海藻菜、山菜為主食,較無海鮮,食用魚乾與醃製海鮮。菜色口味清淡,不偏辛辣,份量較多。中部到南部土質合適水稻種植,以大麥飯與白米飯為主。沿海與島嶼地區多食用海鮮、魚貝類與海藻等,因天氣濕冷,料理烹調較重鹹辣,並偏向醬料調製。

因天候關係,韓國的冬天幾乎無法耕作,故很早韓國人就利用天然氣候與發酵技術來儲存食品。除了世界知名的泡菜之外,傳統的醬料有黃醬,是用黃豆發酵,類似中國甜麵醬或日本味噌;泡菜醬則用來製作肉品、海鮮、醃菜等,不同於中國的泡菜,韓國泡菜會加入提味的海鮮材料,而青綠色蔬菜在醃製時,為了去其生臭味,甚至加入麵糊,以使泡菜更入味,同時增加口感與風味。

除了農產品之外,因其朝鮮半島三面環海,漁產品製成發酵佐餐食品技術也相當發達。以上各類發酵製品形成了韓食中一大特色。

(二)傳統之民俗觀念,發展了韓食的藥念調味

韓國民族受儒家思想影響甚深,在飲食方面有「吃為五福之一,吃為健康之本」的觀念。五福所指的是,長壽、富裕、健康、德性、兒孫滿堂,稱為人間之福。

韓語中沒有「醬料」的說法,用來調製食物的調味品,可用「藥念」(yan nyomu)來解釋,「藥念」是指當地料理文化中所用來烹調食物之色、香、味的香辛料、調味料與香味蔬菜的總稱,其可說是韓國料理的根本,並擔任重要的食物提味角色。為何稱為「藥念」呢?其實是取其利用如同多種食材調味(比作藥方)集結而成,衍生出特定的美味,如同藥方產生的作用一般,故稱為「藥念」。有以下材料:醬油、韓式味噌辣醬、辣椒、蔥、辣椒粉、砂糖、紅辣椒、味醂、蒜頭、生薑、韓國味噌、鹽、乾辣椒絲、芝麻、芝麻油、粗粒辣椒粉、麥芽糖、醋、沙丁魚精、胡椒、松子。使用以上各種調味食材可製成各式藥念醬,在韓國料理中,各式藥念醬可以搭配各色菜餚烹

調或食用，通常也不局限僅能使用於特定菜餚中，有時候即使是使用一樣的藥念醬於不同的食材，也會有不同的風味呈現，這可說是韓國料理中「醬料」的魔法效用。

「醫食同源、藥食同宗」，可看出韓國傳統飲食文化中「食補即藥補」的概念，同於中國在各時令的「吃補」與「食療」，即是利用各式藥材入菜，如人參、紅棗、枸杞、生薑、薏仁與桂皮等，皆是用來滋補身體，增強體力與養生。生薑、桂皮、紅棗、枸杞、桔梗、木瓜、柚子、石榴、人參等均用於飲食的烹調之中。如參雞湯、艾草糕、各類涼拌菜等食物。而飲品方面有松子茶、人參茶、生薑茶、柚子茶、木瓜茶、枸杞子茶、紅棗茶等各類養生茶飲。

(三)重視五色、花彩的菜色呈現

傳統韓味中重視五色（ko myon），韓國料理利用五種自然色調作為裝飾與調製菜餚，五色指的是紅、黃、白、黑、綠，其五色伴隨著五種不同的味道。此象徵宇宙的五種色彩，稱為五方色。除了代表方位之意義外，也有春夏秋冬的意涵，代表節令的轉換。鹹味的代表為黃色，酸味的代表為綠色，甜味則是白色，苦味以紅色代表，辣味則是黑色。

而食材的表現，紅，常使用紅辣椒；黃，常使用蛋黃煎成的蛋皮或銀杏（或稱白果）；白，使用蛋白煎的蛋皮或是白芝麻、葵瓜子等；黑，如煮熟的牛肉或香菇，或其他黑色系之菇蕈類；綠，芹菜絲或小黃瓜等。不過在菜式裝飾上較無中國料理善用生鮮食材浮誇的蔬果雕刻裝飾，較顯出簡單純樸的自然田園氣質。

五色、五味透過菜餚的呈現，在餐桌一個空間的展現，達到其重視調和的境界，藉由飲食準備的精神，也透露了韓民族順從宇宙萬象與自然原理的謙遜態度，此可稱為韓國傳統飲食文化的精髓。

▲運用五色與五味變化的菜餚　圖片來源：巫維中

三、韓國日常飲食型態

　　日常飲食以米飯為主食，菜為搭配的副食。而主食的米飯可有白米飯，或混有小米、大麥、大豆、紅豆等雜糧飯。而謂為副食的配菜，有湯、醬料湯、各式泡菜與醬菜，另有肉、魚、蔬菜、海藻烹煮而成的食物。韓民族便是以這樣的飲食方式得以均衡的攝取各類營養。主食有飯、粥、麵條、餃子、年糕湯、麵疙瘩；副食指的是湯、醬湯、烤肉、煎肉、炒肉、野菜與蔬菜、魚鮮醃製品、火鍋料理、燉湯類與各式泡菜等。

　　傳統依賴農產大自然飲食的韓民族，與我以農立國的觀念有許多相似之處，例如：尊重時令的飲食型態、求天庇佑的各項農產、漁產豐年祭的儀式、祈求社區部落平安與中秋、清明節日的祭典與飲食等習俗，都與我們的文化雷同。但是，韓國飲食文化也有其特別之處，例如：隨時令不同取食不同的食物與禁忌，如在正月吃營養價值高的核桃，可使整年體力充沛；而其取食泡菜也有時令之分，春天取食鮮

嫩蔬菜製成的泡菜，既可補充冬天缺乏的維生素，又有迎春的意義；夏天製作清爽可口的帶葉蘿蔔泡菜；秋天則利用最後一批在露天栽培的蔬菜製作類似蔥泡菜等。所以有人會說，只要看桌上的泡菜即可得知現在的季節。

韓國傳統鄉土飲食受到當地地理、氣候特點、民俗觀念、祖傳食物製備方式所影響發展成的民俗飲食，這些季節美食風俗似乎是結合了大自然與人的智慧，形成了相當具有文化與風土民俗且兼具營養觀點的韓國飲食文化。

四、韓國的節令飲食

受到佛教與儒教影響的韓國，因處於農耕社會，其生活與四季節令時氣，有著密不可分的關係，重視民俗、四季分明的韓國有著許多重視節氣的飲食。

(一)正月春節

祭祖祈福平安的家庭到辭歲迎春的第一天，最具代表性的春節料理是年糕片湯。中部與北部地區更在年糕片湯中，加入包有山雞肉、綠豆芽、蘑菇與泡菜的餃子一同食用。另外有蜜糯米做成的油菓、蜜糯米湯、桂皮湯和八寶飯。蠻頭（饅頭）（中國稱之餃子）常在正月春節期間準備給來訪的客人食用，因為準備飯菜也過於麻煩，便將肉類、青菜、豆腐等材料調配均衡，包在一起食用。

(二)元宵節

早在新羅時代人們就有此節日，其主要是為了在嚴冬過去後卻禍免疾，在正月十四日夜晚取食五穀飯、九種干菜和蘿蔔片泡菜。九種干菜可使在夏季免除中暑。隔天早上，將核桃、花生、栗子扔向戶外，如此這一整個年就不會有疾病，牙齒也會更健康。而在用該日早餐時，為了不讓惡魔附身，還要飲用耳明酒。另外用海苔或菜葉包飯

吃，可有祈願民生豐收的意涵，這種包裹內餡的做法，類似於正月食用湯餃，意在於得福。所有以福袋方式包裹出來的食物，如同韓食中多以生菜包肉或飯食用，也都代表福氣的擁有。

(三)三伏

此節氣為全年最熱的夏季，分為初伏、中伏與末伏。此時人們會食用參雞湯或狗肉湯來進補。夏天食用補品對台灣人來說，令人費解。但韓國人認為夏天流汗，易造成體虛，若不儘早食補，冬天便會畏寒，容易生病，此即為因天氣寒冷而發展出來的習慣。

(四)中秋節

八月十五日為中秋節，恰為秋收的季節。此時稻米、熟果全進入豐收的季節，這一天以農耕為主的韓民族家家戶戶都會舉行祭祖活動，並舉家到祖先的墓上掃墓。這一天均會準備著半月形的松子餅與芋湯，至墓地掃墓祭拜，到了晚上全家歡聚，一起賞月。

(五)冬至

人們相信小豆（紅豆）有驅除鬼神的功效，因此在冬至這一天要吃小豆粥（紅豆粥），而在粥裡放入符合食用者年齡的糯米湯圓的數量。另外還會象徵要驅除邪氣，將粥向外撒出。紅豆粥雖名為紅豆，但實際上熬到已不見豆子的模樣，粥中還見軟糊的年糕一塊，吃起來格外對胃。讓人不禁聯想到台灣的紅豆湯圓、日本京都的夫婦善哉；三國同一種甜品，一樣受歡迎，實在有意思！聞名的韓國首爾第二美味的紅豆粥，是遊客及當地人的排隊美食，因為第一美味是母親的料理，只敢取名為第二美味。老闆學的是中藥料理，因此，在店中的美食如生薑棗茶、十全大補湯、鹿角湯等都是補身名品，看得出韓國人對藥材補身的講究。

第三節　韓國用餐禮儀

一、點用與食用韓國料理

(一)高級料理──韓定食

　　正統韓國料理其中具代表性的為韓定食（Hanjongshik），即我們所說的韓式客飯。這種吃法是承續了朝鮮時代的宮廷料理，包括小菜、主菜、九折板、神仙爐（火鍋）。韓定食的桌面上擺滿了各式開胃小菜，有各式的泡菜。主菜可由各種烹調方式來呈現，如蒸、烤、燙、拌等做法。在材料、調味、配色上均相當豐富。韓定食之主菜雖有不同的表現方式，但基本上都會用小麥煎餅包裹肉類來食用。另外有注重色澤搭配的「九折板」，九折板中有八種不同的蔬菜，利用其不同的色澤表現出豐富的視覺效果。神仙爐是以肉類、魚類、蔬菜、蘑菇等食材燉煮的火鍋料理。由於韓定食起源於宮廷料理，是故一般均是高級講究排場的餐廳才有供應，讓視覺效果引發食客的食慾，在

▲現代運用九折板的吃法　圖片來源：巫維中

擺有精緻高級傢俱的餐廳裡，享用一頓有如身在皇宮的料理。

(二)世界聞名的韓國烤肉

提到韓國料理最為一般人所熟知的就韓國烤肉，韓國烤肉一大特色是將肉類先用各式醬料醃漬入味後，放上由炭火燒熱的鐵架上燒烤。另一種銅盤烤肉，也是一般家常吃法之一。相傳韓國烤肉是源自於蒙古的戰士，蒙古人因戰爭來到韓國，把銅製的盾牌拿來烤肉。演變至今，在韓國幾乎家家戶戶備有一只銅盤鍋，如同我們備有火鍋一樣。也有原味呈現的肉類燒烤，如牛小排或油花滿布的五花豬肉。在餐廳選用韓國烤肉時，食客可選擇已醃好的肉類或原味肉類，自己享受DIY親自燒烤的樂趣。最受歡迎的肉類是烤牛肉與烤牛小排，食用時，會需要用烤肉專用的特製剪刀剪成塊狀，再用生菜葉包裹配料一同食用。配料如芝麻葉、辣椒醬等。上火氣的烤肉配上爽脆的綠葉生菜，吃來別有一番清爽而又飽滿的滋味。一般點用韓國烤肉為主菜時，均會附贈三樣到十幾樣的各色泡菜，端視人數與肉類份量多寡而定。

▲韓式傳統烤肉　圖片來源：黃薇莉

▲新式的韓國烤五花肉，搭配泡菜及蕈菇類特別對味，吃的時候要配上生菜　圖片來源：陳紫玲

▲大片的五花肉，周圍配上烤蛋，吃的時候用剪刀剪成一口大小，搭配生菜
圖片來源：陳紫玲

(三)別有風味的冷麵（Naengmyon）

　　亞洲大多民族有食麵的習慣，但一般偏好湯麵，雖然有日本涼麵、中華四川涼麵，但韓民族的冷麵卻別具特色。冷麵分為兩類，水冷麵為加湯，吃來爽口；拌冷麵則是以辣椒醬調味，紅通通的冷中帶火辣的熱滋味。通常吃法是在享用完烤肉大餐後，來一碗冰涼的冷麵沖沖滿身的火熱，是最為過癮的吃法。冷麵的麵也因使用食材的不同

有不同的口感,例如以蕎麥為原料的平壤式冷麵;以馬鈴薯為原料的咸興式冷麵。冷麵內加有叉燒肉、水煮蛋、蔬菜等。因為受到日本飲食文化的影響,也有放入生魚片為主菜。甚至有人開發出放了冰塊和以蘋果絲為料的蔬果冰麵。

(四)古早味的石鍋拌飯(Bibimbap)

此道韓式拌飯是另一道獨特韓味主食,可口的部分是石鍋燒出香香的鍋巴,先將煮熟的白米飯上加上喜愛的肉類,以及黃豆芽、海帶芽等各色醃漬入味的小菜,置於燒燙的石碗中,讓鍋巴形成後,加一個生雞蛋,攪拌入味,混有蛋香的米飯、具口感的小菜拌著的鍋巴,堪稱是不能不點的韓國代表料理。流傳到台灣的韓式拌飯,為了供餐食用的方便性,已如同當地簡餐館裡所提供的鋼碗拌飯,近幾年韓國集團到台灣開設的餐廳,又把石鍋帶入台灣,例如:涓豆腐。同時也把韓國人愛喝鍋巴水的習慣介紹給台灣人。鍋巴水是把米飯從石鍋中取出後,利用開水注入石鍋內,把石鍋壁上的鍋巴給泡軟後飲用的一種水,演變至今,便利超商還特別販售瓶裝的鍋巴水。

(五)進補養生的參雞湯(Samgyetang)

食用雞、鴨、鵝等家禽在韓國並不多見,但是人參雞湯卻是相當普遍,堪稱韓國的國湯之一。處於北國的韓國合適於人參的生長,高麗人參也是聞名世界的參中極品。懂得養生的韓民族,將人參、大棗、大蒜、糯米放入童子雞腹腔內,經過燉煮則成為此道炎夏寒冬兼具美味與補身的料理。而在餐飲食品的市場上,也如同泡菜一樣,將參雞湯做成速食即食包,供應給生活忙碌的消費者。韓國食物偏辣,只有這款雞湯,湯鮮肉嫩,成為不嗜辣的遊客之最愛。知名店家如在景福宮附近的土俗村參雞湯及陳玉華奶奶參雞湯,都成了排隊美食。

(六)其他湯品與火鍋

韓民族喜歡食用牛肉，故有以牛骨與胸肉燉煮的雪濃湯（Sollongtang）——即用牛骨及牛肉熬煮了十五小時，邊煮邊將油脂去除，純白的湯，喝起來特別的滋補養身，是很多忙碌的企業家、愛美的女性或是體虛病患的補身良品。而用牛血肉臟烹調的解腸湯（Haejangguk），則是一道具滋補神效且可以用來解酒的湯品。

而火鍋也是韓國家庭的家常料理之一，放有豆瓣醬與蔬菜的豆瓣火鍋，或稱為大醬鍋；放有豬肉與泡菜的泡菜火鍋；放有魚類、海鮮與內臟的什錦鍋（海鮮雜燴鍋），另有牛腸、章魚等各式火鍋，以及豆腐鍋也是韓國家常菜或待客常備的料理之一。

▲海鮮雜燴鍋　圖片來源：黃薇莉

▲豆腐鍋　圖片來源：陳紫玲

文獻中發現了有趣的火鍋記實，《萬國事物記原歷史》（1909）寫道：「火鍋起源不明，但上古時代雙方對陣，軍士們就把頭上戴的頭盔倒過來，在凹陷處塞入肉、魚等可以吃的食物，放在火上煮熟食用。流傳下來便成為一般百姓家庭也以那種方式烹煮，名稱就叫作火鍋。」原來最早的火鍋盤是古代戰士們用的頭盔。現在韓國常見的餐館賣的部

隊鍋，也源自於火鍋，材料會加入泡菜、菇類、豆腐、火腿腸，更重要的是會加入泡麵，韓國人也流行在湯內加入年糕一起食用。

(七)燒酒及馬格利酒

一般韓國料理用餐的飲料搭配是以當地生產的酒類或飲料為主，藉酒助興也是韓民族愛好之一。燒酒為最普遍的搭配酒飲，酒精濃度是20度左右，一般均是直接飲用，不加冰，以免破壞了口感。另有以米或糯米為原料釀製的濁酒（馬格利酒）及人參酒，都合宜用來搭配韓國料理。 馬格利酒則是濟州島特色，濃度只有6～7度，製酒的酒麴渣可以美容，深得女性喜愛。

燒酒及馬格利酒比一比

	起源	原料	做法	保存	價格	酒精濃度
燒酒	高麗時期源自明朝	高粱、小米、小麥	化學蒸餾法	長時間	約2,000韓幣	20度左右
馬格利酒	朝鮮光海時代鄭氏	米或糯米	人工發酵	短時間	約10,000韓幣	6～7度

二、餐桌的禮儀

(一)長者先用，晚輩才可動筷

韓國人因受儒家思想影響深遠，在高麗時代有階級之分的觀念，而在李朝也因特別遵崇儒教，對於倫常道德相當重視，所以長久以來，長幼有序、尊卑有分、男女有別的社會觀念早以根深蒂固於韓國民族心中。

這種觀念在用餐習慣上就有很明顯的影響，一般家庭用餐一定是男主人——父親先食用，再來才輪到母親、子女。而遇到長輩同席用餐時，吃肉、喝酒都需要偏過頭，以表示敬意。有一名韓國社論家曾提到自己幼年在三代同堂的家裡吃飯的規矩，在長輩未動餐具前，年

幼者都不能先動，而桌上菜餚中有肉類等特別食物時，食用時要將頭偏向一邊去，絕不可以對著長輩張口吃東西……，此乃受如儒教影響極深的大韓民族的餐桌禮儀。

(二)筷子挾盤中食，湯匙喝湯吃飯，不可端碗

用湯匙舀湯、用筷舀飯起來食用：不要把匙和筷子搭放在碗上，不要端著飯碗和湯碗吃飯。用湯匙先喝湯或泡菜湯之後，再吃別的食物。飯和泡菜湯、醬湯及湯類用湯匙吃，其他菜用筷子夾。不並用湯匙與筷子，不把湯匙和筷子同時抓在手裡，使用筷子時把匙放在桌子上。

(三)床（餐桌）的妙用

所謂「床」是在現代廚房與餐桌出現以前，在一般家庭使用著移動式的餐桌。

現代有些家庭或傳統料理的餐廳仍在使用這一類的矮餐桌床。韓國餐桌傳統上是全部做好的菜餚一次上桌，而各類菜餚不同於西餐結構中分前菜、主菜、配菜等一道一道分次上桌，但卻有著各司其職的放置位子。根據不同的菜餚擺桌方式與菜餚分類，可分為粥床、飯床、麵床、酒宴床與大方桌席（容納四人以上的交子床）。

「床」主要是放置飯和菜；一人份的稱為獨床；兩人份的稱為兼床。早期在朝鮮時代有十二碟飯桌，至今則是依人數多寡來定，最簡單則是一般平民使用的三碟飯桌，湯、泡菜、野菜、涼拌菜、燉食、烤食。所謂五、七、九碟則是指基本的湯、泡菜、醬之外，要上五、七、九樣菜，一種醬湯與燉食等。五碟為富裕的平民，七碟為新郎新娘的餐桌，九碟為一般平民最高級的宴請席，十二碟則是屬於宮廷式的國王御膳。而過去王室食用的則稱為「水刺床」（御膳桌），為十二碟飯桌，此十二種菜餚做法各自不同，有時會多過十二種。皇上坐於大圓桌前，另有小圓桌與四方桌（為供應大桌菜餚輔助的角

色）。大圓桌上放有白御膳（白米飯）、盒湯、三種醬料（醬油、醋醬油、醋辣醬）、三種泡菜（漬菜、蘿蔔泡菜、水漬泡菜）、七種菜色，另有放骨頭的碗，有兩套銀匙與銀筷，一個湯匙用來喝湯，另一個湯匙用來喝蘿蔔泡菜湯用；另兩雙筷子分別用來夾魚與夾菜。

小圓桌的功能則是放有紅豆御膳（紅豆飯）、葷食雜燴、燉食、兩樣菜色、茶具、空的瓷碟、銀碗、三副匙筷。大圓桌上的白御膳可依王者喜好與此處的紅豆御膳交換，但搭配紅豆御膳的湯，是牛骨湯，而非原大圓桌上的盒湯。此桌上的三副匙筷是用來檢視食物和夾食物用的。四方桌有燉牛骨湯、火鍋、燒烤類菜餚。

水刺床上的十二碟菜餚做法與材料均以不重複為烹製原則，有肉片、煎魚、魚蝦醬、野菜、生菜、燒烤、燉煮、醬菜與乾果等九大類。另有附帶餐點熱烤、荷包蛋、生魚片三種，合稱為十二碟菜餚。

此御膳為過去王室進食的餐點，皇上用膳時，膳桌旁均有專人伺候用餐所需，除了可藉由熟悉皇上用餐習性陪同用餐說話外，也賦予試食其安全性的職責。也有專人專門負責烹調火鍋，將火鍋中煮熟的食物端去給皇上享用。

(四)用餐禮貌

不要讓匙和筷碰到碗而發出聲音。用餐速度不要太慢，與別人統一步調。與長輩一起用餐時，不可用匙和筷翻騰飯菜：不要挑出自己不吃的食物和佐料。若要用沾醬，要先取小部分到自己的碟子，再沾食。喝燒酒時，晚輩要幫長輩倒酒，喝的時候要別過頭飲用，不可對著長輩喝。

(五)特殊的餐具

一般餐廳供應燒烤類食物，都會使用剪刀為烤肉剪開分食，不諳韓式料理的客人通常都會不習慣。食用參雞湯由於也是全雞上桌，因此，也會附上剪刀，可先剪開，再食用。

第四節　用餐場所、特殊醬料與外銷食品

一、用餐場所種類

(一)點心與簡餐店（Bun-Sik-Jip）

　　專門提供各式簡食，如拉麵、冷麵、烏龍麵、韓式拌飯、各色炒飯（泡菜、牛肉、豬肉、花枝等口味）、韓式壽司（如同台灣對壽司的定義，紫菜卷壽司）、米糕、熱豆腐鍋、泡菜鍋、韓式味噌鍋等等。這類提供較簡便餐食的餐廳，在韓國有各自獨營的品牌，也有發展到連鎖式的經營。尤其在商業活動較頻繁的大城市，這種簡餐店也有二十四小時式，一般上班族若想吃傳統韓式早餐，除了在便利商店買之外，多半也前往此類型的店鋪購買壽司吃。例如與台灣美而美連鎖早餐店很類似的ISSAC，最近很受自助旅行客的喜好！在東大門的店二十四小時營業，照顧凌晨四時才下班的成衣批發商。

▲在東大門附近的三明治專賣店，二十四小時營業，照顧了東大門的辛苦勞工，也成了台灣人必買的早餐店之一　圖片來源：陳紫玲

(二)家常韓食堂（Han-Sik-Dang）

此類型餐廳基本上是提供韓國料理的餐點，較少有如前項所述簡便的點心、湯麵、炒飯等，大多都是韓國家庭用餐時間所吃的料理，這些菜可稱為家常菜，因為一般家庭主婦都會烹調。

(三)韓國烤肉店（Gal-Bi-Jip）

韓國烤肉是韓食在世界上的代表料理，由此得知，韓民族是多麼喜愛這類食物，才會有專門提供烤肉料理的烤肉店。此類餐廳也提供前述之家常料理，不過來到烤肉店，最有名的是牛小排Gal-Bi（rib），而在豬肉方面，最常吃的是烤五花肉（Sam-Gyoep-Sal），這取自於豬腹部的三層油花分布的肉質，燒烤後食用，風味十足。受韓流的影響，許多韓星開的店，特別受到遊客喜愛，例如：姜虎東白丁烤五花肉店，受到韓國居民及遊客喜愛，也成了排隊名店，台灣也已有業者引進，一樣受到歡迎。

▲姜虎東白丁已成為韓國年輕人及觀光客喜歡光顧的烤肉店　圖片來源：陳紫玲

(四)高級韓食餐廳（Go-Gup-Han-Sik-Dang）

此類型餐廳則是提供韓民族過去王室貴族們所食用的宮廷級料理，通常一般人會在這一類型的高級餐廳宴客或慶祝，享用一些平日在家不太會做的料理，享受高級料理與精緻服務的氣氛。用餐的地點，都是傳統的韓屋，且宮廷料理，遵照古法調製，道道精緻，餐費並不便宜。知名的三清閣即是一例，不但料理聞名，也成了電視劇拍攝的場景。

(五)接近西洋風格的主題餐廳

VIPS，為韓國當地的自創品牌，經營西式餐飲；Snoopy Place，美國史奴比卡通人物之主題西式餐飲；Marche，為來自歐洲家族所經營，這個餐廳的特色是現點現做現看，有視覺享受的料理品嚐方式，供應各國有特色的菜。TGI FRIDAY則是美式餐飲經營方式。Jacoby's Burger是新近受歡迎的美式漢堡店，強調份量大，吃起來特別飽足，也

▲受西方文化的影響，在首爾北村附近，到處是有特色的咖啡廳及簡餐店　圖片來源：陳紫玲

滿足年輕人視覺享受的快感。而在韓國更有各式的咖啡廳，挾著電視劇強大的置入性行銷，成為年輕人約會休閒的場所，賣的是各式的咖啡及飲料，並且搭配漂亮可口的點心，例如鬆餅、蛋糕等，咖啡廳在韓國可說是戰國市場，知名品牌如Coffee Bene也到台灣來開店，Coffee Smith、Spoon Race等品牌，也是年輕人的最愛。

(六)路邊小吃

經濟發展快速的韓國，在熱鬧的市區街上布滿了各式各樣的美食，最普遍的是韓國料理、中華料理、日本料理，以及美國風的西式速食，如麥當勞、漢堡王等連鎖餐飲，到各式主題餐飲，應有盡有。而也有低廉的街頭美味，如路邊小吃攤，多是流動車輛小吃攤。與台灣街頭的景象類似，顧客可以站在攤前吃，也可外帶。種類多且價格實惠。在學校附近學生人口密集區，則均是較年輕的族群。或在其他購物街上均可見其蹤影。而各個季節也有因應的料理與點心，如夏天的挫冰、冬天熱騰騰的黑輪湯、辣炒年糕與韓式黑米腸、紅豆餅、雞蛋糕、傳統口味的糖餅等。

▲各式各樣的韓國路邊小吃，在冬天是取暖的好所在　▲烤魚板、熱狗，隨處可見　圖片來源：黃薇莉
圖片來源：黃薇莉

▲韓國的雞蛋糕，上面真的是雞蛋　圖片來源：陳紫玲

▲糖餅是韓國隨處可見的街邊小吃　圖片來源：陳紫玲

　　現在在台灣市區的便利超商就推出了一種韓國最in吃法的壽司，其實就是卷壽司，圓柱體，傳統的海苔包飯的樣式，包裝內已切好一圈一圈了。根據韓國人自己認為那就是他們發明的壽司，韓國人所吃的韓國壽司就是所謂的日本料理的卷壽司。現在在首爾也可看到海苔包飯的專賣店，購買時還會附贈泡菜及辣章魚，兩樣美食加在一起，異常對味。

二、特殊醬料

　　韓式料理的精髓可說是辛香料之使用，遍觀大部分的菜色均使用到紅辣椒、蔥、薑、大蒜、黑胡椒與芝麻相關加工調味品。其他有魚醬、芥茉醬，以及相似於中國的醬油等，均應用於菜餚調理中。相關醬料也因時代所需製成各式的浸泡烤肉用的滷汁與沾醬。

(一)韓式辣椒醬

　　一般人認為韓國料理與其泡菜使用辣椒調製，起始於一位葡萄牙籍的傳教士於16世紀傳入韓國。韓國人普遍都嗜吃辣食，辣椒醬也成為韓國料理調理菜餚時常見的調味醬之一。幾乎家家戶戶都會自行調製各種不同配方比例的辣椒醬，平時使用或是儲藏備用，以搭配不同的菜餚製作與品味。

　　其常見配方有鮮辣椒、粗辣椒粉、紅辣椒粉、鹽、糖、白醋、清水等，一般會先攪拌後，加熱烹調，降溫後加入白醋，使之冷卻後產生發酵作用，長期於冰箱中保存備用。而每年在光州舉行的年度泡菜嘉年華，已成為一種傳統性的節慶，來自各地的泡菜高手齊聚一堂，同時也為一種文化學習的活動，為此傳統菜餚保留與推廣增色不少。

(二)韓國泡菜醬、韓國海鮮燒烤醃汁與韓國燒烤醃肉汁

　　海邊居民擅長於烹調海鮮，受到氣候因素影響，海邊的濕冷天氣，促使居民善用辣椒調製食物，除了可去除風寒，更可提鮮開胃。韓國家庭幾乎家家一個銅鍋，就好比台灣家庭所常備的火鍋。而其準備送上銅盤鍋烹烤時，都會先用醃料醃過，如此一來要烤的肉類或海鮮便有辛香料的好味道。

　　韓國因天候影響之故，發展了許多發酵食品，醬料就是善用發酵技術之下的產物。傳統的醬料有黃醬（黃豆發酵而成），類似中國甜麵醬或日本味噌。而受到過去日本、中國的影響，在食材與調味上，

▲韓國每個家庭都有特殊口味的泡菜做法，聚集在一起做泡菜，也成了婦女們的年度大事
圖片來源：陳紫玲

也常見味醂、清酒、醬油等調味聖品。故在上述的醃醬中，均有使用到這三種異國食材調製。

常見傳統食材在調味用的有辣椒、生薑、蒜頭、胡椒；蔬菜有芝麻葉、黃瓜、白蘿蔔、韭菜、豆芽；調味料有芝麻油、味醂、醬油；另有其他松子、人參、柚子、棗子、海帶、紫菜等。韓國穀物有米、小麥、蕎麥、大麥。另有韓國特產的處男泡菜蘿蔔，其生長期有春天、夏天、秋天，等它長到一定大小而採收的蘿蔔，特性是蘿蔔與葉子可一起食用，蘿蔔葉富含維他命E，比起一般的大蘿蔔，更具嚼勁，別有一番風味。

三、銷售海外的韓國食品

早期泡菜出口是為了供應參加越戰的韓國軍隊所需，後來則是有大批韓國工人到中東地區工作，泡菜出口需求量增多，到了西元1984年洛杉磯奧運將泡菜列為東方食品代表之一，此舉大大提升了韓國人對泡菜的信心，進而積極打開泡菜外銷市場。而今韓國除了經濟上的發展快速，隨著舉辦奧運、世界足球到許多國際會議在相關大城市舉辦，韓國已成了世界矚目的亞洲代表國家之一。而藉其娛樂戲劇節目流行到鄰近國家，如日本、台灣、中國、香港等地，哈韓風也吹起了

韓食熱潮。使得原本只知道韓國人參、人參雞、韓國泡菜與烤肉,到現在網路上也在熱賣的各種食材做成的加工食品與飲品。就連韓式泡麵也是當今台灣人到韓國旅遊必買之物。

1. 柚子茶:取用韓國的黃金柚子,原為早期進貢給「高麗國王」的宮廷美顏聖品。將生長於韓國南部海岸的柚子,切片醃製而成,以熱、溫冷水沖泡飲用,內有鮮香具嚼勁的果肉。

2. 蜂蜜紅棗茶:俗語說:「一日吃三棗,一生不顯老」,具提升免疫力與體力的功效,講究食補概念的韓民族,利用紅棗補氣養血,可改善手腳冰冷的特性。來自韓國南部紅棗,運用高科技提煉出紅棗精華,混合紅棗果實,並添加蜂蜜。其富含蛋白質,脂肪及多種維他命,可說是天然維他命飲料

3. 薑母茶:生薑可發散風寒,多用來治輕微傷風,飲用後往往能排汗生熱,也可預防感冒。薑母為單生草,韓國料理的必需調味料。

4. 蜂蜜靈芝茶:神農本草經中將靈芝列為「上藥」,意即為最高貴的藥材,沒有副作用,可多食、久食。苦味是靈芝獨特的特徵,在此則利用高科技提煉出它的精華,添加香甜蜂蜜,製成大眾所能接受的口味。

5. 參雞湯:採用上選高麗白參與韓國特有的珠雞(35日齡之春雞)以現代科技精燉調理,調配紅棗、栗子、大蒜及糯米,精燉成肉質既軟又不乾澀,骨頭鈣質析出,雞肉入口即化,而湯汁鮮潤美味的高麗人參雞,成為具宮廷料理代表性的養生美食。

6. 各式不同的泡菜:其含有豐富的植物性纖維,泡菜在發酵過程中產生如同優酪中的乳酸菌,可維持消化道功能。

7. 辣椒醬:辣椒磨成粉,添加大豆,韓國傳統調味料和酵母,經過低溫發酵,再曝曬於陽光下半年而成,絕不添加化學調味料之安全食品。

8.韓式調理醬：其味道是使用大豆味噌醬，加入豐富材料，通常可拿調理醬來沾肉與蔬菜，也可拌飯食用，風味更佳。

第五節　結語

與幅員廣闊的中國料理比較，不難發現，中華料理擁有較多地方特色的烹調方式。尤其與我國東北地區飲食特色較為接近，而在主食的取用、醬料的運用是很類似的。只是韓國因地處較冷的地區，辣椒成為許多醬料中不可或缺的調配食材。同有運用養生藥膳入菜的觀念。

是故在韓國最受到一般民眾喜愛與習慣的多是中華料理、日本料理及近來較流行的義大利菜。由此可知，祖先因文化交流所遺留下來的飲食習慣與文化，影響之鉅。韓國料理展現著韓民族一路走來始終如一的文化與歷史特性，菜餚味道強烈，擁有自己民族的風格，如今一部帶著文化內涵的古代戲劇——《大長今》，竟然可以掀起世人對韓國文化的好奇心，韓國從一個不在世界度假觀光景點的排行榜上，到今天利用飲食文化、體育活動來吸引世人，可見以文化內涵吸引觀光客上的重要性。

韓國料理就像是一部韓國歷史，在許多機會中可能成為中國料理或日本料理的附庸，然其自覺性相當高的韓民族卻發揮了地理、氣候造就出的特殊食材、宮廷生活所衍展出的御膳料理，運用至今，有了獨樹一格的韓國料理文化。韓流的風潮把許多遊客帶到首爾，而這些遊客，又將韓國的美食帶至世界各地，除了歷史的軌跡，更歸功於韓國人對自己文化的保護與信心。

參考書目

小瑪莉（2014）。《哈韓有道：只玩首爾哪夠！》。台北：華成圖書。

朱立熙（2003）。《韓國史：悲劇的循環與宿命》。台北：三民書局。

吳祥輝（2015）。《洋蔥韓國》。新北：蝴蝶蘭文創。

邢豔（2013）。《一本書讀完韓國歷史》。台北：驛站文化。

邵毅平（2003）。《韓國的智慧》。台北：新潮社。

游芯歆譯（2004）。韓福麗著。《大長今養生御膳：在家也可享用的宮廷美食》。台北：麥田。

菜念樺譯（2003）。吳永錫、柳香姬著。《超人氣韓式醬料》。台北：笛藤。

黃玉慧譯（2003）。金裕美著。《韓國泡菜&料理》。台北：笛藤。

黃佳瑜譯（2002）。李建興編著。《知性之旅：韓國》。台北：協和國際多媒體。

黃政傑（2004）。《韓國菜——品嚐與烹製》。台北：旗林文化。

轟良知主編（1991）。《東北亞——日本、南韓、北韓》。台北：錦繡出版。

藍嘉楹譯（2015）。acha著。《吃遍韓國！料理主廚的美食之旅》。台北：笛藤。

Simon Richmond (2013). *Korea*. Publisher: Lonely Planet Publications Ltd.

Notes

CHAPTER

12

東南亞飲食文化

陳愛玲

第一節　東南亞概況

　　東南亞泛指大陸東南亞與島嶼東南亞兩大區塊，自北緯23度一直延伸到南緯11度、東經95度到東經130度，它們位在兩個陸棚交界處：巽他板塊（Sunda Platform）、薩胡爾板塊（Sahul platform）。大陸東南亞係由中南半島向南延伸至馬來半島，其中包括緬甸、泰國、寮國、柬埔寨、越南。島嶼東南亞則由麻六甲海峽一直展延到印度尼西亞群島，涵蓋馬來西亞、新加坡、印度尼西亞、汶萊、菲律賓及東帝汶。東南亞在長達兩千多年的歷史當中扮演著最具戰略性的位置：在政治面，中國強盛時就曾經把東南亞納入藩屬關係，每年進貢；當政局交替，東南亞就獲得短暫的獨立。日本在第二次世界大戰占領東南亞，說明了其戰略地位不可忽視，這裡蘊含著豐沛的資源引發西方世界在15世紀爭相覬覦。

　　東南亞位於季風帶，農作物的種植或船隻的航行都必須仰賴西南季風與東北季風，除此也帶來豐沛的雨量還伴隨著氾濫成災。大航海時代，人們順風航行，常常要等到翌年的四月以後才能回航；豐沛的雨量造就了稻米產量豐富，尤以旱稻及水稻見稱，西元初印度帶來文化交流的激盪，精進了種植水稻技術，越南亦因紅河三角洲長期深受氾濫之苦，中國藉由築造防波堤深耕儒家忠恕文化思想，影響了北越近兩千年的歷史。

　　東南亞十一國，人口約6.2億人（截至2014年的統計），其中印尼人口最多，共計2.5億人，汶萊人口最少，只有39萬人。大部分人口的遷徙係由河流的發源地，向南移動，族群的遍布十分多元：如泰國的泰族（Thai）、緬甸的孟族（Mons）、緬族（Burmans）、欽族（Chins）、撣族（Shans）、克倫族（Karens）及克欽族等（Kachins）。寮國與越南主要為寮族（Lao）及越族（Viets），柬埔寨則是吉蔑族（Khmers）。其他族裔在島嶼東南亞國家則以新馬來族

（Deutero-Malays）、爪哇族（Javanese）、巽他族（Sundarlese）、馬都拉族（Madurese）為主，最東邊的菲律賓則以米賽亞族（Bisayans）、伊羅甘洛族（Ilokanos）、塔加洛族（Tagalogs）及米骨族（Bikols）所組成。當然必須提及另外兩個重要的族群；19世紀後，陸續大量移入的印度人與華人，主宰著東南亞的經濟與文化命脈。

東南亞的宗教堪稱多元化，在13世紀前大多信仰印度教，15世紀過後因商業活動頻繁，除了峇里島的印度教以外，島嶼東南亞的國家大都改信伊斯蘭教。大陸東南亞國家如緬甸、寮國、柬埔寨、泰國等信仰小乘佛教，承載過去印度教的文化內涵，越南是唯一深受中國文化薰陶最深的國家，菲律賓則奉行天主教。

東南亞的飲食同質性非常高，大陸東南亞國家味覺較溫和，辛香料多樣性不及島嶼東南亞國家豐富，雖然如此，烹調方式仍有雷同：如以魚露（Nam Pla）或是蝦膏調味、延續南島族人食用根莖類的習慣與火烤食物、把椰子糖或棕櫚糖當成甜味來源，絕大部分族裔習慣以米食或麵食作為日常主食，印度裔則愛囊（Naan）或其他餅類，如恰巴提（Chapatti）、布拉達（Puratha）、布里斯（Pooris）等，沾著醬汁一起食用。熱帶水果非常豐富，季節來臨時有水果之王的榴槤及水果之后的山竹，香蕉及椰子產量多，可以製作成各式各樣的副產品。

第二節　特殊食材與辛香料調味文化

東南亞氣侯、物產不同，加上宗教與族群迥異、西方殖民文化影響，形成獨特的飲食文化。大陸東南亞國家深受印度文化及中國少數民族帶來香草入菜，一方面又融合在地特產，滋味既柔和又清爽，辛與辣之間香氣舒坦平衡，尤以泰國最具代表性，多以新鮮香草類見稱。越南擅長以米食加工做出口碑，柬埔寨、寮國、緬甸等延續印度阿育吠陀（Ayurveda）飲食療法，擷取自然中垂手可得的香草、花

▲島嶼東南亞辛香料調味文化　圖片來源：本章所有圖片皆由陳愛玲提供

莖、樹皮、辛香料等入菜以達到六味（酸、甜、辛、苦、鹹、澀）平衡。

　　島嶼國家地處辛香料區域，尤其在摩鹿加群島（Moluccas）素來享有「神仙群島」之稱；所出產的丁香、豆蔻、胡椒聞名於世，因而發展出特殊的辛香料調味文化。辛香料（spices）係源自法文epice，廣義的涵蓋「具刺激味覺作用的食材」與「具醫療效果的藥品」，其味道變化莫測，層次感多樣，能凸顯食物的風味，還能促進消化、加速新陳代謝，更開胃、更易消化，對島嶼東南亞國家的人們而言，辛香料就是調味料。

一、佛塔之國──緬甸

　　緬甸位於東南半島西部，緊鄰印度與孟加拉；東北與中國接壤，東南則處於泰國、寮國之間。首都為奈比多，人口數約5,028萬人（2014年統計），主要為緬族（68%）、撣族（9%）、克倫族（7%）、孟族（2%）、華人（2.5%）、克欽族（1.5%）、若開族（3.5%）、克耶族（0.75%）、印度及孟加拉移民（1.25%）、原住民

（4.5%）。

飲食受鄰近國家影響，以右手進食，早餐習慣喝印度式奶茶、印度炸咖哩餃（Samosas）、比爾亞尼飯（Biryani）以及烹作較清淡的椰奶咖哩。由於國內河鮮資源豐富，為了延長保存時間而製作成蝦醬及魚醬，成為日常調味料。

緬甸民眾喜愛製作一種特殊的辣醬名為Zap Toe，用於沾食或拌飯食用。為了更有效保存食物，油炸成為必然的烹作手法，如炸豆餅、炸香蕉等等。曼德勒地區聚集較多雲南移民，酸辣飲食十分盛行，涼拌木瓜、雲南米線、酸辣筍絲都是具有代表性的菜色。

除了蝦醬及魚露以外，緬甸人使用許多辛香料入菜，如新鮮羅勒（Basil）、葛縷子（Caraway）、辣椒（Chili）、胡荽子（Coriander）、可因氏月橘（Curry Leave）、南薑（Galangal）、薑黃（Turmeric）及羅望子（Tamarind）等。

二、黃袍佛國──泰國

泰國位於大陸東南亞，東邊是寮國及柬埔寨，南邊則是馬來西亞、西邊為緬甸。首都為曼谷，人口數約6,861萬人（2014年統計），其中泰族占總人口數的75%、華人占14%、馬來人占2.3%、其他是克倫族、汶族、沙蓋族、孟族、塞芒族、桂族、瑤族、苗族、緬族、高棉族等。

泰國是東南亞國家當中唯一沒有被西方殖民過的國家，自拉瑪四世蒙固（Mongkut）始即接受西方文化薰陶，雖然如此仍堅持延續泰國傳統文化。

泰國飲食匯集了雲南菜系的精髓，酸鮮辣以及大量使用在地香草及辛香料入菜，如南薑、檸檬葉（Kaffir-lime）、胡荽子梗及香茅（Lemongrass）號稱泰國香草界的四大天王，除此之外，大量的海鮮及河鮮也釀製成綜合魚露，成為日常調味品。

▲香菜梗

▲泰國羅勒

▲泰北嗜蟲文化

泰國獨特的食材,例如:泰國小茄子(Makhueapro)用於烹煮咖哩、五指薑(Root ginger)為食物散發特殊的味道加分、泰國羅勒(Thai Basil)濃烈的大茴香氣為豬肉除腥。此外,泰國亦流行食用昆蟲作為補充蛋白質來源,蚱蜢、竹蟲、蟋蟀、金龜子、蠶蛹、蠍子在街頭小吃十分常見。

泰國基底醬料也非常聞名,例如:紅咖哩醬(Khreuang Kaeng Phet)、綠咖哩醬(Khreuang Kaeng Khiaw-Waan)、黃咖哩醬(Khreuang Kaeng Leuang)、瑪莎曼咖哩(Khreuang Kaeng Matsaman);沾食類的有鮮辣醬(Naam Jaew)、烤辣醬(Naam Prik Phao)、甜辣醬(Naam Chili Sauce)、蒜蓉醬(Naam Jim Aahaan Thaleh)、梅子醬(Naam Jim Plum)、花生醬(Naam Sa-Te)。

三、萬象之國——寮國

寮國是大陸東南亞唯一的內陸國家,臨泰、緬、柬、越及中國接壤;首都永珍,人口數約681萬人(2014年統計),寮國民族共計有六十餘種之多,主要有三大類別:平地民族、丘陵民族及高山民族,其他華人占總人口數的4%。

寮國菜餚與使用的調味料或辛香料

等都與泰國極為相似，過去在宗教信仰當中吸收了許多來自印度阿育吠陀醫學概念中的自然飲食法，像是從蔬菜當中藉其苦味及澀味來增加味覺平衡，諸如此類的蔬菜包括：苦楝葉（Neem）、藤芽（Rattan shoots）、羅望子葉等。由於大部分寮國人以糯米為主食，將煮熟的糯米捏成小圓形狀沾醬汁或咖哩食用，增加飽足感。在市場常常會看見一大桶的醃漬魚醬（Padaek）是寮國人家常的調味品，香茅、羅望子、南薑、辣椒、羅勒經常入菜，其他蛋白質來源以野生昆蟲炸食。

四、萬塔之國──柬埔寨

　　東南亞古國柬埔寨擁有最大的湖泊──洞里薩湖（Tonle Sap），同時擁有世界十大遺跡──吳哥窟。西北部接泰國、東北部與寮國相鄰、東南部緊鄰越南，首都為金邊，人口數約1,518萬人（2013年統計），高棉族占總人口的90%，其他依序為京族、泰族、占族、佬族占9%、華人占1%。飲食與鄰國泰國及越南相去不遠，泰國的辛辣開胃、椰奶多、食物視覺感豐富；後者因同樣受法國殖民影響，有著共同的食物，例如法國麵包、飲用咖啡等習慣。

　　柬埔寨是全東南亞棕櫚糖產量最多的國家，又稱為樹糖，許多菜餚甜品皆以此糖調味，棕櫚糖在柬埔寨人日常飲食當中扮演舉足輕重的角色。

　　一般烹作的手法有油炸、蒸煮、煙燻，所食用的食物相似度與越南相差無幾。

　　常用的香草類有刺芫荽（Chee bonla）增加香氣、稻米草（Ma-om）則是增添調味功能。柬埔寨常用這四種元素烹煮成一道天然食療湯品，名為Samlor Kako，其中含大花田菁的葉子（Angkeadei）、辣木葉（M'rum）、苦瓜葉（Mreah）、黃皮葉（Kantraub）。除了使用魚露調味外，還廣泛以檸檬葉、香茅、南薑、五指薑來烹煮咖哩。

▲柬埔寨郊外可見煮棕櫚

五、儒家之國──越南

位於最東邊的大陸東南亞國家，北臨中國；西接柬埔寨及寮國，由北到南共331,688平方公里，首都河內，人口數約9,073萬人（2014年統計）。京族為越南主要民族占總人口的85.7%，少數民族13%，華人0.96%。

越南地形全境屬於陝長型，分別為北部紅河三角洲、中部高原、南部湄公河三角洲，因此飲食習慣與辛香料調味上也迥異。一般來說，北越為主要稻米輸出國，深受中國千年統治，以米食為主，後又因蒙古人統治之故，發展出河田鮮食文化。中越為陳氏、阮氏王朝所在地，過去因交通不便，皇室御廚發揮創意，研發了許多精緻宮廷菜。南越為主要海鮮捕撈區域及法國殖民影響，菜餚多呈現異國風情，加上仍有四萬名占婆遺民，使用辛香料調味仍盛行。自19世紀末起，在法國統治的期間，歷經撕裂、組合後再創：象徵法國符號的鵝肝醬已蛻變成人人都消費得起的混合式雞肝醬；貴族文化的法國火腿而今已經成為以豬肉製成的圓錐狀越南火腿，還有法國麵包意外成為庶民文化的一道飲食，法國人飲用咖啡的模式也已成為越南點滴咖

▲越南香草

啡，顯現樸拙的美感並跳脫階級的束縛與民族的腳鐐，成為日常生活的一部分。

　　辛香料使用方面，越南較喜歡以天然的香草類入菜以達到醫食同源，假馬齒莧（rau đắng）拌入粥裡烹煮、越南薄荷（kinh giới）製作涼拌菜、魚腥草（giấp cá）生食可抗菌增進免疫功能，越南人愛吃鮮魚酸湯（Canh chua），最重要的香草之一便是稻米草。

六、多元國度──馬來西亞

　　島嶼東南亞國家；馬來西亞係由西馬與東馬組成。北部緊鄰泰國，南部與新加坡相接壤，東馬則以汶萊及印尼的婆羅洲為鄰。首都吉隆坡，人口數約3,026萬人（2014年統計），馬來裔占總人口的50.4%、華人23.7%、土著11%、印度裔7.1%、原住民708%。過去幾個世紀以來，因為天然資源豐富，馬來半島被譽為黃金半島（Golden Peninsula）。島上族裔多元，有馬來人、華人、印度人、原住民、峇峇娘惹及西方殖民後裔，飲食相對豐富，加上島嶼東南亞國家盛產辛香料，人們日常調味習慣以辛、香且滋味多變化為主，食物混搭性強烈，還有許多特殊食材，例如巴克豆（Petai）、羊角豆（Kacang

▲火炬薑

Botol）、原住民蔬菜——如大葉婆（Daun Simpoh）、魚骨蕨（Paku Uban）。在辛香料的日常烹作上，融合了各族裔的調味，如可因氏月橘、火炬薑（Bunga Kantan），大量食用薑黃、南薑，巧妙地將花卉上色入菜，像香蘭葉、蝶荳花（Butterfly Pea），食用木薯、芋頭、地瓜根莖類，以水椰（Atap Seed）補充膳食纖維。

　　日常飲食醬料方面，經過幾代的融合，其他族裔習慣以不同的辣椒醬搭配食物一起食用，著名如參峇辣醬，將蝦塊日曬後放入乾鍋炒乾成為粉末，另外至少結合了兩種辣椒（一為朝天椒，二為一般果漿味較濃郁的新鮮辣椒），以石舂搗成泥狀再和入蝦粉便成參峇辣醬，各族裔都非常喜愛，拌麵或拌飯、日常沾食或烹煮成馬式咖哩等。

　　另一種庶民不可或缺的食材就是椰子，老椰子可榨取椰奶，供甜點製作或釀製成椰子酒，還可刨取椰子絲製作涼拌菜，或製作成Kerisik（烤椰絲）以供烹作咖哩時加入，增加口感；嫩椰則可以喝椰汁解渴與食用椰子肉。

　　馬來西亞奉行回教為國教，但各民族有信仰自由，在食物的呈現上則是壁壘分別——馬來人固定只吃Halal食物，華人則吃豬肉或麵食，印度裔不吃牛肉多喜歡吃羊肉及素食。

▲很多料理少不了椰奶

▲福建黑湯派肉骨茶

七、城市國家——新加坡

　　東南亞土地面積最小的國家，首都為新加坡市，人口數約547萬人（2014年統計），其中華人占74.2%，馬來人占13.4%，印度裔占9.2%，歐洲後裔及峇峇娘惹占3.2%。新加坡與馬來西亞僅以一座新柔長堤及第二通道相連結，兩國人民互動頻繁，馬來西亞人在新加坡工作亦不在少數，加上都是個移民國家，飲食流動、碰撞與再創快速發展，易成矚目的焦點。

　　新加坡土地面積小不宜耕作，所有農產品都仰賴進口，加上族裔多樣性，延續島嶼東南亞國家嗜食辛香料文化，很多新菜式被研發推廣。

　　新加坡大街小巷有許多咖啡攤文化（Kopitiam）或小販中心（Hawker Centre），隱藏功力深厚的廚師，製作各式各樣的大菜涵蓋福建菜、潮州菜、廣東菜、客家菜及海南菜等。由於鄰近印尼，著名

的Bakso麵、Gudeg波羅蜜咖哩網羅其中；印度裔移民亦帶來經典的家鄉菜成為新加坡飲食的一部分，其他食材及烹作方式與鄰國相似度達90%以上。

八、千島之國——印度尼西亞

印度尼西亞簡稱印尼，國土的疆界橫跨亞洲及大洋洲，與汶萊、馬來西亞及巴布亞紐幾內亞相連結，首都為雅加達，人口數約2億5,216萬人（2014年統計），大部分為南島族人後裔，爪哇是最大族群占42.6%、巽他族占15%、馬都拉族占3.3%、米南加保人占2.7%、巴達威人占2.4%、布吉人占2.4%、萬丹族占2%、華人占3%等。印尼同時擁有三大之最，一是世界上最大的群島國家，二是東南亞最多的人口所在地，三是全世界最大的回教國家。

印尼飲食著重辛辣、鹹香、味道豐富而多變。在大航海時代，印尼的摩鹿加群島曾是兵家必爭之地，其盛產的丁香、肉豆蔻、肉桂、石栗等至今仍赫赫有名。印尼南北約2,100公里，地大物博，族群多樣；食用方式迥異但普遍都以辛香料來調味，醃漬、沾食、火烤、油炸、蒸煮亦是常見烹作手法。

印尼沾醬成為主要搭配食物的靈魂，像是萬用甜醬油與鹹醬油，印尼辣椒醬（Sambal Terasi）更是每一天餐桌上的必備元素。椰絲炒香料（Serundeng）是配菜中的選項之一，另一種則是集多種辛香料與酥脆素材所組成的傳統小菜，稱為Pecel，甚為著名。還有從13世紀一直延續至今的發酵黃豆食品——天貝（Tempe Goreng），已成為「聯合國教科文組織人類非物質文化遺產」中具文化價值的食物。

一些特有的調味品，例如藤黃果（Asam Kandis）為食物中的酸味增添迷人的風采、印尼盛產的特有品種香葉（Daun Salam）常是煮飯或咖哩中畫龍點睛的角色；三斂（Asam Sunti）則是一種酸楊桃，經日曬乾燥之後保存，用於烹煮酸味的咖哩。

▲東南亞辛香料之一——石栗

九、和平之國——汶萊

汶萊位於婆羅洲北部、南中國海南邊，國土有三分之一被沙勞越所分割及環繞。首都為斯里巴卡旺市，人口數約43萬人（2017年統計）；其中有三分之二為馬來人，華人占9%。

汶萊很早即與中國往來頻繁，曾經派任使者前往中國，在明代，汶萊國王甚至親自前往中國拜見明成祖，締結良好的互動關係。汶萊國內並無農業生產，全仰賴其他國家進口，因此飲食調味及食材烹作與馬來西亞及印尼並無太大差異，以辛香料調味，喜歡吃辛辣，華人餐館盛行，食物多元。

汶萊是回教國家，國內盛行哈拉飲食（Halal），宰殺的家禽類必須事先讚頌，方可割斷頸動脈成為合法的食物。華人占汶萊的總人口數9%，其中金門移民占了大多數，所以粵菜、閩菜在當地也十分常見。

十、中西交粹──菲律賓

菲律賓位於東南亞的最西邊,處太平洋地帶,成為亞歐板塊的一部分。

共有島群七千多個,其中三大主要的島係呂宋島、民答那峨島及維薩亞斯群島;首都是馬尼拉,人口數約9,988萬人(2014年統計),南島族人占總人口95.5%,華人占1.5%,其他還有印度人及阿拉伯人。

菲律賓3世紀即開始與中國貿易往來,加上福建移民者眾多,華人迄今仍掌握重要的經濟命脈。菲律賓歷經西班牙統治時期、美國殖民及二戰期間被日本占領,不同文化在此衝撞匯集,加上南島民族飲食習慣,調味偏重醋、蒜及辛香料交織在一起,形成中西融合的大熔爐。

菲律賓跟其他東南亞國家一樣喜歡食用蝦膏、吃魚露、醃漬鹹魚為食物進行調味。在辛香料的使用上習慣以胭脂子(Annatto)上色,歐洲人慣用的月桂葉(Bay)亦納入醃漬當中,南島族人主食──芋頭、香蕉花、木薯、西谷米成為日常主食之一。在地白起司(Kesong puti)搭配Pan de sal麵包意外為西班牙殖民歷史留下痕跡,現代的菲律賓人以它當早餐食用。喜歡吃一種菲島橄欖(Pili Nut),常用來製作甜點;另外在處理醃漬的時候,習慣以一種酸果(Tabon-tabon)作為防腐及涼拌生魚的調味,這道菜餚名為Kinilaw,在菲律賓十分常見。

另一方面,醬油、豆腐、豆芽菜、餛飩、潤餅等象徵華人的飲食非常普遍,西班牙於16世紀殖民時期帶來番茄、玉米、馬鈴薯、洋蔥等豐富了在地飲食。一天食用三頓餐食,還有午後的點心時間稱為Minandal,餐桌上以湯匙及叉子或以手抓方式進食。

十一、日出東方──東帝汶

東帝汶(Timor-Leste)是位於帝汶島最東邊的國家,2002年加入東南亞成為第十一個國家。首都為狄力,人口數約117萬人(2014年統

計），原住民占78%、印尼人占20%、華人占2%。Timor-Leste意指結合了葡萄牙語與印尼文，指的都是「東邊」之意。

　　日常飲食除了食用米食之外，根莖類如地瓜、木薯、芋頭、南瓜、西谷米也會當成主食，肉類則以牛、羊、豬為蛋白質來源，調味方面也大量使用辛香料，火烤、油炸、蒸煮是慣用烹作的方式。咖啡豆是東帝汶近幾年竄起的農產品，它與橡膠、紫檀木並列為東帝汶三寶。

第三節　各國代表菜

　　東南亞國家位處亞熱帶地區，宗教多樣化，族裔分布眾多。經過幾代的碰撞、撕裂、磨合，現代的東南亞已經漸漸跨越族群藩籬，除了宗教規範上的禁忌，在此所指的代表菜係各族群普遍皆能接納融合並成為日常飲食的一部分，甚至成為國家的代表菜並行銷到全世界。

　　大陸東南亞與島嶼東南亞都以辛香料或香草類作為飲食調味、增香，甚至結合醫食療法，縱然如此，絕大部分大陸東南亞生產稻米圈為主，以米飯作為主食。調味烹作手法較不及島嶼東南亞人喜歡食用辛香料，而是與亞洲香草類混搭著使用；島嶼東南亞大部分被海域所環繞，季風影響分旱季與雨季，當雨季來臨時災害嚴重。有兩個族群在東南亞特別重要：一個是印度人，另一個是華人。印度移民沉潛內斂，不帶侵入性，卻意外讓文化及飲食調味深耕；中國移民帶來各式各樣烹作手法，豐富了在地飲食的混融，原住民及南島族人在幾個世紀後的今天相繼與遷徙者融為一體，發展出東南亞飲食樣貌。

一、緬甸飲食代表

　　緬甸經印度及中國少數民族飲食的影響，發展出中印融合的獨特味道；辛中帶香，柔和不膩，使用在地蝦醬（Ngapi）調味居多。

Mohinga米食是庶民的日常味道,以鮮魚為基底的高湯,加上胡荽子、薑黃、辣椒、香茅等辛香料構成滋味多層次,其中內容物還包括香蕉花、水煮蛋、魚餅、鷹嘴豆等,在緬甸街頭隨處可見小販挑著扁擔沿街叫賣,這是飽足的一頓早餐,由於普及率高,現已成為全天候供應。

涼拌類以國民沙拉Gyin Thoke為代表,混合飯、醃漬茶葉、醃漬薑、馬鈴薯等組合而成,在大街小巷都可以看見。另一道Tofu Thoke結合了華人移民的豆腐、黑抽醬油、醋、辣椒、蒜末、胡荽子而成,吃起來滋味豐富,成為人人都喜歡的涼拌菜。

在緬甸,燒臘點心、麵食粥品等常見的粵菜經典十分普遍。許多印度移民帶來囊餅已經內化成緬甸飲食的一部分,像是印度Biryani飯變成Dan Bauk緬式套餐、印度囊餅成為緬式Nan Bya,在緬甸街頭巷尾隨處可見。

甜點大多以印度式來呈現:重視覺感、喜愛玫瑰的芬芳香氣,慣用水果或優格當素材,許多印度經典甜品,例如Halawa、Malaing lone、Gadutmont都是飲食遷徙後緬甸在地化的代表。

二、泰國飲食代表

泰國飲食共分為四大區域:北部山區、中央平原、東北部乾燥高原、南部半島熱帶島嶼。

泰國北部以糯米飯為主食,由於長期深受印度北部文化影響,許多主食皆揉成團狀後沾醬汁而食。在泰北延續中國西南部多食用生醃豬肉的習慣,《馬可波羅行記》說:「彼等食一切肉,不生熟,習以熟肉共米而食。」喜吃醃肉或稱為「剁生」,另外食蟲習慣蔚為風行。

中央平原意指湄南河流域平原,自素可泰王朝(Sukhothai)、阿瑜陀耶王朝(Ayutthaya)到暹羅(Siam),都是泰國飲食文化最豐富的地區,吸取外來飲食文化,發展出獨特風味。

泰國東北部山區地形為乾旱高原,西北方森林密布人煙稀少,飲

食偏好鮮美辛辣的食物，泰文稱為「伊森」（I-San）飲食，著名如綠木瓜沙拉（Somtom）、香料涼拌辣豬肉（Lap）、炸雞（Kai-Yang）等，利用有限的資源製作成易下飯的好滋味。

泰國南部以回教徒、印度人、中國移民居多。狹長型半島孕育豐富海鮮，盛產椰子，故菜餚中多以椰奶為高湯。印度移民係英國殖民時代大量引進，作為僕人、家廚等工作，英國殖民印度時期，習慣於印度人所烹調之香料料理，為迎合英國人口味，遷徙來泰國之後，不得不重新調製，因此出現泰式黃、紅、綠咖哩。

泰國是東南亞國家使用香草最精湛的國家，融合了雲南人的酸辣、南部伊斯蘭教的辛香料，因而交織出南北不同風情的飲食饗宴。其中最著名的一道國湯就是冬蔭功（Tom Yum Kung），南冬蔭功以羅望子為湯底，新鮮蝦子入湯，吃起來又酸又辣又鮮，是極致的好味道；北冬蔭功則以椰奶為主要湯底，納入眾多海鮮種類及菌菇，吃時擠上檸檬汁，溫和柔順較受外國人青睞，也是台灣人最熟悉的泰式酸辣湯。

▲泰國小吃照片

三、寮國飲食代表

寮國菜乍看之下與泰國菜極為相似，但生食類與涼拌類較多；熱炒類較少與當地能源供給量有絕對的關係。寮國人炒食帶有炭火香，Larb就是其中的代表，這道混合香草與辛香料的碎肉香辣夠味，通常可使用豬、牛、雞或鴨肉，可生食或熟食，拌著魚露、檸檬汁及香草滋味更好，鄰國的泰國也有類似的菜餚。

寮國人吃飯時多半席地而坐，小桌子係由藤編製而成，稱為Ka Toke。每一頓都準備糯米飯，以右手揉成團進食，湯匙通常只用於湯及白飯食用，當用餐完畢則以大罩子罩上以供下一頓食用。

四、柬埔寨飲食代表

柬埔寨最著名的菜餚莫過於阿莫咖哩魚（Amok Curry），在地人以香蕉葉編製成容器，常見的食材為魚肉、牛肉或雞肉，加上雞蛋、蔬菜及濃郁椰奶清蒸而成，內有薑黃、南薑、香茅、檸檬葉，豐富而營養，在柬埔寨各地都可以吃得到。另一道保健湯品Samlor Kako也是重要的代表之一，結合四種垂手可得的葉子：大花田菁的葉子、辣木葉、苦瓜葉、黃皮葉，亦可烹煮成素食。

▲柬埔寨國食——阿莫咖哩魚

五、越南飲食代表

從北到南，飲食代表各有特色，承襲中國儒家思想，注重五行調和，並落實於日常飲食中；少油少鹽多炊食，生菜多於肉類或海鮮。利用魚露調味是一個共通點，越南人非常注重魚露，每一年的捕撈季節，就是釀製魚露的時刻。魚露從45度到60度不等，度代表的是蛋白質含量，45度則表示為第一道萃取的魚露，再經鹽漬第二次萃取就是50度，以此類推。一般涼拌的菜餚會使用較純的魚露，滷肉醃製則使用度數較高的魚露。

北越產米，向來有米鄉之稱，米食文化蓬勃，例如河粉（Pho）、河內綠豆湯圓（Bánh-Cho'i）、蕉葉鹹粿（Bánh Giò）等。北越人喜愛嚐河田鮮食，在涼拌菜餚中可見一斑，諸如螺仔湯檬（Bun Oc）、田雞、蝸牛等。

中越在歷史上皆是越南皇朝所在地，充滿人文藝術氣息，在飲食的表現上力求雅致、刀工精湛，尤其重視陰陽、和諧及色香味。當時豬肉是貴族才吃得起的奢侈品，由於中部地勢較為不便，加上當地並無農作物出產，需要靠長途跋涉運送食材，御廚們發揮創意巧思，把簡單的菜式精緻化，辛香料用得極少，像是聞名的越南春捲、順化牛湯檬（Bún Bò Huế）、河粉扎肉包（Bánh cuốn）等等。

南越有小法國之稱，在料理中隱隱約約看見融合了法式、印度還有華裔移民，由於南部海產豐沛，許多料理強調以蝦、魚入菜，像是越南蝦餅（Bánh Xèo）、酸魚湯（Canh Chua）、甘蔗蝦（Chao-Tom）等等。

六、馬來西亞飲食代表

西馬與東馬分屬不同區域，西馬全長740公里的海岸線，飲食習慣分北酸南甜；東馬長達2,607公里的海岸線，主要為原住民、華裔及婆羅洲飲食居多。

吉隆坡以北稱為北馬，受了泰國飲食文化影響，喜嚐酸食，以羅望子入菜。CNN曾票選世界著名的十種美食排行榜，其中亞參叻沙（Asam Laksa）最具代表性，酸鮮辣的味道特別令人難忘。全民熟悉的馬來西亞椰漿飯（Nasi Lemak），滋味多變，層次感豐富。南馬飲食代表則以峇峇娘惹飲食最讓人津津樂道，娘惹叻沙（Nyonya Laksa）以椰奶為基底，融入華人移民的麵食傳統，已然成為著名街頭小吃。

華人早年開墾的艱辛，自碼頭沿途撿拾零星藥材，再以豬骨頭熬成湯，搭配白米飯的標的飲食——肉骨茶，早已聲名遠播；北部的潮汕白派肉骨茶，與南部的福建黑派肉骨茶兩種，記錄著華人勤儉持家、刻苦耐勞的過去。另一個相同的例子則是挑著扁擔沿街叫賣的雞粒飯（又稱為海南雞飯），為了讓食物能夠有效保溫，把飯捏成粒狀，延續到今日，成為麻六甲一道在地代表飲食。

在馬來西亞有許多印尼蘇門答臘的米南加保人（Minangkabau），移民到馬來西亞之後帶來巴東料理（Padang cuisine），其中冷當雞（Ayam Rendang）即是代表菜之一；另外，印度移民與馬來人通婚，

▲CNN評定必吃美食——亞參叻沙

發展出美味可口的印度自助餐（Mamak Gerai），滋味非常豐富，是深受各族裔歡迎的美食。

印度人把原鄉的拉茶帶來馬來半島，成為國民早餐飲品。印度各式各樣的煎餅、囊、飛餅與咖哩醬汁沾食，豐富了馬來西亞多元飲食的型態；峇峇娘惹族群一方面承襲了中國南方移民的飲食記憶，一方面融合了在地馬來人食用辛香料的習慣，發展出特殊的娘惹菜，例如滷肉（Lor Bak）、視覺感十足的娘惹糕、非常道地的黑果雞（Buah Keluak Ayam）、分明是粽子卻染了蝶荳花（上色的辛香料）的藍色糯米，不難發覺由兩造聯姻所碰撞的火花已然成為馬來西亞飲食特色。

七、新加坡飲食代表

隔著長堤，移動頻繁，許多馬來西亞人遷徙到新加坡定居後，輾轉把馬來西亞的食物與味道複製並在新加坡行銷成功，其相似度達到90%。延續印度裔不吃牛肉、馬來裔不吃豬肉，華裔偶有虔誠佛教徒吃素食，但這全然沒有影響新加坡的小販中心營運的狀態：從早餐的珈椰吐司（Kaya Toast）、燜煮半生熟蛋加上咖啡烏（Kopi O），午餐的娘惹叻沙、炒粿條、咖哩麵、印度炒麵、馬來自助餐林林總總，晚

▲ 娘惹叻沙

餐的咖哩螃蟹，甚至是黑胡椒咖哩蟹、娘惹咖哩魚頭，宵夜還有釀豆腐、沙嗲等全數成為耳熟能詳的世界美食。

八、印尼飲食代表

　　印尼共有一萬七千多個島嶼，五大重要的島嶼包括爪哇島、蘇門答臘島、婆羅洲、新幾內亞島、蘇拉威西島。重要的族裔包括：爪哇族、巽他族、馬都拉族及最具經濟實力的華裔，經過幾代的碰撞、融合，現今的印尼飲食經已呈現多樣化，甚至交織出迷人的風情。

　　華裔飲食融合在地辛香料的再創，Bakso湯麵就是典型代表；福建移民印尼後的米食文化充分表現在粿仔條湯上（Kwetiau Ayam），另一道印尼華裔在每年正月十五食用的米食糕點（Lontong Cap Go Meh）即是慶祝元宵帶來好預兆。著名的爪哇涼拌沙拉（Gado-gado），還有國家級的代表菜——薑黃飯，是國宴必備的菜餚，圓錐形的薑黃飯戴著一頂以香蕉葉裁剪而成的小帽子，周邊圍繞的配菜可繁可儉，由八種到十幾種不等，象徵平安祝福。庶民燒烤最喜歡的辛香料魚（Ikan Bakar）、開齋節必吃的一種雞肉咖哩（Opor Ayam）、在這裡唯一信仰印度教的峇里島可以食用烤乳豬（Babi Guling），成為遊客必吃的餐點。

　　全國比較常見的飲食則有椰奶蔬菜湯（Sayur Lodeh）、各式各樣的薑黃湯麵（Soto）、小點心香脆炸牛皮（Krupuk Kulit）和水果沙拉（Rujak）。

　　甜品類有黑糯米粥（Bubur Ketan Hitam）、印尼式摩摩喳喳（Kolak）。大部分會延續南島族人吃木薯的習慣，除此之外還有地瓜、南瓜等。

　　荷蘭殖民印尼留下許多飲食記憶，出名的千層糕（Lapis Legit）即是一例。

▲峇里島的脆皮烤豬肉

九、汶萊飲食代表

汶萊跟鄰近的國家一樣，喜愛辛香料料理、華裔的食物也非常普遍、印度餅搭著醬汁也是庶民飲食之一。汶萊結合了東南半島生產的西谷米，發展出一道汶萊家喻戶曉的西谷米糊（Ambuyat），配菜奢儉由人，可以是肉類咖哩、蔬菜或海鮮，同樣的食物也出現在印尼及馬來西亞的東馬，食用時有一支開叉的竹子輔助捲起西谷米糊，沾些醬料後直接食用，或以西谷米糊作為主食搭著其他配菜一起吃。

十、菲律賓飲食代表

菲律賓延續南島族人的飲食習慣，與馬來裔、華裔、西班牙後裔、美國後裔等相融交織而成。從豪華的西班牙海鮮燉飯到庶民簡樸的鹹魚搭白飯，亦有代表國食如火烤脆皮豬（Lechon），國民湯品酸子湯（Sinigang），用醋、蒜、醬油等燜煮至軟嫩的酸味雞

肉（Adobo），融合西班牙調味方式與塔加洛人烹調概念的Bistek Tagalog，是將豬肉煎過再以辛香料燒煮入味，成為日常菜餚。

菲律賓有一道飲食結合了三種主要食材製作而成，稱為Kadyos Baboy Langka；Kadyos指的是木豆，Baboy是豬肉，Langka是波羅蜜。

華人融合在地飲食非常多樣化，春捲（Lumpia）、以醬油為核心的滷豬腳（Patatim）、西班牙的馬鈴薯烘蛋（Tortilla）在此被改造成Torta，多了海鮮來增加豐盛度。大部分菲律賓人使用湯匙與叉子吃飯，筷子較不盛行，烹作方式以燜煮、火烤、油炸、清蒸、涼拌為多。在麵食方面結合福建米食加工品，例如炒麵、麵線、冬粉、米粉也非常普遍，甜點糕餅類多融合了西方製作概念，例如著名的西班牙甜點Ensaymada、Polvoron、Rosquillos。芒果與香蕉對菲律賓人有致命的吸引力，油炸香蕉或烤香蕉都非常受到歡迎，國民甜點第一名要屬七彩繽紛的Halo-halo，集合全部水果及剉冰後淋上煉乳，令人食慾大開。

十一、東帝汶飲食代表

東帝汶有旱季、雨季之分，北部每年5月至翌年11月為旱季、12月到翌年5月為雨季；南部則是6月到12月為旱季、12月到翌年2月為雨季。

四面環海，東帝汶有豐富的海鮮，將其包裹而成春捲，高溫油炸，成為Lumpia，其他如以香蕉葉來烤乳豬（Balut Babi）、烤豬腳（Crispy Pata），還有以香蕉莖切碎後炒牛心（Kare-kare）。

過去曾是葡萄牙的殖民地，在飲食的表現上受葡萄牙的影響極深，如燜煮入味的Feijoada，則是利用豬耳或豬尾巴等部位與豆子、根莖類蔬菜一起熬煮，著名的葡式蛋塔也常見。

第四節　東南亞與台灣飲食文化差異

　　台灣是一個移民國家，截至2014年止移民人數已經突破五十萬人，其中東南亞移民約有三十萬人，除了文化上的差異，飲食的調味方式也大不相同。反觀東南亞國家，不同族裔歷經幾代的適應，中國人、印度人、馬來人、原住民在飲食上發展出一套相容模式，同中有異、異中有同。東南亞人的早餐多以麵食為主，台灣人則多為西式的麵包吐司類或傳統的豆漿、燒餅油條為主。在調味料的使用上，東南亞以辛香料、亞洲香草類為核心，蝦醬或魚露等同於鹽巴使用；台灣以醬油為主軸，米酒、米醋及鹽巴較為通俗。

　　在飲食習慣方面，東南亞承攬了伊斯蘭純樸自然法則，席地而坐，以手抓飯、香蕉葉成盛裝食物的器皿，台灣人的餐桌以圓桌為主，強調長幼有序「陰陽合和而生萬物主體」，進食的工具是以筷子夾取食物。當然，東南亞也有為數不少的華人，經過幾代的融合之後，雖保留傳統的習俗，但味覺的交融早已形成多元多樣性，台灣的飲食激盪，在可以預見的將來必然會碰撞出燦爛的火花。

▲河粉在柬埔寨、寮國和越南的早餐十分常見

參考書目

周子平譯（2007）。Jack Turner著。《香料傳奇：一部由誘惑衍生的歷史》。北京：三聯書店。

段穎（2012）。〈遷徙、飲食方式與民族學文化圈：緬甸華人飲食文化的地域性再生產〉。《中國飲食文化》，第8卷2期，2012年10月。台北：中國飲食文化基金會。

程芸譯（2008）。Lizzie Collingham著。《咖哩群像——印度料理文化誌》。台北：財信出版。

傳奇翰墨編委會（2011）。《香料之路：海上霸權》。北京：北京理工大學出版社。

潘英俊（2009）。《粵廚寶典•食材篇》。廣州：嶺南美術出版社。

潘桂成（1995）。〈飲食文化之空間透視〉。《第四屆中國飲食文化學術研討會論文集》，頁354-367。台北：中國飲食文化基金會出版。

蔡百銓譯（2001）。D. R. SarDesai著。《東南亞史》。台北：麥田。

聯合國人口統計，http://unstats.un.org/unsd/demographic/sconcerns/popsize/size2.htm#PVSR

Frank John Ninivaggi, M. D. (2010). *Ayurveda: A Comprehensive Guide to Traditional Indian Medicine for the West*. United Kingdom: Rowman & Littlefield Publishing Group, Inc.

John Keay (2006). *The Spice Route: A History*. Berkeley: University of California Press.

CHAPTER

13

中國飲食文化

李怡君

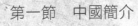

第一節　中國簡介

一、地理位置、人文與氣候

　　中華人民共和國，簡稱「中國」。中國位於歐亞大陸的東北方，位於亞洲東部、太平洋西岸，國土面積將近960萬平方公里。

　　國界由東北部到南部長兩萬多公里，分別與朝鮮、蒙古、俄羅斯聯邦、哈薩克、吉爾吉斯、塔吉克、阿富汗、巴基斯坦、印度、尼泊爾、不丹、緬甸、寮國以及越南等亞洲的十餘個國家接壤。大陸海岸線長一萬八千多公里，隔東海與日本、隔黃海與韓國、隔南海與新加坡、印度尼西亞、汶萊、馬來西亞及菲律賓相望。

　　中國的管轄範圍包括中國大陸的二十二個省份、五個少數民族自治區、四個直轄市及兩個特別行政區，首都位於北京，最大城市為上海市。依區域的不同，中國可被劃分為：

1. 華北地區：北京市、天津市、河北省、山西省、內蒙古自治區。
2. 東北地區：遼寧省、吉林省、黑龍江省。
3. 華東地區：上海市、江蘇省、浙江省、安徽省、福建省、江西省、山東省。
4. 華中地區：河南省、湖北省、湖南省。
5. 華南地區：廣東省、海南省、廣西壯族自治區、香港特別行政區、澳門特別行政區。
6. 西南地區：重慶市、四川省、貴州省、雲南省、西藏自治區。
7. 西北地區：陝西省、甘肅省、青海省、寧夏回族自治區、新疆維吾爾自治區。

　　中國由於幅員遼闊，有山地、高原、丘陵、盆地、平原和沙漠等各類地形，呈現西高東低的特徵。其中有三大高原（青康藏高原、

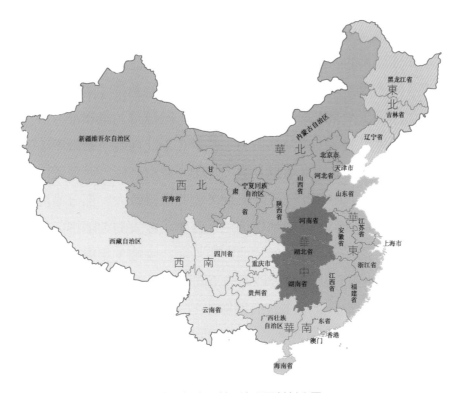

▲中國行政區劃及地理區劃劃分圖

內蒙古高原、雲貴高原）；五大盆地（塔里木盆地、準噶爾盆地、柴達木盆地、四川盆地、吐魯番盆地）；三大平原（東北平原、華北平原、長江中下游平原）。山地、高原和丘陵約占陸地面積的67%，多集中於西部地區；盆地和平原則約占陸地面積的33%。

　　中國是世界上人口最多的國家，人口逾十三億，主要使用的語言為國語（普通話）。中國有漢、壯、回、蒙古、維吾爾、藏等五十六個官方登記的民族，由於民族眾多，故各地方具有當地語言及家鄉話，加上各省份及各地方均有不同的語言。中國的民族以漢族為主，約占總人口的93%，主要分布在東部地區，其餘五十五個少數民族主要集中在西北、西南、東北、廣西等地區。宗教信仰以佛教、道教為主，在全國各地都有分布，也有部分人士信奉基督教、天主教。西北地區有多數人信奉伊斯蘭教，除此以外，藏傳佛教則是西藏自治區的第一大宗教。

　　由於面積廣大，境內地形多元，再加上地勢高地起伏迥異，因此形成差異性極大的多元氣候，從南方熱帶氣候到北方亞寒帶氣候都涵蓋在這片國土內。氣候帶共劃分為六種，分別為熱帶（廣東及雲南南部）、亞熱帶（秦嶺以南及熱帶區以北）、暖溫帶（秦嶺淮河以北、甘肅、陝西、河北、山東及河南）、溫帶（東北地區、新疆準噶爾盆地）、寒帶（黑龍江極北）以及高山寒帶（青海高原、西藏及四川西部）。中國的南北緯度相差三十五度，因此溫差較大。部分沿海地區沿海屬於海洋性氣候，其他地區則是氣溫變化較大的大陸性氣候。因此中國整體氣候特徵，是由南往北，由沿海往陸地，年溫差的差異較大，而且一年四季的表現會因地區的不同而有所差異。在海拔1,000～2,000公尺的雲貴高原上，並沒有明顯的冬季與夏季，一年多是四季如春；在北回歸線附近的江南到南嶺地區則是四季分明。

二、歷史與中國飲食

　　中華文明被公認是世界四大古文明之一。根據已發表的考古資料顯示，由發現的人類化石遺骸顯示，距今約五十萬年前的舊石器時代，在現今的陝西省藍田縣附近發現已能直立行走的人類，被稱之為早期直立藍田人。較為著名的晚期直立人，則是在北京附近的周口店發現的北京人。由北京人居住過的山洞遺跡中發現，當時已經會使用火和保存火種。之後在不同地點及各個時期分別發現各種飲食器具的遺跡，在西元前7000年發現新石器時代的陶器，說明當時已開始有烹飪技術的軌跡。而在西元前1900～1500年間發現青銅製的飲酒器具，西元前1600～1100年間則有以銅器蒸煮食物的器具，更是看到中華文明在飲食文化中的演進，也由歷史古蹟中顯示中國飲食的歷史具有深遠的脈絡。

　　傳說中，中國的文明開始於三皇（伏羲、女媧、神農）與五帝（黃帝、顓頊、帝嚳、唐堯、虞舜）。傳說中，神農氏教人民生產糧

食，燧人氏鑽木取火，伏羲氏教人民生產糧食飼養牲畜，反映出當時的飲食文化。在三皇五帝中，黃帝為中國開化時代最初之君主，他統帥炎、黃二族打敗蚩尤，融合華夏民族，因此被尊為中華民族的始祖，也是炎黃子孫名稱的由來。一般所公認的五千年中華民族歷史是從傳說中的黃帝開始，

　　中國歷史所記載的第一個朝代為夏朝（西元前2100至西元前1600年），接續於夏朝之後的是位於黃河沿岸渭河河谷的商朝。約西元前1046年，武王伐紂滅商之後，建立周朝，實施封建制度。周朝分為西周（西元前1100至西元前770年）與東周（西元前770至西元前221年），東周又分為兩個時期，春秋時代（西元前770至西元前476年）與戰國時代（西元前476至西元前221年），是中國歷史上最長的一個朝代。夏末商初出現名廚出身的政治家伊尹，曾做過庖人（廚師），後來透過美味佳餚及廚藝技藝，利用向商湯進食機會向商湯分析天下形勢，遊說商湯取得天下建立商朝，伊尹為中國史上的第一位名廚，因此被尊為廚藝界的祖師爺。宴席制度起源於夏、商，盛於周。周朝王室的飲膳制度則是非常完善，烹飪工作分工非常明確。

　　對中國飲食文化的重視可追溯至春秋戰國時期的著作，如：《周禮》、《呂氏春秋》、《禮記》、《尚書》、《論語》、《韓非子》等古文獻中。《周禮》成書於戰國時期，從書名來看應該是記載周代官制的書籍，其內容卻與周代官制不相符符合，可能是一部論敘述理想的政治制度與百官職守，相傳為周公所作著。《周禮》中記載，歷史上第一個朝代夏朝已出現專司監督宮廷飲食的官，稱之為「庖正」。商周時期已開始注重食療，周朝甚至出現「食醫」的官，《周禮》中敘述：「食醫，掌和王之六食、六飲、六膳、百饈、百醬、八珍之齊」。周朝在當時開始使用烤、炸等烹調方式，以動物油脂來烹調菜餚。春秋戰國時期，齊桓公的寵臣易牙，傳說曾烹其子以進桓公，對於味道非常敏銳，並且善於烹調，他能用煎、熬、燔、炙等不同烹調方式迎合桓公。

　　秦朝源自周朝諸侯國秦國，秦國於戰國時期逐漸轉強，到秦國君王嬴政陸續攻滅六國而一統天下，結束戰國時期，建立秦朝，自稱「始皇帝」（即秦始皇），中國從此開始進入統一時代有了皇帝的稱號。在秦朝時期宰相呂不韋所著的《呂氏春秋》中的〈本味篇〉，是中國最早的烹飪理論著作之一，強調甘酸苦辛鹹之五味調和，對於原料、火候及調味等烹飪知識有詳盡精闢的論述。

　　秦王朝的暴政，使得秦朝在極短的時間內結束，起而代之的是漢高祖劉邦所創立的漢朝（西元前221至西元220年）。漢朝由文景之治到漢武帝，國力達到空前的強盛，疆域也是擴張到空前的遼闊。中華民族自此進入了一個長期的繁榮時期，勢力甚至伸展到中亞，使中國人和「漢人」畫上了等號。從那時開始，「漢人」代表中國人的別稱就一直沿用至今。在湖南長沙的馬王堆漢墓出土中發現，漢朝時期，對於調味料、飲料、主食、蔬果及菜餚使用已相當多元，其中包含豆豉、白酒、米酒、飯、粥、麵點等；此外，漆器的使用也出現了。在漢朝等鼎盛時期，張騫出使兩次西域，開闢了絲綢之路，因此由中亞、南亞及西亞地區帶回當地的特產，如香料、胡瓜、胡椒、薑、葡萄及葡萄酒等物。河南密縣的漢墓出土文物中有證據顯示，在漢代已能生產豆腐。

　　漢之後開始群雄爭霸，於是中國社會出現動盪不安的局勢。歷經了短暫的三國時期（220～280年）、西晉（265～316年）、東晉（317～420年）、五胡十六國（304～439年）以及南北朝（439～581年），在歷史上被稱為魏晉南北朝。魏晉南北朝時期的北魏賈思勰所著的《齊民要術》中，是我國最早有關農漁牧業的一部全書，記錄了大量烹飪原料、菜餚、麵點、醋、釀酒及醬漬等的製作資料。之後隋朝（581～618年）建國，該時期是有許多宮廷美食流傳於世，例如當時的越國公碎金飯就是現在的揚州炒飯。

　　由於隋煬帝的奢華腐敗，因此民生凋敝，於是李淵趁勢興起，建立唐朝（439～581年），成為唐朝的開國君主唐高祖。李淵的次子李

世民之後繼位，成為中華民族歷史上最偉大的領導者之一。在李世民時期被稱之為「貞觀之治」，是中華民族一個輝煌的時代。海外的中國人至今聚居的地方稱之為「唐人街」，就是由此而來。唐朝太宗時派人至當時的摩揭陀國（恆河下游的一個小國）學習製糖技術。在唐朝時，日本派人來學習菜餚、點心的製作。當時陸羽的《茶經》是世界上第一部與茶有關的著作。日本僧人在同一朝代，由中國帶回茶仔及製茶技術。中國的夜市出現於唐朝，到宋朝更加興盛。

唐朝之後，又開始了另一個分裂時期，歷史上稱之為五代十國（907～979年）。分別是唐、晉、漢、周與梁合稱為五代，以及中國南方境內的其他割據勢力，分別是吳、楚、閩、吳越、前蜀、後蜀、南漢、南唐、荊南、北漢等十個王朝，統稱為十國。

短暫的五代十國之後，趙匡胤黃袍加身，成為宋王朝的開國君主，稱之為宋太祖。宋朝分為北宋（960～1127年）及南宋（1127～1279年）。宋朝時期飲食市場非常繁榮，各種餐飲營業場所相當多元，有酒店、酒樓、餅店、茶坊等，器皿則有瓷器、銀器。南宋時期大量北方人遷往南方，形成南北飲食文化的大交流。在宋代平民百姓深愛物美價廉的豬肉，東坡肉相傳為蘇東坡被貶於黃州時在貧困的生活中，將燒豬肉加酒做成紅燒肉，小火慢煨而製成的一道名菜。

由於北方的游牧民族不時引發衝突，後來東北女真族的金，長驅直入首都，於是高宗南渡稱帝，建都臨安，南宋於是開始。1206年，蒙古首領鐵木真被推舉為大可汗，稱成吉思汗，意為「世界的統治者」。成吉思汗統一蒙古各部，建立蒙古帝國。1271年，蒙古大汗忽必烈把原來屬西夏、金國、宋國、大理國和蒙古合併成為一個帝國，國號「大元」，於是蒙古從此由一個少數民族建立的政權，變為一個正統王朝，稱之為元朝（1271～1368年）。

元朝後來被朱元璋所打敗，成立明朝（1368～1644年），是為明太祖。明朝時期，航海交通發達，開始了海上的擴張，於是有了歷史上著名的鄭和七次下西洋。辣椒及番茄即是在明朝時期傳入中國的。

皮蛋的製法以及製糖、製鹽、製油、菌種培養等技術也是出現在明朝。

明末，宦官專政加上外族入侵，在內憂外患又無明君的情況下，明朝受到滿洲人的攻擊而滅亡，成立清朝（1644～1911年），也是中國最後一個王朝。影響中國飲食極為深遠的「滿漢全席」是在清朝時期，其規模之盛大、菜餚之豐盛、選料之講究、用料之珍貴、程序之繁瑣、器皿之精緻、禮儀之講究，直到現在，仍稱得上是飲食文化發展的巔峰時期。而研究中國飲食文化的必讀文獻《隨園食單》是在清乾隆年間由當時的著名文學家袁枚所撰寫。清末民初時，有許多餐館陸續開業，至今還繼續經營，如杭州的樓外樓、天津的狗不理包子、北京的全聚德烤鴨、東來順涮羊肉等。到了民國初年，原先的宮廷御廚隨著帝制的瓦解而流落四方，於是發展出在民間的宮廷菜，現在北京的「仿膳飯莊」就是以宮廷料理為主。

清末由於帝制專權加上封鎖守舊，以致無法抵抗西方列強的入侵，經歷了鴉片戰爭、甲午戰爭、英法聯軍以及八國聯軍等的入侵，以致積貧積弱，民不聊生，終於在孫中山所領導的中國同盟會經由十次革命，終於推翻滿清，在1912年1月1日建立中華民國，結束了長達兩千多年的封建帝制，開創了中國首個民主共和政體。

1937年日本展開侵華行動，抗日戰爭開始，中國成為第二次世界大戰的亞洲戰場，中日戰爭持續八年，直到1945年8月15日，日本無條件宣布投降，戰爭才告結束。1949年毛澤東領導的中國共產黨10月1日在北京正式宣告中華人民共和國成立，同年蔣介石領導的國民黨政府將中華民國的中央政府遷至台灣。於是，兩岸從此開始了六十年的分治局面。

第二節　中國飲食文化與特色

一、整體飲食文化

　　中國因為歷史悠久、幅員廣闊，因此中國的飲食文化，包含茶文化、酒文化或是烹飪文化，在內涵上豐富多彩，博大精深，因此在世界的飲食文化中占有舉足輕重的地位。

　　中國對於茶的重視，可印證於中國人常掛在嘴上的開門七件事——柴、米、油、鹽、醬、醋、茶。由此可見，茶是一個日常生活中不可或缺的民生必需品。茶樹原產於中國西南的雲貴高原。在中國，茶成為飲料也有兩千多年的歷史。研究茶文化時，經典之著為陸羽《茶經》。中國茶除了歷史悠久，茶的種類繁多也是特色之一。依其產地及發酵、烘焙方式的不同，在中國著名的茶有：綠茶（西湖龍井、碧螺春）、青茶又稱烏龍茶（鐵觀音）、紅茶（祁連山紅茶）、黑茶（普洱茶）、白茶（白毫銀針）等。

▲龍井茶炒製　圖片來源：本章所有圖片皆由李怡君提供

酒雖然不是日常生活必需用品,但是酒在中國文學,如唐詩宋詞中,處處可見其蹤影。根據文獻記載,在周朝時期就已出現酒文化。《周禮》中有所謂的「五齊之名」,指的即是五個酒的品種。中國的酒在酒文化中是以白酒居多,包含貴州茅臺酒、山西汾酒、四川五糧液、江蘇洋河大麴;除此以外,黃酒也占有一席之地,其中以紹興酒著名,包含狀元紅、女兒紅、花雕酒等;在近代,則以啤酒聞名於世,如青島啤酒;而由於氣候土壤的豐富多樣,加上法國技術的引進,因此中國葡萄酒逐漸在國際上嶄露頭角,其中包含新疆、山東煙臺及北京等地,都有品質精良的紅葡萄酒。

全世界舉世知名的中國烹飪文化則是最具特色及代表性的飲食文化。中國人是世界上最能吃的民族,吃得最寬廣、最大膽,也最細緻。中國菜的選料多元廣泛,舉凡天上飛的、地上爬的或是水裡游的,中國人幾乎無所不吃。除此之外,中國人的飲食非常重視醫食同源,中國人深信食物有醫藥的功效,所以才會發展出「醫食同源」的飲食理論。早在商朝時,伊尹即提出「調和鼎鼐」之說法。伊尹以人體的心、肝、脾、肺、腎等五臟所需要的營養素,配合甜、酸、苦、辣、鹹等五味調製食物,以維護人體的健康。直到現在,中國人的食療對於世界飲食文化仍有極深的影響力。

在中國烹飪文化中,烹飪的技藝高超,堪稱世界一絕,包括刀工精細講究、烹調方法繁多、調味多變和諧。中國歷經久遠的歲月,再加上地大物博,物產隨著各地的氣候、文化、水土等自然條件的差異,形成流派眾多的菜系。根據《隨園食單》記錄的菜餚加以分析,可將中國菜分為七大類,包含:宮廷菜、官府菜、寺院菜、民間菜、民族菜、市肆菜、地方菜,茲分述如下:

(一)宮廷菜

宮廷菜是封建社會皇室的御膳,因此用料高級、烹調精緻、種類繁多,是中國烹調的極致表現。在近代,中國研究飲食的學者根據

歷史文獻及相關資料的記載，研製出仿照宮廷的菜餚，稱之「仿古菜」，包括「清宮菜」、「仿唐宴」及「仿宋宴」等。

(二)官府菜

官府菜是封建社會官宦之家的膳食，著名的有「孔府菜」、「隨園菜」及「譚家菜」。「孔府菜」源自於孔子的後裔歷代都享有各朝皇帝的尊寵，自明清後，有「天下第一家」之稱，因此發展出許多名菜。其食材用料高級，如魚翅、熊掌、燕窩等以名饌佳餚接待皇帝或高官為主的宴席菜，和日常食用的家常菜。「隨園菜」是清乾隆年間袁枚隨園府邸的菜餚，其中集合了清朝官府菜的大全，袁枚的《隨園食單》成為留傳至今的重要食譜。「譚家菜」出自於清末民初的官員譚宗浚及其子譚琢青之府，由於譚宗浚是清同治13年的榜眼，因此譚家菜又稱榜眼菜。由於父子酷愛美食，因此吸收各派名廚，融合南方菜（以廣東菜為主）和北方菜（以北京菜為主），成為獨具風味的菜餚。

(三)寺院菜

寺院菜是泛指佛教及道教的宮、觀、寺、院所烹調的素食菜餚。根據學者的研究，素食是與五代十國時的梁武帝極力倡導有關。

(四)民間菜

民間菜是指一般市井小民所烹調和民間節慶的飲食，如江南的醉蟹、廣東的煎堆及端午的粽子等，特色是就地取材、烹調容易、講究實用養生，由於各地食材不同，造成民間菜的種類繁多、菜餚豐富，因此民間菜可說是中國烹調的基礎。

(五)民族菜

民族菜是指漢族以外其他民族的菜餚，以少數民族的菜餚為主。民族菜會受到各民族的歷史、地理環境、宗教、文化、風俗等影響，

而具有不同的風格特色。較具特色的包含清真菜、維吾爾族菜、滿族菜、蒙古族菜、白族菜、壯族菜等。

(六)市肆菜

市肆菜就是餐館菜。隨著貿易的興起，為適應各地經商旅行的人士需求，市肆菜有不同的品級。由於餐館需要面對競爭，市肆菜吸取了宮廷、官府、寺院、民間及民族菜的精華。

(七)地方菜

地方菜顧名思義就是受到地理環境的影響所產生的菜餚，而經過一段時間的發展，形成具有完整系統及地方特色的菜系。

早期中國地方菜系較籠統的說法是以蘇、粵、川、魯為主的四大菜系。「蘇菜」起於先秦，至隋唐具盛名，以長江下游為主，包含江蘇、浙江、江西、安徽等省及上海市的菜系；「粵菜」出現於魏晉南北朝，以珠江流域為主，包含廣東、廣西、福建、海南等省；「川菜」始於秦漢，至宋代成形，以長江上游為主，包含四川、雲南、貴州、湖南、湖北等省；「魯菜」出現於春秋戰國，發展於南北朝，以黃河下游為主，包含山東、河北、東北三省及北京、天津等地。

清代起，中國菜分為八大菜系，包含蘇（江蘇）、粵（廣東）、川（四川）、魯（山東）再加上閩（福建）、浙（浙江）、皖（安徽）、湘（湖南）。時至今日，八大菜系又繼續延伸，幾乎各省份都有其特色料理，包括：京（北京）、滬（上海）、鄂（湖北）、秦（陝西）、豫（河南）、滇（雲南）、津（天津）、遼（遼寧）、晉（山西）、冀（河北）、贛（江西）、黔（貴州）、隴（甘肅）等。

二、分區飲食文化

中國菜是由全國各地區特色菜系匯聚而成的菜餚，分區飲食是以地理位置為區分之準則。由於中國地區遼闊、省份眾多，分區的地方

菜系種類極為繁多,有四大菜系、八大菜系、十大菜系,甚至十六大菜系,然限於篇幅,無法一一介紹,本節就中國最為著名及最具特色的八大菜系,及選擇近年來較具代表性的北京、上海菜系加以介紹。

(一)江蘇菜

位於長江下游的江蘇,境內湖泊眾多、氣候溫和、土壤肥沃,素為中國的魚米之鄉。江蘇菜開始於南北朝,在唐宋以後,與浙江菜共同成為中國南方菜的代表。菜餚講究刀工、火候,包含淮揚(淮安、揚州)、金陵(南京)、蘇錫(蘇州、無錫)、徐海(徐州、連雲港)等四地的風味菜。

淮揚是以揚州為中心,南起鎮江,北近淮河以南,對中國菜影響極大。揚州的菜刀極為有名,因此淮揚菜注重刀工。揚州的麵點也是享譽全中國。

金陵是以南京為中心,以鴨子美食為主,例如南京板鴨、鹽水鴨、黃燜鴨等。蘇錫以蘇州及無錫為中心,太湖、陽澄湖位於此區,因此水產成為重要原料,著名的有太湖銀魚及陽澄湖大閘蟹,其中陽澄湖大閘蟹具有「青背、白肚、黃毛、金爪」四大特徵,目前已成為

▲陽澄湖大閘蟹

▲蘇州傳統名菜──松鼠桂魚

秋天時節的必嚐美食之一。除此之外,無錫的船菜、蘇州的糕點是傳統特色,而無錫排骨也是中國的一道名菜。在蘇州還有一道具有歷史的傳統名菜——松鼠桂魚,據說乾隆下江南時就曾經品嚐過。

(二)廣東菜

廣東位於中國西南端,瀕臨南海,地處亞熱帶,氣候四季常春,因此物產非常豐富。廣東菜在西漢時就有記載,南宋時由於京城南遷,因此發展迅速,到了明清時期由於對外通商,因此受到西餐影響。廣東菜的烹調技術匯集了中西各地飲食的精華,烹調方法廣博,共有數十種之多,其中最具代表性的廣式烹調方法有炒、焗、泡、灼、扒、燴、煲等七種。

廣東菜由廣州、潮州、客家菜組成,簡稱粵菜,以廣州菜為代表。廣州人以愛吃及會吃著名,取材不限,凡是天上飛的、地上爬的、水中游的等飛禽野獸,如穿山甲、鼠、貓、狗、蛇、猴等,無所不吃,超過一千種材料可以入菜,成為佳餚。廣州人喜愛飲茶,茶樓有早、午、晚三市,是廣州市民重要的交際場所,廣式點心製作精細,花樣很多,常見的有燒賣、蝦餃、叉燒包、蘿蔔糕、糯米雞等。由於廣州開埠最早,受西方烹飪影響很大,在用料及調味上大膽且變化多端。在飲茶中許多風味點心皆具西方風味,如奶油焗白菜。廣州菜無論是大菜、茶樓裡的小點、路邊的小吃,都匯集了中西各地飲食

▲著名廣式點心——燒賣、蝦餃、魚翅餃

的精華，例如飲茶、粥品、燒烤、蛇羹、補品等，都極具代表性，因此有「吃在廣州」的美譽。

潮州菜包含潮州、汕頭等地，位於韓江三角洲，得魚蝦之利，在海鮮的烹調上極為講究，火候及調味的功夫一流。

客家菜又稱為東江菜，是在晉朝時由中原遷至粵東山區。在飲食習性上仍保持中原特色，烹調方式保守，食材以家禽、家畜為主，口味重油、重鹹，具鄉土味。

(三)四川菜

四川位於中國西部，地處長江上游的四川盆地，四面環山。由於地大物博、氣候溫和、四季常春，因此食材多元廣泛，包含山區的山珍野味、江河的魚蝦蟹、新鮮蔬菜和筍菌以及品種繁多的調味料。四川自古即有「天府之國」的美稱。

川菜發源於我國古代的巴國和蜀國。自秦末漢初起開始初具規模，直至唐宋時期發展迅速。主要是由成都菜、重慶菜、自貢菜以及素食佛齋（素菜、素筵）為主。四川盛產一些調味料，如自貢井鹽、郫縣豆瓣、茂汶花椒、永川豆豉、乾紅辣椒等，常被四川人廣泛運用到各式各樣的菜餚裡，所以川菜的香辣就成為一大特色。

▲四川盛產的辣椒與醬菜

▲麻婆豆腐

川菜的食材繁多、色香俱全、重視調味,以善用麻辣著稱。川菜的基本味型為麻、辣、鮮、鹹、酸、苦六種,主味突出、明顯,是川菜調味的特點。在六種基本味型的基礎上,又調配變化出約二十多種複合味,例如鹹鮮味、家常味、麻辣味、魚香味、椒麻味、怪味等,因此有「味在四川」的美譽。

(四)山東菜

山東位於中國東部沿海,地處山東半島,北臨渤海,東面黃海。由於氣候溫和、日照充足,因此山東的農產種植業及水產養殖業皆相當發達。山東簡稱魯,魯菜是自宋朝以後就成為「北方菜」的代表,到了明、清時期,魯菜成為宮廷御膳的主體,著名的有山東八珍菜,以山珍海味為主要食材。山東菜以濟南、濟寧和膠東三地的地方菜為主。

濟南為山東政治經濟及文化之中心,濟南菜擅長熬湯,分為清湯及奶湯,清湯特色為色清而鮮,奶湯則是色白而醇。濟南菜的另一特色為甜菜,尤以拔絲為重要的烹調法。

濟寧古稱為任城,也就是現在的曲阜,是孔子的故鄉。著名的有

▲掛霜腰果

孔府菜，是中國官府菜的代表。

　　膠東菜又稱為福山菜，以煙臺及青島為代表。膠東菜以海鮮見長，烹調方式以保持食物的原味為主。其他重要的烹調法為以掛霜為主的甜菜。

(五)福建菜

　　福建位於中國東南，背山面東海，四季如春，雨量豐沛，因此具有豐富的山珍海味。福建簡稱「閩」，閩菜以福州、漳泉為主。

　　福州菜為閩菜的主流，以海鮮為主，選料講究、刀工精細、重視火候，以善於調湯、調味取勝，擅長使用紅糟。福州菜最為著名的菜為佛跳牆。

　　漳泉包含漳州、泉州。漳州位於福建的最南部，烹飪原料豐富多彩。山珍海味，一樣不少。擅長使用佐料，尤其是沙茶。泉州港在唐代是「南海香舶」常到、「秋來海有幽都雁，船到城添外國人」的地方。泉州在宋元時期就已是我國最大的對外通商港口，成為「海上絲綢之路」的起點。泉州的肉粽、蚵仔煎目前也是台灣有名的風味小吃。

(六)浙江菜

浙江位於中國東面,臨東海。浙江北部河川密布,有江南的魚米之鄉之稱;西南丘陵多產山珍;東部沿海則是水產資源豐富。浙江菜以杭州、寧波、紹興、溫州等風味菜為主。除此之外,產於浙江的金華火腿是中國的主要火腿產地。

杭州古稱臨安,為南宋遷都後之所在地,因此繼承了南宋古都的京杭大菜,集合中國各地的精華菜餚。杭州菜歷史悠久,以製作精細、講究原汁本味以及清淡為其特色。著名的杭州菜包括:龍井蝦仁、西湖醋魚、東坡肉、蜜汁火腿、油燜春筍等。

寧波包含了浙東沿海的風味菜餚,尤其以海鮮為主。烹調方式為蒸、烤、燒、燉,講究原汁原味。喜愛以雪菜入菜,主要菜餚有雪菜黃魚、冰糖甲魚、寧式鱔糊。

紹興以紹興酒著稱。紹興菜以燉製河鮮家禽為主,菜餚汁濃味重,喜用紹興酒之酒糟入菜,極具鄉村風味。

溫州位於浙南沿海,以海鮮為主要烹調食材。烹調方法講究「二輕一重」,特色是輕油、輕芡、重刀工。

(七)安徽菜

安徽境內受到長江及淮河由西向東貫穿,因此帶來豐富的水產資源,分為江南、淮北及江淮三個區域。江南地區以山為主,盛產山珍海味,淮北以平原為主,是著名的魚米之鄉,江淮則是重要的淡水魚產區。

安徽簡稱「皖」,皖菜起源於南宋的古徽州,至清朝蓬勃發展,由於安徽貧瘠,多數人很早就出外經商,隨著徽商的腳步,徽菜因此遍及四海,一直到今天,許多揚州菜,上海菜都可以看到徽菜的影子。除了著名的徽商胡雪巖外,安徽尚有許多名人名菜,如胡適一品鍋、李鴻章雜燴等。安徽另一個名人為發明豆腐的淮南王劉安。因此豆腐宴也是安徽菜的特色。安徽著名的毛豆腐是處處可見的地方小

吃，和臭豆腐有異曲同工之妙。

皖菜的主要味道是鮮鹹微甜，烹調方法主要擅長燒、燉、蒸、爆，特色是重油、重色、重火工。皖菜分為皖南、淮北及沿江三大類。

皖南是皖菜的地方菜代表，特色是以火腿及冰糖調味，主要以原鍋上桌，保持食物的原汁原味。

淮北主要以芫荽（香菜）、辣椒調味，味道以鮮鹹辣為主。沿江主要以糖調味，擅長烹調河鮮，以紅燒、清蒸和煙燻為主要烹調方式。

(八)湖南菜

湖南位於中國的中部偏南，在長江中游南岸，南有衡山，北有洞庭湖。湖南簡稱「湘」。湘菜啟蒙於東周，至東漢時期奠定基礎。湘菜是以湘江流域、洞庭湖區、湘西山區三地風味菜系組合而成。湖南各地的飲食文化雖然不同，但其共同之處就是辣及臘。辣的主要來源是在湖南到處都有種植的朝天辣椒；臘肉的製作則有悠久的歷史。

湘江流域以長沙為代表。主要特色是油濃色重，以臘味見長。著名的湖南臘肉為煙燻產品。

洞庭湖區以常德、岳陽為中心，以河鮮、家禽、家畜為主要食材，烹調方法為燉、燒、臘。

湘西山區以山珍野味為主要食材，煙燻臘肉及各種醃肉為特色菜餚，口味以鹹、香、辣為主。

(九)北京菜

北京自春秋戰國時期起，就是中國北方的重鎮和著名都城。由於金、元、明、清先後在北京建都，加上又有回族人遷移至此，因此北京菜融合了漢、滿、蒙、回等民族的烹飪技藝，吸取了全國主要地方風味。清末時期，北京菜有宮廷菜、官府菜、清真菜及山東菜作為基

▲北京名店便宜坊的北京烤鴨

礎，成就了今日的北京菜。到北京必嚐的四大名菜，包括北京烤鴨、涮羊肉、宮廷菜及烤肉。

宮廷菜及官府菜主要來自於明清時期宮廷及官府的菜餚精華，著名的官府菜有譚家菜。清真菜則是受到信奉伊斯蘭教的回族人的影響。在清初至中葉時期，許多山東菜館在北京開設，因此山東菜對於北京菜影響極大，是北京菜的基礎。著名的涮羊肉是受到金、元朝代時塞外民族的影響，著名的餐館為東來順。北京烤鴨是中國最具代表性的菜餚，名店「全聚德」、「便宜坊」等是全球外地人必定拜訪的餐廳。

烹調方式主要有爆、烤、涮、炒、扒，尤以涮、烤見長，味道上講究酥、脆、鮮、嫩。由於北京為中國首府，因此物資充足，在食材的使用上多元廣泛，無論是東北的蛤士蟆，南海的燕窩、魚翅，江南的新鮮蔬果，都會在北京菜中出現。

(十)上海菜

上海位於長江三角洲,大陸海岸線的中心點,是內通全國、外聯世界的商港,中國的商業經濟中心。上海菜分為本幫菜及海派菜。本幫菜是指上海本地的傳統菜餚,原重紅燒、生煸之烹調方式,特色是油濃、糖重、色深,著名的菜餚有蝦子烏參;海派菜則是指來自京、魯、揚、蘇、錫、川、廣、閩、杭、豫、徽、湘、素菜、清真菜以及西餐等特色風味,融入上海風味後,所形成符合上海人口味的海派風格菜餚,著名的有紅燒划水、冰糖元蹄。

三、餐廳種類

在中國,餐廳的種類無論是在餐廳風格、菜餚特色或是價格高低,都會因區域的不同而有所差異。一般而言,餐廳可以由高檔的五星級飯店內的餐廳或是仿御膳餐廳,到一般平民小吃的路邊攤。然而由於中國地域遼闊,各地區居民的餐廳種類受經濟發展水準影響,在管理水準、經營品種、從業人員素質、收費上皆有差異。

在餐廳的供應時間上,中國除了在南方沿海較熱鬧的都市以外,餐廳大約在中午十一點開始供應午餐,到了晚上八點則停止供應晚餐。

由於中國幅員廣大,各地的飲食隨著地域的不同,形成不同的特性。中國依照黃河流域、長江流域、珠江流域的區分,形成廣博與多元的風味菜系。不同菜系餐廳無論在餐廳的口味及菜色上皆不盡相同,例如川菜重辣、湘菜多臘、粵菜多海鮮、江浙等地南方菜則是甜味較重。

四、閱讀菜單

中國人的菜單會分為單點菜單及宴會菜單。單點菜單是以冷盤、

熱菜、主食（麵飯類）、點心作為分類依據，在熱菜的部分會依材料不同做分類，包含雞鴨、豬肉、素菜、蛋豆腐等。宴客時的筵席菜是以桌為單位，每桌十至十二人。宴會菜的出菜順序是：前菜→主菜→點心。一桌菜通常包括四道前菜，冷熱均可，通常是四種冷盤組成的大拼盤；接著是六至八道大菜，豪華筵席會達十或十二道，由於中國人認為偶數是吉利的，因此都是以偶數為主；之後是一鹹一甜的兩種點心。

在菜餚的搭配上，不管是調味、烹調方法、材料選擇或顏色都要求變化，味道由清淡至濃重，講求色香味俱全的飲食藝術。在菜餚的名稱上，中國菜的名字非常講究，會根據材料（荷葉雞）、味道（糖醋肉）、形狀（炸丸子）、人物（東坡肉）、烹調法（紅燒海參）、地名（北京烤鴨）、比喻（螞蟻上樹）、數字（八寶飯）等命名。一些重要的宴會，中國人也會命名，例如：滿漢全席、孔府宴、全羊宴、紅樓宴等，有些宴會甚至有其歷史典故。由此可見，中國人對於飲食的重視。

五、用餐習慣

中國人在文化特性上是喜好熱鬧和團圓的氣氛，因此在用餐時主要是以圓桌、圓盤為主，同一道菜餚是放置在一個盤子之中，由同桌的用餐者共同分享。尤其在家常用餐時，中國人習慣將大多數的菜餚一起上桌。

中國是一個以漢人為主的民族，重視養生。一般而言，一天三餐是以熱食為主，包含青菜都是烹調過的，較少食用生冷的食物。在餐具方面，中國人是用碗筷用餐。一手將碗端起，以碗就口，避免米飯掉落。筷子除了協助吃飯之外，也用來夾菜，而喝湯時一定要使用湯匙。在順序上，一般都是先用餐吃飯，湯最後再上。

第三節　中國常見的珍貴食材

　　中國是一個烹飪大國，中華美食文化在世界上是獨具特色的。在常見食材中，最為特別的是水陸八珍。水陸八珍是明清時期的八種珍貴食材，分別是海參、魚翅、魚脆骨、魚肚、燕窩、熊掌、鹿筋、蛤士蟆。在本節中就水陸八珍中現今較常使用的珍貴食材，海參、魚翅、燕窩、蛤士蟆，以及鮑魚、干貝加以說明。除此以外，中國人常用的豆腐也在本節中介紹。

(一)海參

　　海參的名稱是由於中國藥膳古書中提及「其性溫補，足敵人參」，因此被認為是海裡的人參。海參在明清時代已十分盛行，至今仍是中國菜宴席中之上品。海參是生長在海洋底層岩石上或海藻間的一種棘皮動物，各海洋中均有分布，共有八百多種，以西太平洋種類最多，中國東南沿海有六十餘種，可供食用的僅有二十餘種，以刺多為上品。中國菜中所使用的海參為乾海參，使用時海參必須漲發。海參在漲發的過程中不可接觸到油，否則容易腐爛。

(二)魚翅

　　魚翅一般來自東南亞、非洲、南美洲及印度等，魚翅是以鯊魚的背鰭、胸鰭、尾鰭加工而成的產品。因水域、氣候及處理方式的不同，魚翅的品質有分別，較熟悉的有天九勾翅、大排翅、海虎翅等。據說魚翅之類海產品是鄭和下西洋時所帶回來的。在明朝李時珍的《本草綱目》中有魚翅的記載。清朝年代，魚翅被列為宮廷御膳。就藥膳的觀點而言，魚翅富含膠原蛋白，能滋陰壯陽、益氣開胃。然因鯊魚正面臨被濫捕而絕種的威脅，且魚翅的藥膳功用是可被其他產品取代的，因此由環保的角度而言，建議最好不要食用魚翅。

(三)燕窩

燕窩是指金絲燕的巢穴，金絲燕用口腔裡分泌的唾液混合入羽毛、苔蘚或海藻來築巢，這些絲狀的黏液接觸空氣後變硬，成為膠狀。金絲燕是東南亞一種體型較小的鳥，燕窩的巢多築在岩石峭壁上，主要產地在南洋群島等地，中國的福建省及海南島臨海的崖壁上也有。燕窩在中醫被視為是養陰潤燥、益氣補中、健脾補肺、治虛的食材。由於產量稀少，取得不易，加上具有極高的營養價值，因此價格非常昂貴。燕窩依色澤可分為三種：紅燕（血燕）、白燕（官燕）、黃燕，其中以血燕價格最為昂貴。

(四)蛤士蟆

生長於東北（黑龍江、吉林、遼寧等地）高山之中的林蛙（青蛙），經歷霜雪所以又稱為雪蛤。在料理中所使用的是蛤士蟆油（又稱雪蛤膏），由於名稱的關係，很多人認為這種藥材是雪蛤的脂肪。實際上，蛤士蟆油是雌性雪蛤乾燥的輸卵管。雪蛤的珍貴是在於其稀少。由於大量捕捉，因此野生蛤士蟆逐漸減少，目前開始人工培育。中醫認為雪蛤膏有補腎益精、潤肺養陰功用。

(五)鮑魚

鮑魚是一種單貝殼的海產貝類，和蠔、海螺等皆屬於軟體動物。鮑魚入饌最早出現在《漢書・王莽傳》，文中提到「王莽事將敗，悉不下飯，唯飲酒，啖鮑魚肝」。由此可見，鮑魚在中國飲食文化中歷經幾千年的歷史。中國菜中珍貴的鮑魚是指經過乾燥加工的乾鮑魚。由於乾鮑魚的美味是鮮鮑魚無法比擬的，因此價格較高。香港人算鮑魚的方法是以「頭」計算，每六百公克有幾個就稱之為幾頭，例如兩頭鮑就是指每六百公克有兩個。根據中醫的理論指出，鮑魚能滋補清熱，滋陰養顏，清肝明目，其中以明目的食療功效最被稱道，因此鮑魚又有「明目魚」之稱。全世界共有一百多種鮑魚，其中以日本出

▲乾鮑

▲新鮮鮑魚

產的三種鮑魚──網鮑、吉品鮑、窩麻鮑，品質最好，有鮑中之王之
稱。目前野生的鮑魚逐漸減少，因此價格日趨昂貴。在中國大陸的北
方沿岸已開始成功養殖。

(六)干貝

干貝在中國又稱為瑤柱，為軟體動物，是扇貝、江瑤柱和日月
貝等多種貝類的閉殼肌經乾燥加工製成。由於味道鮮美，有「海中極
品」的美稱。干貝的記載最早出現在三國時期，直到明清時期，有較
多的紀錄。干貝性平味甘鹹，蛋白質豐富，且含有少量的碘，有滋
陰、強健體力等功用。干貝在廣東、廣西、山東、福建、浙江等沿海
地區都有生產，日本、韓國等國家也有出產。

(七)豆腐

豆腐是中國人所發明的，目前風行於全世界，被認為是非常健康
的食品。豆腐是將黃豆泡水、磨漿、煮沸後，分離出豆漿與豆渣，在

豆漿內加入鹽鹵（氯化鎂及氯化鈣）或硫酸鈣（石膏），最後壓乾製成。傳說豆腐是西元前2世紀時淮南王劉安所發明的，在元、明時期傳至日本，到了清代傳至歐洲。豆腐的原料為黃豆、青豆或黑豆。中醫認為豆腐味乾性涼，具清熱解毒的功效。在現在的醫學中發現，豆腐含有豐富的異黃酮和卵磷脂。研究顯示，異黃酮有可能降低罹患乳癌、大腸癌、攝護腺癌的機率，而老年癡呆症可能和卵磷脂的缺乏有關。

第四節　中國與台灣飲食文化之比較

一、共同性

　　中國與台灣隔著不到100公里的台灣海峽相對望，中國菜的飲食文化對於台灣菜的影響極大。在明朝永曆年間（1661年）鄭成功收復台灣後，許多福建地區人士湧入台灣，帶入閩菜飲食文化。1949年之後，中華民國的中央政府遷至台灣，也帶入了中國大陸各地的飲食文化，於是在台灣看得到閩菜、川菜、湘菜、江浙菜、粵菜、京菜、雲南菜等。事實上，由於台灣菜具有極深遠的中國菜脈絡，因此中國菜與台灣菜之間較不易分割，有非常多的共同點，僅就中國與台灣菜較明顯的共同特色加以分析，包含：

1. 湯菜多：中國閩菜裡的湯菜多，其影響到台灣菜。
2. 多種菜系融合：上海和台灣一樣都是貿易中心。上海的海派菜是由不同省份的外來菜融入當地風味後所形成符合上海人的菜餚，這和台灣融入各省份的菜狀況類似。
3. 就地取材：廣東靠海，因此對於海鮮的料理多講究原汁原味，這和台灣喜歡使用海鮮及講究新鮮原味的風格相同。
4. 南方口味甜：中國南方菜偏甜，和台灣越往南越甜的狀況類

似。

5.飯間飯後好飲茶：茶的文化是由中國來的，中國與台灣在茶的飲用上都是習慣用餐時及飯後喝杯茶。然而，近幾年來受到西方影響，台灣開始咖啡文化，飯後許多人以咖啡取代茶。

二、差異性

中國和台灣畢竟隔了一道台灣海峽，加上台灣曾是日本殖民地及分治超過六十年的影響，因此在飲食文化上仍是有所不同。

1.日式風格：中國和日本抗戰八年，然而台灣卻是有一段日本殖民地的歷史。因此和中國不同的是，台灣有很多日本料理店，台灣菜也有許多日本料理的風格，這是中國菜中不會出現的。

2.多元料理：中國的開放是20世紀末的事，台灣卻在近五十年來都一直是世界貿易中心之一，因此不僅有來自世界各地不同的食材，對於多元料理的接受度，台灣也較中國來得高。

3.小吃：中國的小吃會因各省份的不同而有所差異。台灣的小吃雖然受到中國影響，然而仍因使用當地食材及加入台灣各地的風格而獨具特色。近幾年來，台灣小吃在中國成為熱門特色飲食。

4.原住民：中國和台灣一樣都有少數民族，台灣的少數民族稱之為原住民。近幾年來，台灣的原住民菜逐漸風行，且慢慢適應台灣人的風格。中國的少數民族菜較傾向留在原地，保持當地特色。

參考書目

中國人民解放軍空軍後勤部軍需部編（1990）。《中國南北名菜譜》。北京：金盾出版社。

中國大百科全書總編輯委員會（1992）。《中國烹飪百科全書》。北京：中國大百科全書出版社。

中國旅行網，檢索日期2005年7月28日，http://www.chinatravel1.com/chinese/scenic-spots/

太月絹子、神原正江（2002）。《中國旅遊紀行》。台北：知訊銀行。

任百尊主編（1999）。《中國食經》。上海：上海文化出版社。

何承偉主編（1991）。《家庭廚房百科知識》。上海：上海文化出版社。

吳正格（1996）。《中餐烹調（上）（下）——中餐廚師入門》。台北：百通圖書。

周芬娜（2004）。《飲饌中國》。台北：城邦文化。

邱龐同（2001）。《中國菜餚史》。青島：青島出版社。

胡靜如（1994）。《吃遍大江南北》。廣州：廣東旅遊出版社。

張桂甫、蔣珊燕（2005）。〈探討《隨園食單》中的七類菜餚〉。《烹調知識》，第2期。

烹調技術編寫組（1981）。《烹調技術》。北京：中國商業出版社。

陳照炎主編（1997）。《香港廚師手冊》。香港：長城出版社。

楊維湘、林長治、趙丕揚等（1996）。《海味乾貨大全》。台北：韜略。

潘寶明、朱安平（2001）。《中國旅遊文化》。北京：中國旅遊出版社。

瞿弦音（1995）。《烹飪概論》。北京：高等教育。

Morgenstern, M. (ed.) (1991). *Mainland China*. Hong Kong: APA Publications.

So, Y. (1984). *Yan Kit's Classic Chinese Cookbook*. London: Dorling Kindersley Limited.

CHAPTER

14

台灣飲食文化

呂欣怡、林琳

一千多年以前，台灣的原住民就已經具有自己獨特的飲食方式。隨著歷史的演進，閩南與客家人移居、歷經日據時代、國民政府遷台、西風東進等時代因素，台灣的飲食風貌產生變化，外省菜、和風料理、法國菜、義大利菜、德國菜等飲食風潮爭先恐後的造訪台灣，影響台灣人的飲食生活，在台灣闖出各自的一片天。

然而談到台灣飲食文化，絕對不能不提及台灣到處可見的各式各樣小吃和地方特產，這是台灣十分重要的飲食文化特色之一，是正餐以外生活中不可或缺的。隨著國際化、資訊化的迅速發展，快速變遷的生活令人產生不安全感與疏離感，為了找回熟悉的味道，鄉土小吃成為當今的時尚，而且身價扶搖直上，越土越是昂貴，鄉土小吃文化儼然成為台灣飲食文化的精華之處。

第一節　台灣飲食文化

台灣歷經舊石器時代（台東縣的長濱文化）、中石器時代、新石器時代（台灣北部的大坌坑文化）等階段，經考據在很久遠之前就已有人居，並以採集、漁獵、畜牧、耕作等方式為生。遠在一千多年以前，台灣的原住民就已經有自己獨特的飲食製備方法，其中小米是原住民最重要的主食與釀酒的原料，且與節日慶典息息相關。另外，各種野菜、野生動物（例如山豬、飛鼠、野鹿等）與水產動植物，也是重要的食物來源之一。自明朝末年起，中國沿海的閩南人與客家人渡海移民台灣的人數增多，奠定了今日台灣飲食文化取向。日據時期，台灣菜受到了日本料理烹調方式的影響。二次大戰結束，國民政府遷移來台，各式各樣的外省菜也逐漸在台灣廣為流傳。而近年來，西風東進，西洋菜也日益影響台灣飲食，法國菜、義大利菜、德國菜，像是披薩、義大利麵、焗田螺、鵝肝醬、德國豬腳等，以及各種西式速食，深受台灣新世代年輕人的愛戴。除了西洋菜外，東亞料理，例如

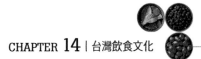

日本菜、泰國菜、越南菜、緬甸菜和印尼菜等，在台灣更是各有自己的一片天。台灣交通部觀光局在2005年的來台旅客消費及動向調查中亦指出：吸引國際觀光客的最主要因素為菜餚（62%），其次為風光景色、台灣民情風俗文化與歷史文物；其中，以日本、香港、韓國與澳門觀光客最受台灣美食的吸引。由此可知，台灣美食的形象深受國際認可。

一、整體飲食文化

(一)鄉土小吃與夜市

俗語說「一食、二穿」、「先食即拍算」，可見台灣人對於吃的重視，民生大事以食為首，且對於飲食相當講究。在每日的三餐之外，台灣人在茶餘飯後喜好「食四秀仔」（小吃、零食），最早食小吃的習慣起源於台灣農村社會，對於從事繁重勞力工作的農民而言，正餐間的熱量補充是相當重要的，而小吃之形態係介於正餐飯菜之間的食物，如：包子、麵線與潤餅等，將飲食中的主副元素合一，方便充飢並提高精力。

另外，台灣市場文化與寺廟文化兩者在小吃的發展中扮演了關鍵的角色，早期在清晨或黃昏聚集的市場中，除了鮮採蔬果與魚肉雜貨外，市場內的點心攤更是應有盡有，雖然過去點心攤相當簡陋，但以真材實料與物美價廉吸引市場採購的路人。台灣各地著名的小吃往往是隨著廟宇的興盛而產生，台灣人敬仰民間神明，生活中之大小事常脫離不了祭拜與求神問卜，因此造就了廟宇人口集中的現象，原先供應香客飽食之臨時攤販，也漸漸成為固定攤位，形成了廟口前的飲食聚落，或更進一步形成了夜市。像是基隆奠濟宮、新竹城隍廟、北港朝天宮、萬華龍山寺與鹿港天后宮等，食客、饕客之多，遠遠凌駕於前來膜拜神明之香客。廟口或夜市的飲食也隨當地物產、特產而異，如基隆之海產、鹿港的養殖漁業，不難看到各地販售天婦羅的小販亦

▲聚集人群的廟宇，造就了各種廟口小吃美食
圖片來源：本章所有圖片皆由林琳提供

　　打著「基隆」的名號加持，員林或彰化等不同地域出身的肉圓也各有
其擁護者，廟宇、夜市造就了小吃的豐富多樣性，其本身也成為一種
小吃的品牌與號召力。

　　小吃、夜市文化、台灣人民的生活文化，與經濟活動相依相存，
到夜市食小吃是一般人日常生活中的一部分，只要人多的地區，幾乎
皆能形成規模或大或小的夜市。夜市飲食營造出輕鬆、熱鬧的特殊氛
圍。人們可以隨意地選擇小吃的種類，擺脫用餐的禮儀、規矩與拘
謹。雖然它脫離不了草根的特性與文化，但卻也是雅俗共賞，乘著賓
士名車前往小吃攤用餐的大老闆、名人，所享用的蚵仔煎、肉圓與市
井小民是毫無差別的，也顯示小吃文化在台灣的普遍性。再者，中國
人重食補，夜市中隨處可見四神湯、藥燉排骨、當歸鴨等，滿足與方
便了民眾進補食療的需求。小吃的魅力也源於小吃帶給人們的樸實
感、傳統實在感，點一碗切仔麵，老闆利落地從陳年老甕中舀起一杓

肉燥滷汁,食客所接應到的是一種美味傳承的價值,遵循古法的保證。許多小吃在點餐後,現煮、現包等供應的過程中,展現出技巧、經驗、配方等綜合運作的結果,無形中也帶給消費者一種熟悉、安心感。

　　小吃的內涵隨著時代變遷有了不同的面貌,除了傳統的粥、麵、飯、羹湯與點心外,外來飲食也豐富了小吃的內容,日本的章魚丸、韓國辣年糕、印度沙嗲燒烤等異國風味,也漸漸成為夜市小吃的固定成員之一。小吃是台灣飲食文化中重要的特色,然而,許多攤販、小吃聚落所帶來的環境問題,成為政府、媒體所稱的「都市之瘤」。傳統小吃攤在面臨現今環境轉型時,歷經許多挫折與挑戰,如圓環建成美食中心的虧損與顧客流失,風華喪失的背後因素值得深思,在未來,如何在保留小吃的傳統價值下,將小吃成功包裝、推廣向國際化,成為台灣觀光的利器之一,是一個仍須持續關注與發展的議題。

▲台灣小吃漸漸結合現代化的管理與經營

(二)台灣菜

傳統的台灣菜，是三百多年來由先民長期累積而成的一種菜系。台灣早期移民以閩南為主，尤以漳州、泉州居多，該地區位於中國東南濱海地區，海產豐富，向以海味料理烹飪著名。台灣經歷日治時期，深受日式料理的烹飪方式所影響，故融入了清蒸、水煮等烹調手法。在1922年的第一批閩人遷台後，造就了以閩菜為發展基礎，並融合川、湘、粵味之台灣菜，台灣菜系融合了多方面的飲食方法與習慣，結合台灣當地之物產、氣候等特性，形成了一種以海鮮為主的清淡飲食，口味上講求「清、淡、鮮、醇」，台灣菜也常以「台菜海鮮」之名詞做搭配，顯示了台菜中海鮮所占的比率之重。

早期的台灣社會，物質生活較為缺乏，民風大都純樸，一般家庭鮮少外食，更遑論至餐館用餐，大都由婦女在家中下廚烹飪。因此，當時講究的飲食多出現於政商名流與達官顯要交際應酬的酒家筵席菜，酒家菜使用高級食材，作工精細。發展極盛時期，在北投、台南、鹿港等地酒樓飯館林立，其料理之鮮美，服務之殷勤周到，皆不亞於現今的五星級大飯店。而當時的酒家菜流傳至民間，即為時下之台菜，亦展現於十菜九湯之辦桌菜式，例如烤烏魚子、紅蟳米糕、佛跳牆等。

有別於精緻高檔之酒家菜，較為大眾、通俗、家常味之台式料理，迄今亦受到許多消費者喜愛，包括番薯糜（地瓜稀飯）為主，佐以菜脯蛋、滷肉、醃蚋仔等料理，這類型之台菜顯示了過去平民飲食配菜重鹹，多以醬油、米酒、麻油與豆豉等調味調香，以求下飯。傳統台式清粥小菜對於某些族群而言，代表了某些懷舊、復古的回憶滋味，且粗茶淡飯亦被賦予有益身體的形象。但古早台灣味之傳承卻面臨了斷層的挑戰，販售傳統台菜的商家或餐廳已不甚普遍，台菜海鮮亦褪去了高檔料理的光環，年輕一輩對於台菜之認同觀感與喜好，也許正是台菜未來轉變的思考依據。

(三)客家飲食

　　根據早期文獻記載，康熙二十年之後客家人大量東移台灣。台灣從北至南皆有客家人的蹤跡，而清代的「北路粵莊」，即中壢至三義範圍之桃竹苗地區，仍是台灣最大的客家區域。客家人「勤儉」的形象鮮明，往昔客家人因農事勞動工作量大，婦女在烹飪上造就了「鹹、香、油」特色之客家料理，多運用醬菜、醃漬品入菜，菜鹹即為了下飯，香則能增加食慾，料理中多下豬油添香，或佐以醋、拐絲（紫蘇）、金不換（九層塔）加強香味，而飲食中重油係為了快速補充能量體力。客家料理中少見海鮮，而豬肉則為客家料理之要角，爌肉、冬瓜封、紅燒肉、豬腳等皆為大眾熟悉之客家料理。除了各式豬肉料理，「食野、吃雜」也存在於客家之傳統飲食文化，舉凡野菜、野果、飛禽走獸之野味等豐富食材，皆是客家餐桌上之佳餚，惟現今飲食也注重環保、保育，「食野」風氣在台灣已較少見，而「食雜」則是善用禽畜之內臟做料理，例如薑絲大腸、豬肚燉湯等。客家人亦善於將糯米做各式變化，例如粄食、粢粑等，粄食類似我們台語中的

▲客家人的製粄工具，有大龜印記的紅龜粄是具長壽的象徵

「粿」。粄食、粢粑取材容易、容易製作保存、口味多變,例如紅粄、鹹粄、甜粄、艾粄、菜包、粄條等,種類非常繁多。不但便於餽贈親友與迎神祭祀,另外,俗語亦言「吃一餐粢粑,三日不飢」,顯示了粢粑、米粄的耐飽特性,故客家婦女皆好製作此類之米食。

客家人飲食擂茶之習慣在某些地區仍相當風行,擂茶大致上可分為米茶與香料茶兩種,米茶亦稱為茗粥,香料茶則為現今大家所指的擂茶,又稱庵茶,以茶末、芝麻、花生等材料研磨沖泡。許多人認為,擂茶是客家人的特產,然而,擂茶可稱得上中國飲茶方式的源頭之一,長沙馬王堆出土之遺物即出現茗粥之形跡,中國飲茶方式歷經許多轉變,客家人是少數對於擂茶文化有完整傳承的民族,至今已成為客家文化觀光的重要特點之一。

(四)原住民飲食

台灣的原住民在語言上屬於南島語系,來自太平洋和印度洋中大多數的島嶼,台灣原住民遺跡相傳起源於大坌坑文化,台灣的原住民並不是外來的,原土生土長於台灣,進而擴散至他方。台灣的原住民接受外來文化的影響較少,基本上保存著固有的精靈敬仰文化。從原住民的日常飲食來看,以穀類作物為主食,如小米、稻米等作為主要澱粉來源,台灣的原住民用漁網、獨木舟捕魚,在地上設置火灶,烘烤食物,喜愛嚼檳榔,而且有嗜酒的習慣。對台灣原住民族群有系統的分類,始於日治時期,日本學者經過人口普查,依據當時原住民的氏族,將台灣的原住民分成泰雅族、賽夏族、布農族、魯凱族、鄒族、排灣族、卑南族、阿美族以及蘭嶼島上的達悟族(雅美族),一共九族。直到今日,加入邵族、噶瑪蘭族、太魯閣族、撒奇萊雅族、賽德克族、拉阿魯哇族、卡那卡那富族,政府認定的原住民族共有十六族(原住民族委員會,2017)。

原住民現今以稻米為主食,傳統的小米則是在節慶或特別情境才會當主食。但是,小米對於台灣大部分的原住民而言,仍具重要意

義。原住民非常重視小米的收成，在收成時舉行隆重的祭典，而在播種的時候，也相信祭儀是否慎重、完整，直接地影響小米收成的好壞，例如：布農族祈禱的小米豐收歌。原住民一般以食用黃色的小米居多，用來煮小米飯，煮小米粥，製小米薯，也用來釀造小米酒。原住民過去製酒方式可見於《台灣府志》中描述：「將米置口中嚼爛，藏諸竹筒，不數日而酒熟。客至，出以相敬，必先嘗而後進。」不過，「嚼酒」已不復見於今日，今天的原住民已經使用購買來的酒麴釀酒了。

除了小米以外，番薯和芋頭也是原住民的重要主食。例如排灣族的原住民，在採收了芋頭以後，除了立即食用以外，也用來製作頗具特色的芋乾，作為排灣族人狩獵時吃的乾糧，便於攜帶。芋乾也用來製作山地粽子「去拿富」，使用大葉形的野菜，裡面包上芋乾和山豬肉，放在水裡煮製而成。或是與花生一起搗碎成粉，煮成芋粥「給伊拿」。另外，原住民也用番薯與野菜和小米一起煮成小米粥。番薯是泰雅、魯凱等族經常吃的糧食。

住在花東地區的阿美族，因地理環境適合野菜生長，對於野菜的採集、烹調也因此最為拿手和講究。阿美族人除了主食、肉類、海產以外，食用的野菜有一、二百種，例如山蘇、過貓、麵包果是阿美族人所常吃的野菜。泰雅族人居住在山區，以食用狩獵獲取的野味為主。由於經常在山中狩獵，捕獲的獵物往往是野鹿、山豬、山羊一類體型龐大的野生動物，既難以搬運，也不容易一次吃完，因此就發明了一種叫作「達麻面」的飯醃技術。做法就是先把米飯煮成糊粥狀，再在切下的獸肉上抹上鹽巴，然後一層飯一層肉裝進一截麻竹筒裡，塞滿之後用藤條密封起來，放在山岩縫隙中比較乾燥的地方，讓肉自然發酵，過了十天半個月以後，肉發酵完成，就成為醃肉。

竹筒飯是居住在山區的台灣原住民因遷徙與野外生活而衍生的飲食智慧。截取粗桂竹段劈出一個長方形的口，作為蓋子，然後把洗好的米裝入竹筒中，大約五、六分滿，再加水到八分滿，加蓋，用鐵絲

綁緊放在火上烘烤,等到竹筒烤焦,飯飄香時,即完成。原住民除了用竹筒煮飯以外,也應用石頭等煮食。其實,原住民烹煮食物的方法非常多樣,例如燒烤、烘烤、煨烤、水煮、蒸煮及石煮法。

在原住民常用的調味料中,有兩種非常特別的調味料,一種叫「馬告」,另一種叫「打納」。馬告原為山胡椒,是一種樟科落葉性小喬木,全株具有刺激性的薑辣氣味。葉長,成披針形,可做調味料,花白色。泰雅族人用根煎服治療頭痛,嚼食果實消除疲勞。「打納」就是指「刺蔥」,學名稱「食茱萸」,奇數羽狀複葉,具芳香。可煮食或醃漬成小菜。種子有辛辣味,可代替胡椒利用,蘸裹麵衣酥炸、醃漬或放入肉湯中調味,有特殊的辛香辣味。

(五)台灣茶文化

台灣的茶文化在物質文化方面力求發展,例如:茶葉技術、種類、茶比賽的相關活動近年來造勢頻繁,如坪林茶文化之旅。台灣人稱「北包種,南凍頂」,指的就是坪林和鹿谷這兩大茶鄉的包種茶與凍頂烏龍茶。茶是坪林的經濟命脈,每到春茶和冬茶採收時節,茶農鎮日烘焙著包種茶。包種茶外觀油綠色,葉狀粗長,條索緊結,芽尖成自然彎曲狀。茶湯成金黃色,帶有優雅花香味,湯溫純清澈不苦澀,飲後回甘。因為使用方形毛邊紙內外相襯,並放入四兩的茶葉,包成四方包的長方形,而稱之為包種。坪林茶農堅持以手工來採茶,保存茶的甘甜芳香。坪林的茶宴最早是由茶改場提出的食譜,由農會輔導,主要專注於茶葉和食品的結合與研發,後來就有全套專業的茶餐和茶的副產品,例如翠玉茶蝦、金萱炸三蔬、茶壽司等。台灣的茶文化在政策鼓吹之下,飲茶活動、博物館、宣傳品等把話題製造得沸沸揚揚,希望將茶與生活結合,從學術面出發,茶的相關書籍與刊物開始發跡,但是處於萌芽階段,尚未構成氣候。

目前台灣全省皆有茶的種植,例如文山茶、阿里山茶、木柵鐵觀音等,但是在茶區的規劃卻單以商業取向為主,文化的傳達薄弱。台

灣的茶文化推動除了商界形象、茶葉周邊產品之外，也可製造出令人回甘香甜、品味不已的品茶環境，再搭配一趟知性之旅，讓喝茶者不只喝其茶，也品其文化，才能長存人心。文化交流的影響，西洋茶漸進，洋茶文化影響著台灣飲茶人，咖啡館取代茶藝館，冷茶、冰茶取代熱茶，茶包取代茶葉，大街小巷隨處可見的茶飲專賣店，在茶飲口味的變化上相當快速、多元，所謂的500毫升或是700毫升的調味茶飲已深入台灣人的飲食生活中，珍珠奶茶甚至已推展至海外，成為一種具台灣特色之特殊飲品。然而，推動台灣特色茶的概念之際，也必須融入並回顧自己的文化特色與人文氣息，以及歷史悠久的懷古味。

二、餐廳種類

在台灣，全天二十四小時均可找到打牙祭的地方，大街小巷，只要是有人群的地方，皆不乏小吃攤、小吃店，外食在台灣是件相當方便的選擇，飲食種類亦琳瑯滿目，變化多端。台灣因經歷過日治時代，所以台灣人吃日本料理是相當習慣與普遍的事，日本料理因經過台灣長時間的在地化後，口味上也融合了台式料理，各式日式餐廳，包括燒肉料理、拉麵店、壽司店、懷石料理等，對於國人都是很熟悉的。隨著過去政府遷移來台，中國八大菜系、南北風味之餐館皆可見於台灣各地，尤以江浙菜、湖南菜、北平菜、川菜與廣東菜數量較多，也較受到國人的喜好。在外來飲食中，義大利餐廳甚為廣泛，另外，美國餐廳、法式料理、德國餐廳亦不難見，韓國料理則是近年來迅速竄紅的飲食選擇，其餘特殊餐廳還包含了希臘菜、西藏菜、中東菜等。由於外籍通婚或外籍勞力大量引進之因素，來自東南亞的家鄉風味是台灣餐廳的另一股新潮流。

台灣人用餐除了菜色上注重變化外，在用餐方式上亦相當多元，例如吃到飽、自助式、DIY製作烹調、活海產現點現做等。用餐時的娛樂也是許多餐廳經營的重點，一面用餐一面歡唱KTV，是許多應酬、聚

會場合的最愛，用餐之餘更強調聯絡感情、放鬆調劑。許多複合式的餐廳也提供了用餐兼休閒的功能，包括運動複合餐廳、懷古古早味餐廳，音樂複合餐廳等，以多變化的姿態滿足消費者好嚐新的需求。中國人「醫食同源」之觀念深植民心，運用中藥與特殊養生食材入菜之藥膳餐廳，向來在冬季食補客絡繹不絕，是台灣飲食的另一項特點。

三、菜單大觀園

一般而言，西方國家在餐食方面較重質不重量，但是東方國家講究豐盛，以量取勝的方式，且多取諧音，代表對貴賓的重視與祝福。菜餚的選定應注意賓客的喜惡及宗教忌諱。我國餐後多上水果，至於餐前飲品習慣以國產酒、果汁汽水等招待客人。宴席上的菜餚一般包含冷盤、熱炒、大菜、甜菜、點心等，上菜順序以菜餚溫度區分，先冷菜而後熱菜；以供菜類型來看，先菜餚而後點心；以口味區分，先鹹菜而後甜菜，先油膩而後清淡；以烹調方式來分，先炒而後燒；以食材來看，先好的而後普通的；以量來看，先多的而後少的。台灣的菜單可以以宴會類型來區分，其類別大致如下：

▲文定與喜宴的飲食多有甜蜜與祝福的寓意

1. 節慶菜單：國宴、謝師宴、尾牙宴、畢業餐會等。
2. 喜宴菜單：訂婚宴、婚禮宴、歸寧宴等。
3. 特殊菜單：彌月之喜、壽宴、會議餐會等。
4. 辦桌菜單：台灣傳統宴客方式，辦桌一般是指租借或是找個場地，例如：自家庭院、馬路邊、活動中心、學校或社區中心禮堂等。請人布置場地，搭帆布與擺座位，然後再找廚師或專辦場地婚宴的公司，通常包括廚師、端菜人員、桌椅、桌布、廚具及餐具等。傳統辦桌菜單多為台式料理，近年來外國餐食引進，所以菜單方面常會穿插日式、西式等料理。

第二節　台灣食材與飲食特色

一、台灣特色食材

　　早在清代《臺海使槎錄》中已記載著台灣稻作「千倉萬箱，不但本郡（台灣）足食，並可贍內地」。除此之外，在許多志書中的物產志皆能見到對於台灣各類物產之描述，篇幅之多可見台灣物產之富饒。台灣地域雖小，但受到地理位置、環境以及氣候等先天條件優勢所影響，加上農、漁、畜牧等產業發展悠久，食材物產之質量均豐、品質穩定，多樣的物產也是豐富台灣飲食文化的重要因素之一。而以下僅對於台灣竹筍、菱角、甘蔗、水果與水產進行簡介。

(一)竹筍

　　竹筍除了鮮食之外，也可做成筍乾、筍絲、脆筍、醬漬筍等多種加工品。竹筍和其他蔬菜相較，不但富含蛋白質及鈣質，其他成分也毫不遜色。台灣竹子的種類可多達千百種，但是適合食用的竹筍不超過十種，竹筍的品種不同，風味與特色也不盡相同，其中以春筍、冬筍、綠竹筍、麻竹筍、桂竹筍等產量較多且鮮美！尤其全台灣一年四

▲台灣筍類種類多元，風味與烹調方式也各異

季都有生產竹筍，大致上可分為1月至4月產春筍、3月至5月產桂竹筍、4月至10月產綠竹筍、5月至10月產麻竹筍、8月至12月產黑腳綠、12月至1月產冬筍。在台灣擁有竹筍之鄉美名的南投縣竹山鎮是台灣竹筍最著名的產區，尤其以孟宗筍與桂竹筍的產量為大宗，其他如嘉義阿里山的冬筍；北部八里、淡水的綠竹筍等。台灣筍乾的做法曾是日本美食專家認定的「達人」級產品，在竹子長到大約1公尺時將它砍下，再經過去皮煮熟、發酵等製程，相當費工。

(二) 菱角

菱角原產於中國，又稱水花生或水栗，在大陸南方及長江流域各地都有栽培，其中以江西、浙江種植面積較廣。根據歷史記載，台灣是日據時代自大陸引入，北自嘉義縣民雄鄉、新港鄉，南至屏東縣林邊鄉，皆有零星栽培。目前台南縣官田鄉、柳營鄉及下營鄉利用一期水稻收穫後，定植菱角幼苗於水田中的栽培模式甚為普遍，其中官田鄉種植面積及產量位居全國之冠，所以有「菱角之鄉」的美名。菱角口感蓬鬆、香氣誘人，除了常見的水煮直接食用外，菱角亦能進行許多烹飪上的變化，例如酥炸菱角、菱角粿等。

(三) 甘蔗

台灣早期的甘蔗園是最具有台灣本土色彩的象徵之一。依據記載，台灣的糖業始於元朝，中國移民可能將甘蔗帶入台灣，荷蘭人占據台灣安平（台南）時，致力於蔗製糖輸出，即為台糖外銷。鄭成功

時代，鼓勵墾植蔗園與改良製糖方法，積極提倡糖業，台灣開始成為世界重要產糖和供應產區之一。日據時期，提倡「工業日本、農業台灣」的政策，引進甘蔗苗並進行品種改良，成立台灣糖業株式會社，為台灣糖業展現企業形象。1946年，台灣光復後正式成立台灣糖業股份有限公司，當時砂糖的外銷收入為外匯總收入之主要來源，造就當代台灣經濟奇蹟。

(四)水果

台灣水果產量豐碩，種類之多涵蓋溫帶至熱帶之水果，隨著四季輪替，皆有不同水果的盛產期，在過去，台灣還曾經締造出「香蕉王國」之美譽，台灣香蕉曾是日本人的最愛，雖然香蕉的黃金時期在1970年代萎縮沒落，但其他水果依賴農業科技之進步，歷經數代的品種改良，品質上已有目共睹，並深受國內外食客之喜愛，例如芒果、荔枝、椪柑、蓮霧等，皆是重要的外銷水果。水果入菜也常見於菜單當中，草莓餐、芒果餐等風味料理，在夏季特別受到歡迎。

▲台灣水果相當受到本地人與觀光客的喜愛

(五)水產

台灣為一海島國家，靠海吃海，造就了海味繁複之台灣料理、特色小吃及魚漿加工品。台灣及澎湖海域的漁業資產豐富，早在明代，中國漁船即相當器重台灣之漁場，台灣漁產地分布於全省南北，環海十九個縣市均建設有漁港與養殖場，馬祖之舟山群島更名列世界三大漁場之一。台灣漁產中魚蝦貝

▲海味可說是台灣料理的核心

類等百餘種，不勝枚舉，著名的包括了淡水的仔魚，高雄寒流所帶來之烏魚，東港之珍寶黑鮪魚、櫻花蝦，東部之飛魚、曼波魚等。而重要的養殖水產則包含草蝦、虱目魚、吳郭魚、鰻魚等。

二、台灣歲時與節慶飲食

(一)春節（農曆正月初一）

春節的食物大都取諧音討吉利，例如：年糕表示會「年年高升」，也表示過年甜蜜；發糕取其發酵意味著「大發」，象徵新的一年生意興隆，大發財利；蘿蔔糕俗稱菜頭粿，有「好彩頭」、「好預兆」之意，象徵新年有好的開始；包子取「金包銀」的意思；紅龜粿表示「長壽」；麵線細細長長象徵「長命百歲」；吃魚象徵「年年有餘」；油炸食物表示「興旺」；長年菜不去頭去尾，象徵「有頭有尾」，整棵煮食寓意「綿綿不斷」，有長年長壽的象徵意味；供桌上的春飯插一支紅紙花，表示「飯春花」，「春」和台語「剩」同音，保佑家有餘糧，年年有餘；鳳梨表示「旺來」；金棗、金針、筍乾等都是金色，寓意「黃金招財」。還有，柏樹枝插入柿子和橘子祭拜祖先，寓意「百（柏）事（柿）大吉（橘）」，或是兩個柿子擺在一起，表示「事事（柿柿）如意」。

大年初一的早餐稱作「清飯」，要吃素菜，不得吃葷菜。當天也不許做飯，只能吃除夕留下的「春飯」，什麼都能吃，就是不能吃稀飯，年初一吃稀飯是「赤貧」的象徵。而「春飯」是前一夜（除夕）煮的，也叫「隔年飯」。

▲許多年節食品具有豐富的象徵意涵

(二)安太歲（農曆正月初九或十五）

太歲是天上當值的神祇，專責司察人間善惡行為，因太歲為凶神，因此有「太歲當頭，無喜必禍」一說，所以宜安奉太歲以求化險為夷。農曆正月初九或十五日安奉，備清茶四果、紅湯圓、麵線等飲食，以及香燭、壽金、太極金與天金等焚香拜拜請神鎮安。

(三)天公生（農曆正月初九）

天公生就是玉皇大帝的誕辰（正月初九）。祭祀時，如果是素食則選用蔬果，如果是葷食則一定要有公雞，若是還願更必須用全豬。

(四)元宵（農曆正月十五）

元宵是整個農曆新年的歡喜結尾，又稱「上元節」、「燈節」、「小過年」。家家戶戶必吃「元宵」，有包餡，有不包餡，亦有甜、鹹之分。乞龜：象徵吉祥祈福的意思，祈求延年益壽、吉慶、風調雨順、國泰民安，向神明乞「壽龜」（用米糕與麵粉做成龜的形狀），讓全家得以長壽、平安、健康、帶來福氣，也是元宵節的大盛事。

(五)天穿日（農曆正月十二）

天穿日的由來是源於上古時代「女媧煉石補天」的故事。這一天客家人會舉行慶典活動，其中以唱山歌競賽為重頭戲。在傳統習俗上客家農村婦女會將甜粄油煎炸熟之後，在上面插紅色絲線，表示補天，稱為「補天穿」。

(六)寒食節（清明節的前一或二日）

寒食節就是於清明節的前一或二日，非固定的節氣。二月初二是土地公誕辰日，農工商家皆要備牲禮為土地公慶壽，店家傍晚會宴請員工，叫作「牙祭」，因為是今年的頭一次，故稱「食頭牙」，其特別的食品叫作「潤餅」，也是常見的「春捲」，是用麵糊烤成薄餅，

裡頭包裹切細絲的蔬菜與肉類，例如蘿蔔、胡蘿蔔、筍絲、豆芽、肉絲、花生粉、海苔等。「春捲」是寒食節的遺風，寒食節當日特點就是寒食，不舉火，據說是為了紀念春秋時期晉文公的功臣介之推，在唐朝，寒食節當天不但不生火燒飯煮菜，連燈都不准點。

(七)清明節

主要的形式是掃墓，傳統習俗燒完銀紙後要燃放鞭炮，附近的小孩聽到爆竹聲就會前來，這時掃墓的人家照例分給他們發粿、紅粿或零錢，討好這些居住在墓地附近的小孩，希望別弄壞他們的祖墳。在客家習俗中，一定要利用艾草和米粉屬合，做成有甜、鹹口味的「艾草粿」來應景。

(八)端午節（農曆五月五日）

端午節傳說多，娛樂性質的有划龍舟活動，而避邪的傳統習俗有懸掛菖蒲、艾草、午時符、香包、喝雄黃酒、吃粽子等。這一天正午的井水叫「午時水」，相傳「午時水」可以驅邪治病，能延年益壽、美容養顏。相傳屈原在五月五日跳汨羅江自殺，當地的人急忙划船去撈救，但是為時已晚，所以划龍舟來紀念他。另外關於「粽子」的典故，相傳當地的人把煮熟的米飯投入汨羅江供屈原果腹，但是屈原託夢告知米飯都給魚蝦吃了，他根本吃不到，所以後來人們才將煮熟的米飯包裹於竹葉中，投入江裡，屈原才能享用；另一說是給予魚蝦吃，讓牠們不會去吃屈原的屍體。

(九)七夕（農曆七月七日）

七夕是中國的情人節，牛郎與織女相會的日子，也是玉皇大帝第七個女兒（孩子的守護神）的誕辰日，傳統習俗上假使孩子年滿十六歲，便會準備麻油雞、油飯、麵線等應景的食品。

(十)鬼月（農曆七月）、中元普渡（農曆七月十五日）

按照民間習俗，農曆七月初一「開鬼門」，二十九日午夜「關鬼門」。這個月裡陰間的無主鬼魂全部到人世間來「討吃」，家家戶戶為了避免鬼魂四處遊蕩危害安寧，會在屋簷下掛燈做「路燈」，準備「五味碗」祭拜「好兄弟」。所謂「五味碗」（日常菜飯類）是指魚、肉、雞、鴨、菜等五種食品，除此之外，還會供奉糕、粿、水果等。所有祭品上都要插一炷香，然後焚燒銀錢、衣服給鬼魂當作過路費及禮品，這種習俗稱作「拜門口」。

(十一)義民節（農曆七月二十日）

義民節是客家族群最具代表性的信仰，義民廟對客家人來說不僅是一座廟，更是客家精神凝聚的象徵。其活動類似中元普渡，從道光十五年起，由桃園、新竹境內十五大莊輪流舉行盛大的祭拜活動，且有「神豬賽重」和「羊角競長」的比賽。拜神的豬口含鳳梨，表示祈求「旺來」。

(十二)中秋節（農曆八月十五日）

八月是秋季的正中，祭月也成為中秋節最重要的活動之一。中秋節這一天家家團圓賞月吃月餅，因此有人將這一天稱為「人節」，或稱為「團圓節」。月餅將自然景觀融入，以充分展現出中國色、香、味的美食特色，選用棗泥、豆沙為背景，擬為天空和雲彩，以核桃仁、芝麻、松子仁等化作閃爍的星星，並用蛋黃展現出一輪明月的美景。月餅傳說始於唐代，宋代蘇東坡的詩中提及月餅，明代田汝成《西湖遊覽志》中提到：「中秋，民間以月餅相遺（贈），取團圓之意。」故月餅又稱作「團圓餅」。另一傳說，元朝末年，漢人相約於八月十五日起義反抗元朝統治，發起人就把起義日期寫在紙條上，夾在月餅中，傳達消息。

(十三)立冬

立冬是冬季的開始，為了增強身體抗寒能力，家家戶戶皆會進食各種補品，叫作「補冬」。以往多以糯米吹糖的米糕或雞鴨燉四神、八珍等物為補品。

(十四)臘八（農曆十二月八日）

「臘」與「蠟」有關，是祭拜有功於農業的八種神，古時的春節從這一天就開始，每到這一天人們總是要喝碗香甜可口的臘八粥，傳說「臘八」是佛祖釋迦牟尼成佛之日，寺院取香穀與果實等煮粥以供佛祖。明太組朱元璋小時候給主人放牛，經常挨餓，一次從老鼠洞掏出些大米、豆子、粟米、紅棗等，就把它放在一起煮成粥，快樂地飽餐一頓，後來當了皇帝，又想起當年那鍋粥，便叫廚師仿做，一嚐，果然別有一番風味，因這天恰好是臘月八日，於是賜名為「臘八粥」。煮粥一般是八樣食物，例如大米、小米、核桃仁、花生、紅豆、綠豆、蓮子、紅棗、桂圓、芝麻、白糖等合煮，但並非絕對如此。

(十五)尾牙（農曆十二月十六日）

臘月十六日稱之「尾牙」，因為每月初二、十六日「做牙」，這是最後一次，因而稱之「尾牙」。「做牙」又稱「牙福」，有迎福招財之意。「牙」字為「牙旗」簡稱，因古代開墾荒地，常有格鬥、毆打等事發生，各地區為識別起見，畫獸牙形狀以代表各部落的旗幟。因土地公為商家守護神，商鋪這日供牲禮，祭拜土地公，以求保佑來年順利。牲禮中，要用雄雞，此為象徵生意昌盛之意。「尾牙」即是將祭拜後的祭品犒賞員工享用。關於尾牙的趣味習俗就是做老闆的若想解僱某一位員工，就會在餐桌上將菜餚中的雞頭對準他作為暗示，彼此便心照不宣了。一般居民，這天一家團聚「食尾牙」，特製「潤餅」，以潤餅皮（麵粉燒成薄皮）捲包豆菜（豆芽）、紅蘿蔔、筍

絲、豆乾片、肉絲、蛋皮、海苔等多種食料。除了土地公，尾牙這天也得祭拜「地基主」。地基主是好兄弟的同類，希望經由虔誠的膜拜而獲得保佑，使得家人平安順利賺大錢。

(十六)灶王（農曆十二月二十四日）

這天是民間送神的日子，也是過年形式的開始。嚴格地說，農曆年應該從這一天開始，二十四日送灶神上天述職，這一天早晨，家家戶戶共牲禮，焚甲馬及金鐲、爆竹等等。為了讓灶神上天奏好話、求吉利，送神的供品中一定要有一碗甜湯圓、冬瓜糖等甜食。讓灶神甜在嘴裡，記在心裡，而使「好話傳上天，壞話丟一邊」，替自己在玉皇大帝面前美言幾句。

第三節　文化差異之討論

台灣民間對於飲食方面的規矩甚多，並多以禁忌的方式來維繫。茲將部分飲食習俗與禁忌簡述如下：

1. 台灣民間有一傳說，忌吃飯時拋撒米粒或吃完飯碗底殘留米粒，若不將碗底吃乾淨，將來可能娶嫁給「貓妻子或丈夫」（麻臉的妻子或丈夫）。此是由民間敬穀觀念所延伸而來的，用意在教育人們養成惜物的觀念。

2. 民間喪俗中，人死後每七日作一次旬，在祭旬期間，每天早晚以菜飯祭靈，請已故之人吃孝飯，為「捧飯」。所以普通人吃飯時，絕對忌說「捧飯」。

3. 只有乞丐沿門乞討時才會敲著空碗，因此家內小孩若用筷子敲碗，怕將來小孩成為乞丐，同時，民間也相信敲出的叮噹聲會招致厄運，所以吃飯時嚴禁以筷子敲碗。

4. 筷子插在碗中央，與喪俗中「拜腳尾飯」的情形相同，所以飯

匙應平放，不可插於飯鍋的中央，另有一禁忌，不可以一根筷子扒飯，因為與喪葬「出棺」時棺上置五碗或七碗白飯，中插一筷的情形相同，因此視為禁忌。

5. 台灣早期宴客，是十二道菜一起端到桌上的方式，一起開動，一起結束，因此非常忌諱有人中途將空碗收走，像在「趕客」似的。

6. 民間視辣為不孝，因而忌吃辣。

7. 牛是農業社會的一大功臣，因此民間禁吃牛肉以報恩，同時傳說吃牛肉會導致殘廢，殺牛者將得惡報。

8. 忌吃雞母肉，認為老母雞為人類繁殖小雞，若要吃也由老人來吃，傳說小孩和大人吃了會有像雞母皮的「粗皮」。

9. 花生又稱土豆，常見為二粒豆仁，五粒豆仁的土豆稱為「土地公」，非常罕見，民間視之為「土地公的手指頭」，所以忌食一莢五粒豆仁的花生。

10. 辦喜事忌用鹹糜、白饅頭，鹹粥為喪事中食物的一種，在辦喪事前後，多用內加菜瓜、蚵仔、蝦仁等醬料的鹹粥來接待幫忙的人，白饅頭也是如此，所以辦喜事時都不用。

11. 蒸發粿不發是不吉利的，因此在蒸發粿時，最忌諱有人在灶旁說粿不發，怕真的不發。

12. 忌在做豆醬、釀酒時有不潔者看到，在此不潔的人指產婦未滿月者或有月事的婦女及帶孝的人，由於做豆醬和釀酒皆較難控制，並非百分之百成功，要特別謹慎，所以怕有不潔的人在場或看到。

13. 蘿蔔和白菜是屬冷性的食物，立冬進補時，多燒熱性及燥性的食物，若再食用冷性和濕性食物，兩者互相抵制就不補了，因而忌其相剋。

14. 妊婦忌烤肉，相信會生爛腳手的孩子。

15. 婚姻喜慶不用蔥，蔥會消耗元氣，不用鴨，鴨與押同音，若用

則新郎會有牢獄之災。

16.夜間開花的玉米不能吃，吃時會發生不吉利的事。

17.不吃秋薑，否則漁人出海會翻船。

18.吃魚時忌翻面，否則漁人出海會翻船。

19.吃東西時，女孩子不可以換座位，否則會嫁後再嫁。

　　諸如上述幾項民間衍生出來的禁忌，最主要的目的在於不要浪費食物，並希望人人存有感恩的心。

第四節　台灣與中華料理飲食文化之比較

一、台灣與中華料理本是同根生

　　中國版圖，幅員廣闊，不同的族群、地理氣候、物產等因素，塑造獨特的民族性格與飲食文化。大致說來，中國飲食約可分為黃河、長江與珠江三大流域，所謂南甜北鹹東辣西酸，蒸煮灼滷醉溜、燉炸煨煎燒烤、燜燴燻炙涼拌生吃，因材制宜，五花八門，包括蘇、粵、川、魯四大菜系。中國飲食生態，其實就是一幅以漢人民族為主的飲食地圖。1949年，中央政府遷台，中國各省的家鄉味及四大菜系重新於台灣飲食界嶄露頭角，台菜的包容性強，幾乎把所有菜系都台灣化，加上台灣原有的鄉土小吃，造成新的飲食版圖。五十年來，台灣意象逐漸展現，國人對生活素質的意識抬頭，講究精緻化、藝術化。在台灣餐飲專業人士的共同努力之下，為台灣飲食注入新的氣象。中國各省的菜餚、小吃傳入了台灣之後，和本土的福佬菜、客家菜（台菜）並列，與魯菜、湘菜、江浙菜、粵菜、川菜、素菜形成八大菜系，加上台灣原住民菜餚，台灣菜日益豐富，也締造出揚名海內外的美食天堂。

二、台灣小吃展現與眾不同的家鄉特色

　　中國各省及台灣各地的家鄉味，可稱為鄉土小吃。民間的小吃在台灣飲食界中紛紛隱潛於八大菜系之中，所以我們統稱為「台灣民俗小吃」。進一步細分，小吃包含飲食與特產兩類。兩者層次與處理方式不盡相同。蘊含台灣地理性格與特色，可享受到不同的味道境界，體會鄉土情懷與歷史文化等深層的背景意義。台灣的民俗小吃可分為八大類，包含禽畜肉類、海鮮類、米麵類、豆類、素食類、糕餅類、飲料類、醬料類。小吃和民俗的關係，極為密切，例如：甘蔗，本身製糖，根則當柴火。台灣婚嫁習俗，用甘蔗頭紮一圈紅紙，意喻雙頭甜，甜甜蜜蜜。台灣飲食風情萬種，應有盡有，獨具特色。

參考書目

內門總鋪師文化饗宴實施計畫（2004）。〈內門總鋪師訂桌菜單〉。檢索日期2004年12月5日，http://www.nmp.ks.edu.tw/chichen/menu.htm

內政部統計資訊服務網（2004）。〈台灣地區人口統計資料〉。檢索日期2004年6月12日，http://www.moi.gov.tw/W3/stat/home.asp

台灣宗教小史（2002）。檢索日期2004年6月12日，http://members.aol.com/taiwanineu/history.htm

台灣原住民介紹（2004）。〈台灣原住民分部與介紹〉。檢索日期2004年12月5日，http://www.tacp.gov.tw/intro/fmintro.htm

台灣飲食文化（2004）。〈融會百味台灣菜〉。台灣空中文化藝術學苑。檢索日期2004年7月30日，http://www.tpec.org.tw/air-art/data/year91.asp?chapter_id=O

仲摩照久（2002）。《老台灣人文風情》。台北：原民文化。

林明德（1998）。《台灣民俗小吃》。台北：漢光文化。

姜義鎮（2002）。《台灣民俗與特產》。台北：武陵。

夏凡玉、林美齡（2004）。〈最佳「筍」友〉。《美食天下》。台北：台灣餐飲。

原住民族委員會（2017）。〈原住民族分布區域〉。檢索日期2017年7月17日，http://www.apc.gov.tw/portal/docList.html?CID=6726E5B80C8822F9

張玉欣（2015）。《飲食文化概論》（第三版）。新北：揚智文化。

張炎憲（2004）。〈台灣歷史發展的特色〉。檢索日期2004年6月14日，http://www.tces.chc.edu.tw/center1/taiwa

黃秋芳（1993）。《臺灣客家生活紀事》。台北：臺原出版社。

農村景觀（2004）。〈從補破網到耕海為田〉。檢索日期2004年9月15日，http://www.tpec.org.tw/air-art/learn/wor

鄧景衡（2002）。《符號、意象、奇觀、台灣飲食文化系譜》（上）（下）。台北：田園城市文化。

簡榮聰（1999）。《台灣粿印藝術：台灣民間粿糕餅糖塔印模文化》。台北：漢光文化。

國家圖書館出版品預行編目資料

世界飲食與文化 / 李怡君等合著；洪久賢
主編. -- 二版. -- 新北市：揚智文化，
2017.09
　　面；　公分. --（餐飲旅館系列；23）

ISBN　978-986-298-267-9（平裝）

1. 飲食風俗

538.7　　　　　　　　　　　　106014523

世界飲食與文化

主　　　編／洪久賢
作　　　者／李怡君、呂欣怡、林琳、洪久賢、俞克元、周敦懿、
　　　　　　許軒、陳紫玲、陳意玲、陳愛玲、張雯惠、黃薇莉、
　　　　　　楊昭景
出 版 者／揚智文化事業股份有限公司
發 行 人／葉忠賢
總 編 輯／閻富萍
特約執編／鄭美珠
地　　　址／新北市深坑區北深路三段 258 號 8 樓
電　　　話／(02)8662-6826
傳　　　真／(02)2664-7633
網　　　址／http://www.ycrc.com.tw
E-mail／service@ycrc.com.tw
I S B N／978-986-298-267-9
初版一刷／2009 年 3 月
二版一刷／2017 年 9 月
二版三刷／2021 年 10 月
定　　　價／新台幣 550 元